Ollscolaíocht Ghaeilge: Dúshláin agus Léargais

PÁIPÉIR CHOMHDHÁLA

Ollscolaíocht Ghaeilge: Dúshláin agus Léargais

PÁIPÉIR CHOMHDHÁLA

Eagarthóirí:
Caoilfhionn Nic Pháidín
Donla uí Bhraonáin

FIONTAR

OLLSCOIL CHATHAIR BHAILE ÁTHA CLIATH

2004

Foilsithe den chéad uair 2004 ag Fiontar, Ollscoil Chathair Bhaile Átha Cliath, Glas Naíon, Baile Átha Cliath 9

faoin togra 3D/Fiontar Teanga, INTERREG IIIA, Éire-An Bhreatain Bheag

© Na húdair

ISBN 1 87232 741 9

Clúdach agus dearadh: Eoin Stephens

Clódóirí: Criterion Press

Cóipeanna ar fáil tríd an bpost ón bhfoilsitheoir, nó tríd an r-phost

fiontar@dcu.ie

Fón: 353-1-7005614

Clár

Ollscolaíocht Ghaeilge: Dúshláin agus léargais

7–8 FEABHRA 2003

Fiontar, Ollscoil Chathair Bhaile Átha Cliath

COMHORDAITHEOIR: JOHN WALSH, FIONTAR
BHÍ 102 DUINE I LÁTHAIR

Réamhfhocal

Gné amháin den oideachas ollscolaíochta in Éirinn atá á plé sna himeachtaí comhdhála seo. Pé dearcadh nó meon aigne atá againn i dtaobh oideachas ollscolaíochta trí Ghaeilge, múnlóidh an meon céanna pé déileáil a bheidh againn leis na mórcheisteanna go léir a bhaineann le forbairt an ardoideachais in Éirinn. Insíonn ár gcumas chun tabhairt go cruthaitheach faoi fhorbairt earnáil na Gaeilge a scéal féin fúinn féin, agus faoin bhfíorluach atá againn ar ár n-ábaltacht chun fís shuaithinseach, chruthaitheach agus fhiontraíoch a sholáthar don ardoideachas in Éirinn. Is é a dhlúth agus a inneach seo ar fad ná an tuiscint atá againn orainn féin, pé acu mar cheannairí nó mar rannpháirtithe doicheallacha i bhforbairt chóras ardoideachais a chothaíonn meas agus ilghnéitheacht i gcultúir, i réigiúin agus i dteangacha na hEorpa. Tá, más fíor, todhchaí na hEorpa ag brath ar an ilghnéitheacht seo.

Tá athrú ó bhonn ar tí teacht ar an ardoideachas in Éirinn. Tá an eacnamaíocht, an déimeagrafaíocht agus an teicneolaíocht a bhaineann leis ag athrú go tréan, agus ní mór do na hinstitiúidí campas-bhunaithe, faoi mar is eol anois dúinn iad, iad féin a chlaochlú ó bhonn nó is bairnigh is beatha dóibh ar an sceird. Ach a mbeidh bailchríoch curtha ar anailís an OECD ar an ardoideachas in Éirinn faoi shamhradh na bliana 2004, tiocfaidh athrú agus forbairt ar na gníomhaireachtaí agus ar na meicníochtaí maoinithe. Ní mór d'ollscoileanna a mbeidh rath orthu, agus na ranna laistigh díobh, a bheith ar thús cadhnaíochta sa dul chun cinn eacnamaíochta, sóisialta agus cultúrtha chun buanaíocht airgeadais agus seasamh sóisialta a dheimhniú dóibh féin. Ach ceannaireacht agus páirtnéireachtaí inspioráideacha a bheith ag an earnáil trí Ghaeilge, d'fhéadfadh sí a bheith i gceann an chúrsa seo. Ní féidir ceann an chúrsa áirithe seo a bhaint amach, áfach, gan leithleas institiúideach agus cláir chúnga a chur i leataobh chun dul i mbun tionscnamh nua a bheidh dírithe ar na mic léinn, iad den cháilíocht is airde, bunaithe ar an teicneolaíocht, agus acmhainní réadúla acu. Beidh dúshlán na comhpháirtíochta, agus pé claochlú ar cheannas logánta a shamhlófar leis sin, rómhór do chuid de na hinstitiúidí sa réimse seo féin agus i réimsí eile den ardoideachas, ach ní móide in aon chor go ndéanfar dul chun cinn dealraitheach dá cheal sin.

Ní haon cheist imeallach, réigiúnach ná fiú ceist mhionlaigh féin é an t-ardoideachas trí Ghaeilge. San Eoraip fhorleathnaithe, ina bhfuil 50 milliún saoránach ag labhairt teangacha nach teangacha oifigiúla iad, is amhlaidh a bheidh trácht níos mó ná riamh ar an ilghnéitheacht chultúrtha agus ar na dúshláin mhaoinithe a ghabhann léi. Táimid i dtús na díospóireachta seo, agus is é ár gcandam féin atá á sholáthar againne sa chomhdháil seo. Ba mhór le Fiontar, agus sinn á heagrú, comhthéacs idirnáisiúnta na comhdhála agus thug spreagadh agus tathag na gcainteanna Eorpacha anmhisneach dúinn.

Fuaireamar tacaíocht fhial don chomhdháil féin agus chun na himeachtaí a fhoilsiú - ón Aontas Eorpach (trí mhaoiniú Interreg IIIA ERDF); ón Údarás um Ardoideachas in Éirinn (trí Scéim na Spriocthionscnamh) agus ó Fhoras na Gaeilge.

Buntéamaí a bhaineann le maoiniú, dearbhú cáilíochta agus páirtnéireachtaí go príomha a thagann chun cinn sna páipéir seo. Tá a gcion uathúil luachmhar féin déanta don soláthar trí mheán na Gaeilge, ag Ollscoil Chathair Bhaile Átha Cliath agus ag Ollscoil na hÉireann, Gaillimh, ach go háirithe. Níl áireamh ar luach na dtionscnamh seo ó thaobh fuinnimh agus dúthrachta gan trácht ar a mórluach eacnamaíoch agus cultúrtha. Tá dúshláin mhóra acmhainní roimh fhorbairt na hearnála, áfach. Níl san airgeadas ach gné amháin de. Tá earcú na mac léinn duaisiúil, agus is déine fós an ganntanas foirne ardcháilithe. Luaigh rannpháirtithe sa chomhdháil gur mhór an chiotaí don dul chun cinn straitéiseach é gan páirtnéireacht nó fóram for-institiúideach a bheith bunaithe, faoi scáth Chomhghairm Cheannairí Ollscoileanna Éireann (CHIU) nó eile, agus, dá cheal sin, go mbuanaítear cur chuige atá iomaíoch agus smiotaithe.

Tá frámaí tagartha idirnáisiúnta riachtanach chun go mbeidh bailíocht ag na tionscnaimh seo agus chun fóram a chur ar fáil d'acadúlaigh indibhidiúla, do ranna agus d'institiúidí a bhfuil baint acu leis an soláthar oideachasúil trí theangacha neamhfhorleathana. Is mór ar fad is fiú a leithéid chun tacaíocht a thabhairt do thaighde, do dhearbhú cáilíochta agus d'fhorbairt foirne. Is iad na páipéir seo an chéad iarracht chomhtháite ar phlé agus anailís a dhéanamh ar a bhfuil bainte amach in Éirinn agus san Eoraip sa réimse seo. Lorgaíodh na páipéir ar dhaoine indibhidiúla, beag beann ar bhonn ionadaíoch institiúideach, le súil go nochtfaí gné úr nó íogair, agus go spreagfaí fiosracht acadúil agus nuálaíocht. Rinne na páirtithe plé oibiachtúil, den chuid is mó, ar an ábhar acu agus ba bheag aird a thug siad ar chur ar a son féin ná a gcuid réigiún ná a gcuid institiúidí. Tá ionadaithe anseo ó ollscoileanna na hÉireann, a bhformhór acu, chomh maith lenár gcomhghleacaithe sa Chatalóin, i dTír na mBascach, sa Bhreatain Bheag agus in Albain. Tá a gcuid peirspictíochtaí féin acu ar leithligh, ní nach ionadh, agus léirthuiscint dá réir a threiseoidh le forbairt an ardoideachais in Éirinn agus san Eoraip. Tá súil againn go n-áiteoidh a gcuid argóintí ar lucht maoinithe agus ar thionscnóirí an tsoláthair trí Ghaeilge, cur chuige straitéiseach fadtréimhseach a bheartú i gcomhar le chéile. Bíonn an chuma go minic ar na hiarrachtaí a dhéantar san earnáil seo nach féidir na dúshláin a shárú, ach is iad an dóchas, an díograis agus mórán ar fad den dea-mhéin príomhtheachtaireachtaí na comhdhála seo.

Foilseachán dátheangach é seo. Aistríodh go Béarla na páipéir a cuireadh i láthair na comhdhála i nGaeilge. Ní thagann na leaganacha seo lena chéile go baileach i gcónaí sa mhéid is go raibh roinnt údar den tuairim gur dhá aicme léitheoirí ar leith a bhí acu, agus rinneadar táilliúireacht dá réir ar an gcur i láthair acu.

Caoilfhionn Nic Pháidín
Fiontar
Ollscoil Chathair Bhaile Átha Cliath
Eanáir 2004

Buíochas

Thug raidhse daoine agus eagraíochtaí in Éirinn agus san Eoraip spreagadh agus tacaíocht dhearfach do thionscnamh na Comhdhála féin agus don fhoilseachán seo. Thar ceann Fiontar agus Ollscoil Chathair Bhaile Átha Cliath, gabhann na heagarthóirí buíochas leo seo a leanas, agus le gach duine eile nach bhfuil luaite anseo thíos, a chuir le rath an tionscnaimh seo:

- An tÚdarás um Ard-Oideachas, a rinne páirtmhaoiniú ar an gComhdháil féin, trí Scéim na Spriocthionscnamh

- An clár de chuid an Aontais Eorpaigh, INTERREG IIIA, Éire-An Bhreatain Bheag, tríd an togra 3D/Fiontar Teanga, a chuir cuid mhaith den mhaoiniú ar fáil don fhoilseachán seo

- Foras na Gaeilge, a mhaoinigh na costais aistriúcháin

- John Walsh, Comhordaitheoir na Comhdhála, agus foireann Fiontar a chuidigh leis

- Bairbre Ní Chonghaile, Riarthóir Fiontar, a rinne teagmháil le húdair na bpáipéar agus a lán nithe eile

- Cainteoirí na Comhdhála, a chuir a gcuid saothair ar fáil go slachtmhar gairmiúil le foilsiú, agus a dhéileáil go foighneach le mioncheisteanna eagarthóireachta

- Cathaoirligh na seisiún agus gach duine eile a d'fhreastail ar an gComhdháil féin agus a léirigh spéis agus mórspreagadh ina gcuid rannpháirtíochta

- Lucht teangaireachta agus aistritheoirí a shaothraigh ag an gComhdháil féin agus ar na páipéir le foilsiú

Téamaí plé na Comhdhála

Seo iad na saincheisteanna a iarradh ar na cainteoirí a scrúdú agus a phlé:

- cad iad na samhlacha struchtúrtha ab fhearr a d'fheilfeadh do phobal na Gaeilge, ar daonra gan dlús é?

- cad iad na saincheisteanna i bhforbairt na gclár léinn?

- conas a thabharfar faoi fhoireann d'ardchaighdeán a earcú? Cén tacaíocht atá riachtanach ó thaobh teanga agus/nó oiliúna chun na caighdeáin teagaisc agus foghlama a dheimhniú?

- conas is féidir an leas is fearr a bhaint as teicneolaíochtaí nua teagaisc agus foghlama?

- cad iad na deiseanna maoinithe is mó (náisiúnta, AE, comhpháirtíochtaí)?

- cén bealach inar féidir leis an ollscolaíocht Ghaeilge cur le forbairt shocheacnamaíoch na bpobal ar bhonn áitiúil agus ar bhonn oileánda?

- cad iad táscairí na rathúlachta maidir le hollscolaíocht Ghaeilge (líon na mac léinn, nuálaíocht na gclár)?

Aitheasc fáilte na Comhdhála

AN tOLLAMH MICHEÁL Ó CRÓINÍN, DÉAN, DÁMH NA nDAONNACHTAÍ, OLLSCOIL CHATHAIR BHAILE ÁTHA CLIATH

Is cuimhin liom agus mé i mo sheasamh anseo, mo chéad chomhdháil i dTeach Newman i lár na cathrach. Ar mhí-ámharaí an tsaoil roghnaigh mé an chéad Chomhdháil Idirnáisiúnta in onóir do Bhrian Ó Nualláin nó Myles na gCopaleen chun tús a chur le mo shaol acadúil. Thug an fear a bhí mar Dhéan ar Dhámh na nEalaíon i gColáiste na hOllscoile an uair sin óráid bhreá, stuama, spreagúil agus thug sé sin misneach agus ugach domsa agus mé ag ceapadh go mbeadh chuile rud ceart as sin amach. Leis an fhírinne a rá chuir an óráid chinniúnach sin tús le dhá lá scléipe agus ragairne agus rinne mé féin mo sheacht ndícheall léacht a thabhairt faoin gceangal idir Ó Nualláin agus gluaiseacht liteartha sa Fhrainc os comhair slua a bhí tar éis teacht ar ais ó thuras go 'Flann O'Brien's Dublin literary hostelries'. Toisc gur thaobhaigh an Nuallánach an-chuid 'literary hostelries' agus é i mbun pinn, bhí an-ghiúmar ar an gcomhluadar agus gach aon liú iontais acu agus mé ag streachailt le rúndiamhra an iarstruchtúrachais. Tá súil agam nach mbeidh an tionchar céanna ag mo phíosa beag cainte anseo mar tá neart le déanamh againn as seo go tráthnóna amárach.

Agus é ag scríobh faoi Annála Ríoghachta Éireann deir Breandán Ó Buachalla an méid seo leanas:

> Dá mhéad an tóir ar shinsearacht is ar ársaíocht a bhí ag na Ceithre Máistrí, ráiteas dá muintir féin ina lá féin a bhí i gceist acu a chur ar fáil. Ní mar chuimhne ar an seansaol, mar a thugann staraithe na linne seo le tuiscint go minic, a scríobhadh an saothar ach mar bhunús eolais, mar fhoinse údarásach ag an náisiún a bhí in Éirinn agus ag a dtiocfadh ina dhiaidh. (Ó Buachalla 1996: 97).

Ní ghlacann Ó Buachalla leis an rómánsachas atá chomh coitianta sin i measc tráchtairí áirithe agus iad ag cur síos ar stair agus ar staid na Gaeilge, meafar bréagach an bháis mar shuaitheantas crógachta ag laochra na sean-aimsire. Nuair atá géarghá le smaointeoireacht nua sa tír seo, is dóigh liom go bhfuil sé mar dhualgas ar lucht na hollscoile, agus daoine nach iad, athmhachnamh a dhéanamh ar shuíomh na Gaeilge sa chóras ollscolaíochta, mar séard atá ann i gcás teanga ná gléas éachtach chun féidearthachtaí an phobail a cheangal le héiceolaíocht stairiúil na coitiantachta.

Nath seanchaite is ea é gurb í tíreolaíocht na hÉireann an stair atá aici. Rinne an geilleagar gréasánach, idirlíonach, geilleagar a bhí bunaithe ar shonraí agus ar theileachumarsáid agus a tháinig chun cinn sna 1980í agus 1990í, sinn a fhuascailt ó phurgadóireacht na hiargúltachta fisiciúla. Thar oíche bhíomar i dteagmháil le gnólachtaí, le custaiméirí agus le pobail ar fud na cruinne. Ba mhó an tábhacht a bhí le buntáistí ama i gcomparáid le cian nó cóngar. Ba chuma cá raibh tú—ba thábhachtaí go mór cé chomh tapa agus a d'fhéadfá an áit ar leith úd a shroichint. Shamhlaíomar gur chomhartha air seo ba ea an tslí ar ghlacamarna go háirithe leis an nguthán póca; ba gheall le haisling shíorchumarsáide, aisling shíor-inteagmhála againn é le linn na mblianta fáis agus forbartha. Ach dhall an aisling sinn ar idirdhealú bunaidh agus is idirdhealú é a bhaineann go dlúth lena mbeidh á phlé le linn na Comhdhála seo agus a thugann léaspairt dúinn ar ionad lárnach an oideachais trí Ghaeilge i bhforbairt na sochaí in Éirinn: is é sin an t-idirdhealú idir cumarsáid agus tarchur. Dhealaigh Régis Debray an tsochaí cumarsáide agus an tsochaí tarchurtha óna chéile ar an mbonn go soláthraíonn an chumarsáid faisnéis thar spás i réimse spás-ama áirithe ach go gcraolann an tarchur faisnéis thar am i réimsí éagsúla spás-ama. Tá gné stairiúil ag roinnt leis an tarchur agus is gá meán tarchurtha (cloch, páipéar, diosca maighnéadach) chun an tarchur a chur i grích. Thairis sin, áfach, bíonn gnás sóisialta ag teastáil, i mbeagán focal, eagras ábhartha: scoil, ollscoil, eaglais, stát, teaghlach, eagras a sholáthraíonn comhthéacs do tharchur smaointe, tuiscintí, luachanna thar achar ama (Debray 2000: 15). Is furasta gan dealú idir an chumarsáid agus an tarchur, is é sin le rá gan dealú idir aistriú fisiciúil faisnéise agus aistriú sóisialta eolais. Is í an ghné shóisialta a dhéanann cumarsáid den tarchur agus a bhuanaíonn a thionchar dá réir. Gan amhras, ní mór don tsochaí a chreidiúint gur riachtanas nó rud inmhianta é an tarchur agus ní mór di tacú leis na hinstitiúidí a bhfuil sé de dhualgas orthu an cultúr agus an t-eolas a tharchur ó ghlúin go glúin.

D'fhéadfaí a áiteamh, b'fhéidir, sa chomhthéacs seo nach cliseadh cumarsáide atá againn in Éirinn, mar go bhfuil níos mó cumarsáide ar siúl againn ná mar a bhí riamh de bharr na meán leictreonach uile, ach gur cliseadh tarchurtha atá ann. Ina fhianaise seo conas a shamhlóimid an todhchaí in Éirinn? Arbh fhearr linn a bheith inár dtomhaltóirí le cairt custaiméara nó a bheith inár saoránaigh le cearta? Cén cineál Poblachta atá uainn agus cé dóibh í? Cén aidhm is ceart a bheith ag Éirinn sa domhan mór? Cén tionchar ba cheart a bheith ag an domhan mór orainne? Sula gcuirfear ceisteanna mar seo is gá don phobal aithne a bheith aige air féin: tuiscint a bheith aige ar cárbh as dó, ar cad tá san aimsir chaite a d'fhéadfaí a úsáid chun leagan nua den saol a chruthú. Sa mhéid is gurbh í an Ghaeilge an meán trínar léiríodh an taithí agus na mothúcháin uile, na hábhair dóchais agus éadóchais a bhí ag daoine ar an oileán seo leis na mílte bliain ní foláir nó bheadh ról lárnach aici in éabhlóid mharthanach na sochaí. Is sa Ghaeilge amháin atá an mianach tarchurtha is gá chun an tsochaí reatha a athbheochan trí athbheartú na staire. Sin an tslí chun an todhchaí a shlánú.

Chuige sin is gá na meáin nó na bealaí sóisialta, is é sin, na heagrais fhisiciúla a luadh roimhe seo, agus go háirithe, toisc gurb iad is ábhar díospóireachta dúinn sa Chomhdháil seo, na hollscoileanna. Ní haon ionadh go mbíonn drochtheist ar an tarchur agus ar institiúidí, mar ar an gcéad amharc is ionann rud a chur ar aghaidh go glúin eile agus spadántacht. Cuireann an Ghaeilge rudaí áirithe in iúl: an bhochtaineacht agus Peig sa pharlús. Thairis sin bíonn institiúidí tuathalach, mallchosach, righin. Iad siúd ar spéis leo an t-iar-nua-aoiseachas, santaíonn siad fuascailt na gluaiseachta agus is fuath leo an leanúnachas leamh. Ach ní bhíonn aon éirí amach mar a thuairisc agus is olc an tuar í cuing an lae inniu ar dhúshláin luaineacha an todhchaí. Ach is cuma cad iad mar dhúshláin—an tábhacht atá le haitheantas áitiúil sa saol domhandaithe, nó lárnacht na háilleachta mar ghné den bhreisluach i dtáirgeadh earraí, nó athghabháil na n-áiteanna a mairimid iontu trí thuiscint a fháil ar a n-ainmneacha agus ar na scéalta atá ann fúthu—beidh an Ghaeilge i gcroílár na hathbheochana sóisialta, cultúrtha agus eacnamaíochta in Éirinn. Dúirt an beathaisnéisí cáiliúil, Nicholas Boyle, an méid seo a leanas faoi institiúidí léinn i gcnuasach aistí dar teideal ceistitheach *Who are we now?*

The concern of an educational institution is not with society as it is at present but with its future, with the standards and ideals by which it will seek to change into something better and with its very capacity for change at all—that is with the people who are being educated, at all levels, including the educators themselves. Universities do not exist to pass on and reinforce the prevailing attitudes of the world they belong to but to preserve its potential for becoming something different. (Boyle 1998: 64)

Ceann de na slite is éifeachtaí chun an mhian sin a thabhairt slán ar an oileán seo ná tríd an ollscolaíocht trí mheán na Gaeilge a fhorbairt.

Is cúis mhór áthais agus onóra domsa an Chomhdháil seo a oscailt agus fearaim fíorchaoin fáilte roimh chuile duine anseo go hOllscoil Chathair

Bhaile Átha Cliath, go háirithe na comhghleacaithe agus na haíonna atá anseo ó chuile chearn den tír, ó Albain, ón mBreatain Bheag, ó Thír na mBascach agus ón gCatalóin. Ba mhaith liomsa, thar ceann Dhámh na nDaonnachtaí, buíochas ó chroí a ghabháil le John Walsh as an éacht atá déanta aige ag eagrú na Comhdhála agus molaim go mór freisin an tacaíocht leanúnach a fuair sé ó fhoireann Fiontar. Thosaigh mé le Myles na gCopaleen agus ar ndóigh i gcaibidil a seacht deir Bónapart Ó Cúnasa le Sitric agus leis an seanduine liath, 'Ná déan dearmad gur Gael thú agus nach é an só atá i ndán duit' (Myles na gCopaleen 1975: 81). Níl aon dabht ann ná go mbréagnófar an tairngreacht dhuairc sin an deireadh seachtaine seo agus go mbeidh idir shó agus lón machnaimh againn, idir Ghaeil is Ghaill, ar feadh an ama atá romhainn. Guím rath ar an obair agus táim lándóchasach go mbeidh torthaí bhur gcuid díospóireachtaí le feiscint i bhforbairt na hollscolaíochta trí Ghaeilge in Éirinn.

TAGAIRTÍ

Boyle, Nicholas, 2000. *Who are we now? Christian Humanism from the Global Market to Heaney*. Dún Éideann: T& Clark.

Debray, Régis, 2000. *Introduction à la médiologie*. Páras: Presses Universitaires de France.

Myles na gCopaleen. 1975. *An Béal Bocht*. Baile Átha Cliath: Cló Dolmen.

Ó Buachalla, Breandán, 1996. *Aisling Ghéar*. Baile Átha Cliath: An Clóchomhar.

An Ollscolaíocht Ghaeilge—ré seo na húire

AN DR CAOILFHIONN NIC PHÁIDÍN, OLLSCOIL
CHATHAIR BHAILE ÁTHA CLIATH

Achoimre

Breacann an páipéar seo an fráma tagartha do chuid mhór den
ábhar Éireannach sa leabhar seo. Tugtar spléachadh ar Fiontar, ar
staid reatha na Gaeilge agus na Gaeltachta, agus ar chúinsí forbartha
an ardoideachais trí Ghaeilge. Pléitear ina dhiaidh sin na
saincheisteanna atá criticiúil d'fhorbairt na hearnála ar ard-
chaighdeán feabhais. Luaitear ceisteanna acmhainní agus straitéise
i gcomhthéacs treochtaí forbartha san ardoideachas. Tagraítear ar
deireadh do théamaí idirnáisiúnta na héagsúlachta cultúrtha agus
na dteangacha atá i mbaol.

Deich mbliana ag Fiontar

Gníomh ceannródaíoch ag Ollscoil Chathair Bhaile Átha Cliath ba ea bunú
Fiontar i 1993. Lárionad tiomnaithe idirdhisciplíneach is ea é don oideachas
fiontraíochta trí Ghaeilge. I 1994 cuireadh tús le bunchéim cheithre bliana—
BSc in Airgeadas, Ríomhaireacht agus Fiontraíocht. Rinneadh athstruchtúrú
ar an gcéim sin i 2002, agus tá BSc i bhFiontraíocht le Ríomhaireacht nó
Gaeilge Fheidhmeach á thairiscint ina ionad sin ó 2003 ar aghaidh. Bunaíodh
an iarchéim sa bhliain 2000, clár teagasctha bliana, MSc i nGnó agus i
dTeicneolaíocht an Eolais. Faoi chúram Fiontar go leanúnach, tá 65 modúl
á dteagasc trí Ghaeilge agus tuairim is 70 mac léinn. Tá deichniúr lánaimseartha
agus seisear eile páirtaimseartha ar an bhfoireann oibre.

Institiúid óg is ea Ollscoil Chathair Bhaile Átha Cliath í féin. Bunaíodh í mar
Institiúid Náisiúnta Ardoideachais Ghlas Naíon i 1980 agus bhain sí stádas

ollscoile amach i 1989. Tá sainluachanna Fiontar, fiontraíocht, ardteicneolaíocht, idirdhisciplíneacht agus ceannródaíocht idirchultúrtha i gcroílár mhisean na hollscoile ó thosach.

Seasann cáil Fiontar ar nuálaíocht agus ar chaighdeán na hoibre. Is iad an teagasc agus an fhoghlaim is príomhchúram dó i gcónaí, ach is buaine an toradh ná fuadar an aon lae. Tá ról idirnáisiúnta bainte amach ag Fiontar mar lárionad tacaíochta, taighde agus saineolais a phléann leis an nGaeilge ar bhonn idirdhisciplíneach, forásach, nua-aimseartha. Cuirtear é sin in iúl go praiticiúil trí pháirtíocht an ionaid i dtionscaimh teanga in Éirinn agus san Eoraip. Ag breathnú amach ar an saol ó champas i dTuaisceart Bhaile Átha Cliath díríonn Fiontar a aird ó thaobh inspioráide agus teagmhála de, ar Mhór-Roinn na hEorpa, ar an mBreatain Bheag, ar Thuaisceart Éireann agus ar na ceantair Ghaeltachta.

Tá tábhacht faoi leith le forbairtí ardchaighdeáin sna mionteangacha i réimsí nua saoil. Saibhrítear agus buanaítear teangacha trína n-aclú i sainréimsí teicniúla agus gairmiúla ar ardleibhéal—mar shampla san ardoideachas, sna healaíona, sna meáin chumarsáide, agus sa saol poiblí. Níl léiriú is fearr air sin ná an saothrú cuimsitheach atá déanta ag Fiontar ar nuathéarmaíocht na ríomhaireachta i nGaeilge le deich mbliana anuas, agus na táirgí sin á n-úsáid i scoileanna agus in ollscoileanna ar fud an oileáin seo. Cuidíonn na gníomhaíochtaí ardleibhéil seo le normalú teanga agus le cruthú sainluach sóisialta di ar bhealach an-tábhachtach freisin, á samhlú le saol dul-chun-cinniúil, forásach. Tráchtann sochtheangeolaithe ar nós May (2001:153) ar thábhacht na hoibre seo: "For language to survive and develop it must be used for new emerging functions."

An Ghaeilge agus an Ghaeltacht faoi láthair

Agus soláthar oideachais á bheartú againn, ní féidir linn neamhaird a dhéanamh de chúinsí práinneacha sochtheangeolaíocha na Gaeilge. Is iad na príomhghníomhaírí i gcónaí i dtáirgeadh agus i seachadadh teangacha ná an teaghlach agus an pobal. Tá sé aitheanta agus admhaithe anois ag na mórúdair gur timpeall is 20,000 duine atá i bpobal Gaeilge na Gaeltachta anois, gan páistí scoile a áireamh a labhraíonn an teanga ar scoil. Deir Ó Murchú (2003: 5):

...ní mór a aithint go bhfuil seasamh sochaíoch na teanga i gcontúirt mhór, sa mhéid go bhfuil an pobal is dlúithe a bhaineann léi ag leá leo go mall. Tá pobal na Gaeltachta go coibhneasta an-scáinte anois, agus is ar éigean atá an tathag riachtanach comhdhaonna iontu chun go mairfidís mar phobal slán teanga.

Mar thaca idirnáisiúnta leis an méid sin tá léirmhíniú sa tuairisc *Euromosaic* a rinne Nelde, Strubell agus Williams do Choimisiún na hEorpa (1996: 30):

...where community support is negligible it can be argued that a language group is not constituted as a social group and that it is effectively a private language. As many as 15% of the cases could be thus classified, among them being Irish as a state language.

Scórálann an Ghaeilge an-lag sna réimsí teaghlaigh agus pobail freisin sna táblaí a ghabhann leis an tuarascáil chéanna—scór 1 as 4 sa dá chás. Tá práinn agus tábhacht thar na bearta le saintacaíocht oiriúnach a dhíriú ar na fíorphobail teanga atá fós ar marthain sa Ghaeltacht, pobail nár fhriotháil an córas oideachais i gceart riamh orthu sa Ghaeilge mar chéad teanga. Ag féachaint ar fhianaise Choimisiún na Gaeltachta (2002) ní mór a aithint go bhfuil buncheist ann faoi inbhuanaitheacht na Gaeilge mar ghnáthurlabhra in aon cheantar tíreolaíochta, is cuma cén tslat tomhais a chuirtear ina leith. Tá cuid mhór plé déanta ar Scéim Labhairt na Gaeilge (a riarann an Roinn Gnóthaí Pobail, Tuaithe agus Gaeltachta) a dhíothú ar fad, an insint bhliantúil is loime dá bhfuil againn ar neamhsheachadadh na Gaeilge ó ghlúin go glúin sa Ghaeltacht. 24.9% de líon na dteaghlach Gaeltachta le páistí bunscoile a fuair an deontas iomlán sa bhliain 2001–02.

Léiríonn an tábla thíos staitisticí comparáideacha na réigiún Gaeltachta de réir Daonáireamh 1996 agus Daonáireamh 2002 (réamhthorthaí). Tá na treochtaí an-soiléir.

Bliain	Daonra Gaeltachta	Cainteoirí Gaeilge	%	Cainteoirí laethúla	%
1996	82,715	61,035	74%	35,275	42.6%
2002	86,517	62,157	73%	33,789	39%

Mórúdar imní is ea an laghdú ar úsáid laethúil na Gaeilge sa Ghaeltacht, titim ar a líon in ainneoin ardú daonra. Má dhéantar neamhshuim den líon daltaí scoile atá i measc na gcainteoirí laethúla sin, is léir go bhfuil líon na ndaoine fásta faoi bhun 20,000. Os a choinne sin, léiríonn réamhthorthaí 2002 go bhfuil 73,131 cainteoirí laethúla Gaeilge i gcathair agus i gcontae Bhaile Átha Cliath, breis is dhá oiread móriomlán na gceantar Gaeltachta uile.

Sainiúlacht na hAthbheochana

Tháinig forás neamhchoitianta ar an nGaeilge ó chuathas i mbun a hathbheochana ag fíordheireadh an naoú haois déag. Dá réir sin, ní mór comhtháthú samhlaíoch a dhéanamh ar an dá phríomhshruth—pobal na gceantar Gaeltachta ar lámh amháin agus na pobail nua uirbeacha nach bhfuil ceantarbhunaithe nó sráidbhunaithe sa tslí chéanna. Is forás nádúrtha é sin i gcúrsaí teanga. Tráchtann May (2001: 177–8) ar an gcoimhlint idir an dá chur chuige ar a dtugtar (i) "personality language principle" agus (ii) "territorial language principle". Tá cóimheá na cothromaíochta sin ag athrú go mór i gcás na Gaeilge, mar a tharla i dteangacha eile go háirithe le leathnú na nuatheicneolaíochta. Tá na treochtaí sin pléite ag eacnamaithe teanga ar nós Grin (1996: 3): "technology weakens the commonly assumed correspondence between language and territory". Is léir freisin gur gá na sruthanna éagsúla sin a tharraingt le chéile (thoir-thiar agus thuaidh-theas) mar chomhpháirtnéirí sa soláthar ollscolaíochta, chun dlús pobail a chruthú ar bhonn tíreolaíochta agus fíorúil araon.

Fiú má bhí mianta agus cur chuige míréadúil faoi chuid mhór den fhuadar athbheochana, bhí torthaí cuimsitheacha uirthi freisin. Má lean síorchúngú na Gaeltachta mar phobal bisiúil teanga, thug mionlach díograiseach bídeach de na foghlaimeoirí sin, an aicme L2 mar a thugtar orthu, an Ghaeilge féin slán mar ghléas cumarsáide isteach sa saol nua-aimseartha, i dteaghlaigh agus i dtionscnaimh phobail sna cathracha agus go háirithe i dTuaisceart Éireann lenár linn féin. An athbheochan a bhunaigh agus a bhuanaigh go sealadach inniúlacht roinnt glúnta i litearthacht na teanga san fhichiú haois ar fad. Tá láithreacht an-fheiceálach ag an nGaeilge ar an idirlíon mar shampla, agus formhór mór na léitheoirí ag an iris leictreonach www.beo.ie na mílte i gcéin ó thír na hÉireann. Lucht sealbhaithe na Gaeilge mar dhara teanga is mó a líonann na Gaelscoileanna. Deir Ó Murchú (2003: 6): "...ní beag a bhfuil d'athghabháil déanta ag an nGaeilge ar fud an Stáit agus 353,663 duine á mhaíomh go mbíonn sí á labhairt go laethúil acu..." Tráchtann McCloskey (2001:47) ar an éacht seo ba chóir a cheiliúradh:

> *An rud is suntasaí faoi chás na Gaeilge an dóigh ar cruthaíodh an pobal "tánaisteach" cainteoirí—daoine nach bhfuil an teanga ó dhúchas acu ach a bhfuil leibhéal réasúnta bainte amach acu, daoine atá sásta an teanga a úsáid i rithimí a saoil. Cuid acu, tá litríocht fhiúntach cruthaithe acu...is féidir scríobh*

faoin teangeolaíocht theicniúil trí mheán na Gaeilge...is féidir saol intleachta
iomlán agus sásúil a bheith agat trí mheán na teanga seo a bhí ar bhéal na huaighe
ceithre scór bliain ó shin....éacht é is ceart agus is fiú a cheiliúradh.

Cúlú na litearthachta

Tá buncheisteanna fealsúnachta agus cáilíochta ann do shaothrú na Gaeilge
féin sna réimsí ardleibhéil ag eascairt go díreach as obair na hAthbheochana.
Ceisteanna bunaidh iad seo do thodhchaí na teanga, dá cuid litríochta agus
don oideachas trí Ghaeilge go háirithe, cé nach tráth éadóchais é don teanga
labhartha ar bhealaí eile.

Beidh modhanna nua machnaimh ag teastáil atá thar acmhainn chaomhnóirí
coimeádacha iarsmaí na teanga stairiúla. Dar le Crystal ina shaothar *Language
Death* (2000: 10): "Creation of creoles and pidgins provide evidence of fresh
linguistic life" agus aithníonn sé (2000: 117) an gá atá le solúbthacht maidir
le béarlagair agus le friotail nua, agus srian dá réir le "condemnatory
pessimism". Tagraíonn McCloskey (2001: 48–9) don ghuairneán cruthaitheach
urlabhra seo:

> *...ní thig linn a bheith ró-nósúil faoin sórt teanga nó teangacha a fhágfar againn*
> *ag an deireadh...ní fios anois cén sórt teanga nó teangacha a nochtfas amach as*
> *cúr seo na cruthaitheachta. Thig linn a bheith réasúnta cinnte nach teanga é a*
> *mbeadh an tAthair Peadar[1] sásta mórán aitheantais a thabhairt dó....* [liomsa
> an tagairt fonóta]

ach, a deir sé:

> *...ní den réasún dímheas a chaitheamh ar dhéantúis acmhainn na hurlabhra.*
> *Agus is fiú a choinneáil i gcuimhne gur ó bhastard teanga a shíolraigh Béarla*
> *Chaucer, agus ina dhiaidh sin Béarla Shakespeare.*

Ina ainneoin sin is uile, is dúshlán mór ag soláthróirí ardoideachais trí Ghaeilge
é, cothromaíocht a aimsiú idir nuálaíocht agus cruthaitheacht na teanga beo
ar lámh amháin, agus caomhnú na gcaighdeán léinn atá bunriachtanach i
gcumarsáid acadúil ollscoile i dteanga ar bith. Tá fráma tagartha in easnamh
chun caighdeán a bheachtú don íosleibhéal litearthachta atá inghlactha ar
chúrsaí léinn tríú leibhéal go háirithe san obair scríofa. Ar an taobh eile de,
ní mór a chur san áireamh gur saincheird agus cáilíocht annamh anois í
caighdeán réasúnta beacht i scríobh na Gaeilge fiú ag daoine atá ag obair go
gairmiúil leis an teanga. Tá impleachtaí lagbhuanú na litearthachta Gaeilge

faoi chaibidil ag tráchtairí teanga go coitianta[2] agus ag scoláirí acadúla go fánach, agus ní mian liom díriú go mion ar an gceist anseo.

Tá dúshláin teagaisc agus foghlama ag eascairt as saothrú na bhfriotal nua Gaelscoile agus acmhainn litearthachta na teanga treascartha ó bhonn. Is fada greann na hÉireann fréamhaithe sa chaidreamh idir dhá theanga agus is leor mar léiriú air sin, freagra an mhic léinn nuair a fiafraíodh de:

"An labhraíonn sibh Gaeilge riamh?"

"Idir ár féin, no way!"

Ar an gcuid is fearr de, is dúshlán spreagúil nuálaíoch é sa ghuairneán teanga ina mairimid, an ollscolaíocht trí Ghaeilge a phlé agus a shaothrú. Baineann sí le beatha na teanga agus a húsáid bheo, gan scáth gan eagla. Is folláine mar dhearcadh é seo go mór ná paiteolaíocht fhóinéimeanna na cianaimsire mar a thaibhsítear léann na Gaeilge féin d'institiúidí acadúla uaireanta.

"An ré sin na húire"

Léireoidh aon anailís chuimsitheach a dhéanfar amach anseo ar leagan amach na gcúrsaí Gaeilge agus ar léann na Gaeilge sna hollscoileanna ar thairseach na haoise nua go bhfuil brat clasaiceach na hársaíochta fós i réim go láidir agus aird na scoláirí dírithe i dtreo na cianaimsire.

Tá scoláire i gCorcaigh, Seán Ó Coileáin, agus ardmheas tuillte aige ina réimse féin, teanga agus litríocht an Bhlascaoid. Foilsíodh a leagan deifnídeach le déanaí den téacs clascaiceach, *An tOileánach*, (Ó Coileáin 2002: xx) agus tá an ráiteas seo aige ina thosach:

> *Cuid mhór thábhachtach de stair na Gaeilge agus de stair an Stáit, agus dá raibh dá dhóchas as a chéile acu, is ea an tOileánach. Is as a fáisceadh sinn; is ann a chuireamar aithne orainn féin ná déanfaimid arís go deo mar go bhfuil an ré sin na húire i leataoibh agus nach féidir an saol ná an aisling a chur ar bun arís an athuair.*

Má ghéillimid don chumha is don chaointeoireacht, beidh clabhsúr curtha go buan le hacmhainn na teanga beo againn mar ábhar léinn agus mar bheourlabhra. An uair a chinn ailtirí na hathbheochana céad bliain ó shin, tabhairt faoi shlánú na Gaeilge, b'éigean na téarmaí tagartha a bheachtú as an nua. Thrácht mórúdair Bhéarla na tíre seo ar an gcomhghéilleadh ba ghá a dhéanamh ar altóir na hathbheochana, i dtéarmaí íonghlaine teanga agus a slánú mar theanga liteartha chlasaiceach. Luann Kiberd (1979: 219–223) tuairim Synge "a general revival of Irish would lead to linguistic disorder, leaving the bewildered folk semi-literate in both languages." Thagair sé freisin don "incoherent twaddle passed off as Irish by the Gaelic League" agus deir sé gur chuir "the rhetoric of the newspapers" as go mór do Yeats, agus an truailliú teanga, dar leis, a thiocfadh dá bharr: "It may be the language of a nation, yet losing all that has made it worthy of a revival". Leathchéad bliain níos déanaí, scríobh an file, Seán Ó Ríordáin (1948:14), ina dhialann ar leaba na heitinne, agus é ag tagairt do bhéarlagair aos óg na hAthbheochana i gCorcaigh, nó "na deisceabail" mar a bhaist sé féin orthu: "Im na Gaeilge leachta ar arán an Bhéarla agus in áiteanna gan im ar bith ann."

Fiú má tá glúnta gan Béarla ná Gaeilge "ar chúl an tí"[3] againn go meafarach, bheartaíomar i bhfad siar éirí as an gcaointeoireacht agus aghaidh a thabhairt ar an méid ab fhéidir a bhaint amach. Tá an dóchas agus an mhuinín sin le brath ar chuid de na pobail Ghaeilge is forásaí agus is treallúsaí ar an oileán seo, sa Ghaeltacht, sna cathracha agus i dTuaisceart Éireann. Chun an fhís seo a fhíorú agus a thabhairt in inmhe, theastódh athmhachnamh ó bhonn ar gach leibhéal de theagasc na Gaeilge féin ag an dara leibhéal agus ag an tríú leibhéal. Tá oiread de bhearna idir struchtúir áirithe ghramadaí agus litrithe sa Chaighdeán Oifigiúil ar thaobh amháin agus an chaint bheo ar an taobh eile—is cuma friotal Gaeltachta nó Gaelscoilise—is a bhí ag Gaeilge Chéitinn tráth na hAthbheochana céad bliain ó shin nuair a cuireadh bonn faoi na struchtúir chaighdeánacha ortagrafaíochta agus gramadaí. Níl gean do léamh na Gaeilge á chothú sna meánscoileanna ná sna hollscoileanna, ach iliomad cloigeann á gcromadh fós os cionn "Cabhair ní ghoirfead!" agus "na flatha fá raibh mo shean roimh éag do Chríost"[4]. Déantar neamhaird sna hionaid chéanna de bhrainsí léinn ar nós tionchar chailliúint teangacha in Éirinn, san Eoraip agus ar domhan. Is beag staidéar acadúil a dhéantar ar stair ná ar staid na Gaeltachta, ná aon athbhreithniú ar iarrachtaí athbheochana an fichiú haois mar fheiniméan stairiúil, polaitiúil agus teanga, ar mhóriarracht shainiúil í i dtéarmaí domhanda.

Tá réimsí iomlána idirdhisciplíneacha ann a bhféadfadh an Ghaeilge iad a shaibhriú agus a neartú ó bhonn trí chláir léinn agus taighde, sna teicneolaíochtaí cumarsáide, sna staidéir forbartha, eacnamaíochta agus idirchultúrtha. Léiríonn staid leochaileach na Gaeltachta agus na Gaeilge féin go bhfuil tráth cinniúnach buailte linn, céim nua shuntasach sa chailliúint teanga a éilíonn machnamh, plé úr agus ionramháil nua ó bhonn.

An Ollscolaíocht Ghaeilge

Is mithid ré úr a chruthú dúinn féin san ollscolaíocht Ghaeilge. Ní mór teanga a chur ag freastal ar shaol, seachas saol a bheith ag freastal ar thuiscintí ársaíocha agus múnlaí clasaiceacha a chaomhnú, agus bíodh de mhisneach againn más gá, an Ghaeilge féin a fhuascailt ó chúngrach léann na Gaeilge.

Ní hé léann na Gaeilge is mó is cás linn anseo, áfach, ach todhchaí na hollscolaíochta trí Ghaeilge. Tá an sólathar sin scáinte a dhóthain faoi láthair. Is féidir trí phríomhghné a aithint sa ghníomhaíocht go dtí seo agus tá spreagadh agus leagan amach an-éagsúil i gceist iontu.

* Tá ról stairiúil ag Ollscoil na hÉireann Gaillimh sa chúram seo leagtha síos de réir reachtaíochta i 1929. Níl aon bhunchéim iomlán (seachas an Ghaeilge féin) ar fáil trí Ghaeilge. Tá míreanna agus modúil áirithe in ábhair eile ar fáil trí Ghaeilge i gcuid de na gnáthranna acadúla. Tá athrú mór béime ar an gcur chuige le roinnt blianta anuas. Tá cinneadh déanta treisiú le forbairt an oideachais ar bhonn pobail in ionaid seach-champais sa Ghaeltacht, agus leanúint san am céanna le soláthar míreanna áirithe de chúrsaí acadúla trí Ghaeilge ar phríomhchampas na hOllscoile i gCathair na Gaillimhe.

* Aonad tiomnaithe idirdhisciplíneach is ea Fiontar, a bhunaigh Ollscoil Chathair Bhaile Átha Cliath i 1993. Tá an fhiontraíocht i gcroílár na gclár léinn, le béim ardteicniúil ar chuid mhaith den ábhar acadúil. Is é Ollscoil Chathair Bhaile Átha Cliath an t-aon ollscoil a chuireann bunchéim iomlán trí Ghaeilge (seachas an Ghaeilge féin) ar fáil mar rogha don lucht fágála scoile i gcóras an Lároifig Iontrála in Éirinn.

* Tá cúrsaí eile ar fáil in institiúidí eile i sainréimsí ar leith, agus míreanna de chúrsaí acadúla eile i mórán institiúidí ar fud na tíre, cuid mhaith acu á bhforbairt gan aon infrastruchtúr tiomnaithe faoi leith ag tacú leo. Tá cuid de na tionscnaimh seo thar a bheith leochaileach maidir le héileamh margaidh agus acmhainní.

Cuireadh dlús nua leis an bplé poiblí ar an ábhar seo in Éirinn nuair a thug Ollscoil na hÉireann, Gaillimh, cuireadh d'ollscoileanna áirithe eile dul i bpáirt léi agus comhaighneacht maidir lena bpleananna forbartha don ollscolaíocht Ghaeltachta a chur faoi bhráid an Rialtais i mí na Bealtaine 2000. Mar fhreagra polaitiúil air sin, bunaíodh grúpa idirghníomhaireachta faoi chúram na Roinne Oideachais agus Eolaíochta agus na Roinne Ealaíon, Oidhreachta, Gaeltachta agus Oileán (mar a bhí) go luath i 2002. Bhí ionadaíocht ag Údarás na Gaeltachta agus ag an Údarás um Ard-Oideachas freisin air. Tugadh cuireadh poiblí d'institiúidí léinn agus do dhaoine eile tuairimí a nochtadh faoin iarratas bunaidh. Foilsíodh na haighneachtaí éagsúla ar http://www.hea.ie/new/index.htm.

Nocht sruthanna agus smaointe éagsúla sna haighneachtaí agus sa phlé poiblí sna meáin:

- easpa soiléireachta faoin spriocphobal—pobal na Gaeltachta amháin nó Gaeilgeoirí uile-Éireann, an Tuaisceart san áireamh

- easnamh follasach i réimsí na ríomhfhoghlama agus na cianfhoghlama. Ba léir freisin go mbeadh mórinfheistíocht ag teastáil chun iad seo a fhorbairt

- éileamh patuar ar chúrsaí trí Ghaeilge go dtí seo—go háirithe i gcomhthéacs titim sa chuar déimeagrafach ó 74,000 sa bhliain ag fágáil na scoile i 1998 go dtí 47,000 i 2012

- géarghá le taighde cuimsitheach margaíochta ag ollscoileanna/institiúidí stáit sna Gaelscoileanna ar bhonn oileánda mar aon le scoileanna Gaeltachta

- béim an-láidir ar láimh amháin ar infheistíocht chaipitil in ionaid fhisiciúla agus béim ag páirtithe eile ar fhorbairt chlár nua, ar sholáthar ábhar taca, agus ar cheisteanna straitéiseacha

- fócas réigiúnach pobalbhunaithe nó fócas oileánda ábharbhunaithe

- modhanna traidisiúnta seachadta nó modhanna nuatheicneolaíocha nó meascán den dá rud

- easpa chur chuige maoinithe ar bhonn réadúil bunaithe ar aonadchostais fhírinneacha don teagasc trí mhionteangacha do ghrúpaí bídeacha mac léinn

- deacrachtaí maidir le foireann ardcháilithe a earcú chun cúrsaí acadúla a theagasc ar leibhéal céime agus iarchéime trí Ghaeilge, easpa chlár tacaíochta agus iad i mbun oibre mar aon le heaspa deiseanna gairmiúla ar ardleibhéal

- an gá faoi leith a bhaineann le comhoibriú agus le comhpháirtíocht idir institiúidí san earnáil seo ag cuimsiú gné na bpobal Gaeltachta ar bhonn réigiúnach agus muintir na Gaeilge ar bhonn oileánda

- an riachtanas atá ann tacaíocht agus spreagadh faoi leith a thabhairt do mhic léinn chun an chonair tríú leibhéal seo a ghlacadh—leathnú scéim na scoláireachtaí mar shampla chun mic léinn ó scoileanna Béarla, agus mic léinn ó Thuaisceart Éireann a chur san áireamh.

Maoiniú agus samhlacha forbartha

Bhíothas ag súil go mbeadh soláthar acmhainní stáit ar fáil chun tacú leis an bhforbairt seo mar thoradh ar obair an ghrúpa idirghníomhaireachta. Ceapadh an tOllamh Barra Ó Cinnéide ina chomhairleoir ag an Údarás um Ard-Oideachas sa Mheitheamh 2002 chun taighde a dhéanamh ar an gceist seo. Níl toradh fós ar thuairisciú an Ghrúpa úd.

Tá cúngrach ar an sparán poiblí agus tá teannadh níos géire fós ar an maoiniú ardoideachais. Faoi láthair níl de mhaoiniú ann don earnáil trí Ghaeilge ach an gnáthsholáthar acmhainní de réir Rátáil Chreidiúintí na Mac Léinn (SCR) atá bunaithe ar theagasc tríd an bpríomhtheanga dhomhanda agus ranganna móra dá réir. Sa bhreis air sin tá timpeall is €1m sa bhliain don Ghaeilge sa Chiste Spriocthionscnaimh ag an Údarás um Ard-Oideachas. Ní leor an soláthar seo chun go nginfear modhanna nua smaointeoireachta ná seachadta sa mhéid go dteastódh acmhainní móra agus straitéis náisiúnta chun tionscnaimh ríomhfhoghlama agus cianfhoghlama a fhorbairt agus a thástáil.

Leanfaidh deiseanna agus dúshláin mhóra Acht na dTeangacha Oifigiúla (2003), agus tionscnamh fíorthábhachtach eile is ea an foclóir nua Béarla-Gaeilge, nuachoimisiúnaithe ag Foras na Gaeilge. Tá rath agus éifeacht na mbeartas seo nasctha go dlúth, áfach, le hacmhainn institiúidí tríú leibhéal chun freagairt go héifeachtach solúbtha do na fíor-riachtanais ghanntanas scileanna agus do dheiseanna taighde in earnáil na Gaeilge. Gan trácht ar an múinteoireacht agus na meáin chumarsáide, tá ganntanas riarthóirí, aistritheoirí, agus taighdeoirí atá inniúil ar fheidhmiú trí Ghaeilge ar comhleibhéal lena macasamhla i mBéarla.

Tá sé fíorthábhachtach mar sin go ndéanfadh na hionaid nua ardteicneolaíochta (ar nós Fiontar agus a mhacasamhla in ollscoileanna eile) atá ag feidhmiú trí Ghaeilge, go háirithe ar leibhéal iarchéime, cúram cáiréiseach de chothú chultúr taighde i measc na foirne acadúla. Tá sé seo bunriachtanach chun ardchaighdeán léinn a dheimhniú sna cláir, i réimsí feidhmeacha ar nós na meán cumarsáide, teicneolaíocht na faisnéise agus an aistriúcháin. Is é an teagasc an gad is gaire don scornach i gcónaí ach ní leor ionaid a fhorbairt mar aonaid seirbhíse teagaisc amháin, má tá siad le teacht in inmhe agus an infheistíocht a mhealladh atá ag teastáil chun mórthionscnaimh téarmaíochta, foclóireachta, sochtheangeolaíochta, agus cianfhoghlama a fhorbairt mar ba chóir faoi stiúir Éireannach. Tá inbhuanaitheacht na Gaeilge féin ag brath air.

Is trí dhioscúrsa acadúil in ollscoileanna a aimsítear coincheapa úra agus a thógtar samhlacha nua teoirice agus anailíse d'fheidhmiúcháin phraiticiúla an lae amáraigh. Ní airgead amháin a theastaíonn chun ollscolaíocht na Gaeilge a fhorbairt. Ceist meoin agus cur chuige freisin í. Tá fiontraíocht meoin agus samhlacha nua oibre ag teastáil, páirtnéireachtaí a mheallfaidh acmhainní lasmuigh den Stáit seo chun cláir taighde, oiliúna agus acmhainní leictreonacha teanga a fhorbairt. Tá forleathnú na hEorpa ar an tairseach againn. Luachanna bunaidh san fhorleathnú agus sna cláir mhaoinithe a bheidh á dhaingniú sin is ea an éagsúlacht mar acmhainn agus an caipiteal cultúrtha. Agus Éire ar cheann de na tíortha saibhre san Eoraip nua, beidh orainn ár gcaidreamh lenár gcomharsana a shainiú as an nua, seachas an béal bocht mar ba dhual dúinn tráth.

Tá cur chuige páirtnéireachta go mór i réim. Tá géarghá le comhthionscnaimh idir ollscoileanna, in Éirinn agus thar lear; idir ollscoileanna agus forais Stáit, iadsan a bhfuil cúram na teanga orthu agus cúraimí forbartha Gaeltachta; gan trácht ar thionscnaimh le heagrais phobail agus le fiontair ghnó. Tá páirtnéireachtaí mar sin tar éis forbairtí infrastruchtúrtha a thabhairt i gcrích i dtíortha eile, agus in Éirinn féin i réimsí eile.

Tá smaointeoireacht nua de dhíth ó thaobh maoinithe de freisin, sa mhéid nach bhfuil sé réadúil ná stuama a bheith ag brath feasta ar fhoinsí Stáit amháin, ná ar aon mhúnla seanchaite bunaithe ar dhéircínteacht go príomha. Beidh tionscnaíocht taighde agus oiliúna le forbairt le breisluach fhollasach don teanga agus don phobal, agus foinsí maoinithe le haimsiú ar bhonn leathan trí pháirtnéireachtaí rathúla idirnáisiúnta. Ní mór díriú go beacht ar chláir léinn a fhorbairt ar bhonn idirdhisciplíneach a fhónfaidh d'fhíor-riachtanais mhargadh ardscileanna na Gaeilge. Ní mór freagracht a ghlacadh as breisluach a chur le hacmhainn phoiblí na teanga beo trí thionscnaimh taighde le feidhmiúcháin phraiticiúla. Ní hé easpa maoinithe an bac is mó ar fhorbairt na hearnála seo. Aimsítear maoiniú de ghnáth do thionscnaimh uaillmhianacha atá ciallmhar, fréamhaithe. Is deacra go mór fada réiteach a aimsiú ar mhargaí cúnga agus easpa foirne ardcháilithe, agus go deimhin dearbhú cáilíochta a fheidhmiú gan bonn comparáide.

Is gá teacht ar shamhail nuálaíoch don Ollscolaíocht Ghaeilge. Pé tionscnamh a bheidh ann, ní mór é a chur ar fáil ar chostas réasúnta, agus é a bheith solúbtha a dhóthain chun freagairt go samhlaíoch do na dúisháin nua san ardoideachas agus do chúinsí na teanga féin. Tá claochlú ag teacht ar choincheap na n-ollscoileanna mar institiúidí agus tá na tuiscintí traidisiúnta ag leá os comhair ár súl.

Tá deis againn múnla ardoideachais a chruthú don Ghaeilge ar bhonn fiontraíoch a oireann do na claonta déimeagrafacha sna pobail Ghaeilge ar fud an oileáin seo, ach a fhreagraíonn san am céanna do threochtaí nua an ardoideachais, mar a léirítear iad ag an Údarás um Ard-Oideachas in *The University Challenged* (Skilbeck 2001: 30). Tráchtann sé go sonrach ar: "a reorientation of the whole system. Indeed it is reasonable to ask whether what may be needed is the very creation of a system out of the existing diffuse collection of individual, competitive institutions."

Oireann na treochtaí nua seo san ardoideachas do chomhdhéanamh tíreolaíochta agus fíorúil na bpobal Gaeilge, ach múnla a chruthú bunaithe ar na treochtaí sin. Ní féidir na múnlaí sin a thógáil ar sheantuiscintí ollscoile campaslonnaithe faoi chúram institiúidí aonaracha, ach ar mhachnamh cruthaitheach agus ar fhiontraíocht mheoin.

Tá easnamh mór sa phleanáil straitéiseach ar bhonn náisiúnta, sa mhéid gur ar bhonn *ad hoc* laistigh d'institiúidí atá tograí á dtionscnamh, beag beann ar thosaíochtaí náisiúnta ná ar éileamh. Tá mórcheisteanna eile ann arbh fhiú go mór iad a shainiú agus iad a sholáthar ar bhonn páirtnéireachta seachas ar bhonn iomaíochta, mar shampla:

- seirbhísí taca teagaisc agus foghlama

- comhthograí taighde agus forbartha, go háirithe ríomhfhoghlaim agus cianfhoghlaim

- taighde agus feachtais mhargaíochta

- comhroinnt áiseanna fisiciúla agus acmhainní foirne

- comhsholáthar chláir léinn in ionaid éagsúla

- cláir oiliúna agus forbartha foirne

- comhiarratais ar mhaoiniú náisiúnta agus Eorpach

Is gá breisluach a chur leis an earnáil trí Ghaeilge ar bhonn cruthaitheach forásach a mheallfaidh foireann agus mic léinn chun rannpháirtíochta. Is gá acmhainn a thógáil san earnáil, agus ceannródaíocht nua a spreagadh trí dhlús comhpháirtíochta. D'fhéadfadh na hollscoileanna féin comhoibriú le chéile chuige sin nó d'fhéadfaí foras tacaíochta ar leith a bhunú ar bhonn neamhspleách. Pé samhail a bheidh ann ní mór di freastal ar fhíor-riachtanais na mac léinn ar shlite úra samhlaíocha.

Táscairí rathúlachta

Dá mhéad ár smaointe agus dá líonmhaire ár mbeartais forbartha, ní mór dúinn aghaidh a thabhairt ar dhearbhú na gcaighdeán agus ar úsáid éifeachtach acmhainní. Is é bun agus barr an scéil go gcaitheann tionscnaimh trí mhionteangacha seasamh céim ar chéim lena macasamhla sna mórtheangacha, agus iad a shárú fiú le feabhas agus le scoth caighdeáin. Ní thig linn géilleadh ar an gceist seo beag ná mór. Tá bunús teoiriciúil agus ardcháil acadúil na gclár léinn bunriachtanach don stádas seo mar aon le hardcháilíochtaí acadúla agus seasamh taighde na foirne. Agus acmhainní airgeadais agus foirne gann, is dúshlán mór é seo i gcás na Gaeilge. Tá sé riachtanach dá bhrí sin, go n-aimseodh an ollscolaíocht Ghaeilge a pointí tagartha féin ar an mapa idirnáisiúnta.

Is deacair an coibhneas idir costas agus luach a ríomh i gcónaí agus soláthar á dhéanamh do chainteoirí mionteangacha. Ní seirbhísí inbhuanaithe iad de ghnáth gan chúnamh poiblí éigin. Aithnítear go bhfuil fiúntas agus luach ag baint le tionscnaimh mar seo ina gceart féin. Ach is gá san am céanna bonn dealraitheach éigin a bheith faoin éileamh, chun gurbh fhiú an tairbhe an trioblóid ag deireadh an lae, fiú beag beann ar acmhainní. Is ceist ilghnéitheach í i gcás na Gaeilge, a bhaineann leis na réimsí uile ina saothraítear an teanga ar ardleibhéal, sna healaíona, san fhoilsitheoireacht, sna meáin chumarsáide agus san oideachas.

Tá géarghá le taighde margaíochta i measc an phobail trí chéile faoina ndearcadh agus faoi údair a gcuid roghanna maidir le hoideachas trí Ghaeilge ar gach leibhéal, mar is léir go dtránn an díograis agus go mbíonn bac ar an aistriú ó leibhéal go chéile. Meicníocht na sórtála sóisialta, atá ag méadú faoi láthair san oideachas in Éirinn, faoi deara cuid mhór den fhuadar éilimh ar bhunscolaíocht trí Ghaeilge, seachas fíordhíograis teanga. Is beag má theagmhaíonn saincheisteanna inimirceach, fadhbanna foghlama nó riachtanas speisialta le scoileanna Gaeilge i gcomparáid le scoileanna eile agus tuigeann gach tuismitheoir na buntáistí a bhaineann le ranganna níos lú agus le timpeallacht spreagúil foghlama.

Plandaí leochaileacha ó bhonn is ea na tionscnaimh ardoideachais trí mhionteangacha. Le dhá bhliain anuas shéalaigh (go sealadach pé scéal é) clár iarchéime san fhiontraíocht in Ollscoil na Breataine Bige, Aberystwyth agus céim trí Ghaeilge sa ghnó agus sa chumarsáid in Institiúid Teicneolaíochta na Gaillimhe-Maigh Eo. Ní mór a bheith réalaíoch freisin faoi spriocanna na dtionscnamh oideachais trí Ghaeilge ar gach leibhéal. Ní chasann tionscnaimh oideachais an taoide ar thréigean teangacha, agus tá mórán tíortha eile tar éis an ceacht seo a fhoghlaim ón eiseamláir athbheochana in Éirinn. Tráchtann May (2001: 167) ar "the overoptimistic view of what education can accomplish in halting, let alone, reversing language shift." Is leor dúinn cuimhneamh ar an díospóireacht agus ar an achrann a spreagadh tráth bunaithe chainéal teilifíse trí Ghaeilge, TG4, chun go dtuigfimís á thábhachtaí atá sé dearcadh fabhrach a chothú sa mhóramh chun bailíocht na ngníomhaíochtaí sna mionteangacha a chur i láthair go dearfach. Beart riachtanach é seo dar le May (2001: 194): "the longterm success of such initiatives can only be achieved if at least some degree of favourable majority opinion is secured".

Agus forleathnú na hEorpa thar tairseach chugainn, tá deis againn buntáistí na dtionscnamh mionteangacha a léiriú don phobal mór mar bhua agus mar bhuntáiste do chách, ní don phobal mionlaigh amháin. Ba chás uathúil ceannródaíochta é athbheochan na Gaeilge agus a húsáid sheasta ar mhórscála san oideachas in Éirinn le ceithre scór bliain. Agus é seo féin faoi bhrú leanúnach anois mar pholasaí náisiúnta, is mithid dúinn na gothaí cúlaithe agus cosanta a chaitheamh i dtraipisí agus dul i muinín na samhlaíochta chun ár dtaithí a thairiscint mar acmhainn cheannaireachta agus chomhpháirtíochta dár gcomhghleacaithe iomadúla thar lear. Ní mór cás soiléir a dhéanamh gur bua agus buntáiste don phobal ar fad, mór agus mion, an éagsúlacht a chaomhnú agus a chothú. Beidh dúshlán ann i gcónaí mionteangacha a thiontú ina n-acmhainn eacnamaíochta, mar a léirigh McLeod (2001:ii): "Gaelic has almost no role at all in the for-profit commercial sector". Níor chóir géilleadh don fhealsúnacht sin mar sin féin ach bealaí úra samhlaíocha a aimsiú chun mionteangacha a aithint mar acmhainn lárnach dhaonna agus chultúrtha againn uile sa Nua-Eoraip. Fóraim Eorpacha is fearr a fheileann d'fhorbairt an dioscúrsa seo. Tá sé in am ag muintir na Gaeilge a n-aird a dhíriú soir ar Mhór-Roinn na hEorpa chun smaointe nua a fhorbairt agus comhthionscnaimh a bheartú. Tá bonn curtha ag Grin (1996 a–b) faoi léiriú na bhfrámaí teoiriciúla atá á bhforbairt as an nua ag scoláirí idirdhisciplíneacha a phléann le heacnamaíocht agus le teanga. Is gá a dheimhniú go mbeidh saothrú na n-ábhar nua léinn seo mar bhunús don teagasc agus don taighde sainiúil a phéacfaidh ar chraobhacha na hollscolaíochta Gaeilge.

Sainiúlacht físe

Teastaíonn téagar agus úire smaointeoireachta i ndearadh na gclár féin, chun gur malairt rogha chultúrtha a bheadh iontu go fírinneach. Ní leor cláir léinn agus modúil acadúla a stoitheadh anuas den seilf atá ar fáil cheana féin i mórtheangacha an domhain agus iad a theagasc go logánta trí mhionteanga. Ní mór meon agus rogha shainiúil a chruthú agus a chur chun cinn agus deis a thabhairt do rannpháirtithe idir fhoireann agus mhic léinn a gcuid réimsí léinn agus an mhionteanga a chur i leith a chéile ar bhealaí úra.

Tá claochlú i ndán don earnáil ardoideachais in Éirinn agus beidh cláir trí Ghaeilge faoina scáth seo leis. Níl lánéifeacht an chúngrach acmhainní agus an chraptha dhéimeagrafaigh tar éis sinn a bhualadh i gceart fós. Tá dianiomaíocht idir institiúidí agus breis clár léinn á dtairiscint de shíor[5]. Is geall le neach samhalta é an fochéimí lánaimseartha anois agus iad níos tiomnaithe don fhostaíocht agus don tsiamsaíocht ná don staidéar príobháideach. Tá athruithe móra tuartha san earnáil ag Skilbeck (2001: 26–28) ina dtráchtann sé ar "the need for universities to become more entrepreneurial", agus an gá atá go háirithe le "massive fresh investment of imagination, thought and energy….The challenges faced by higher education in the final third of the twentieth century were but a prelude to those that lie immediately ahead".

Deimhneoidh luas na n-athruithe domhanda comhthéacs úrnua d'fheidhmiú na hollscolaíochta, dár lomainneoin, faoi mar a thuairiscíonn Reich mar shampla, a bhí ina Rúnaí Saothair sna Stáit Aontaithe i Rialtas Clinton (2002: 84): "The very meaning of a company or university or any other institution is growing less coherent. All institutions are flattening into networks of entrepreneurial groups, temporary projects, electronic communities and coalitions…"

Oireann na téamaí atá i réim agus an cur chuige atá molta go breá do sholáthar na hollscolaíochta Gaeilge ach an toil a bheith ag na páirtithe agus na tosaíochtaí sin soiléir sa chóras maoinithe.

Ní mór an nuálaíocht a chleachtadh sna modhanna teagaisc agus foghlama freisin, agus meon na fiontraíochta a chothú ar gach leibhéal. Ba chóir go gcruthódh an fearas acadúil agus taighde na samhlacha léinn agus na deiseanna praiticiúla chun leas eacnamaíoch agus cultúrtha a bhaint as mionteanga mar acmhainn phearsanta agus phobail. Is luachmhar an deis í seo i ré an domhandaithe. Tá seansanna nua ag daoine agus ag pobail stiúir a ghlacadh ar chinniúint a dteanga féin trí na nuatheicneolaíochtaí cumarsáide agus teicneolaíochta. Tá samhlaíocht agus inniúlacht faoi leith léirithe ag muintir na Gaeilge ar fud an domhain á n-ionramháil seo cheana féin, agus tá na deiseanna seo ar fáil go logánta ar chostas íseal.

Labhair Pat Cox, Uachtarán Pharlaimint na hEorpa, ar an dúshlán agus ar an deis uathúil seo san aitheasc a thug sé (Cox 2003) ag comóradh dheich mbliana Fiontar ar 27 Bealtaine 2003:

> *Teanga gan chumhacht fhollasach shaolta is ea an Ghaeilge ach má nasctar breisluachanna léi ... féadfaidh sí a bheith ina huirlis athfháis ... "Nuair a athraíonn tú an comhthéacs athraíonn tú an fhadhb," a dúirt Jean Monnet, duine de bhunaitheoirí ceannródaíocha an Aontais Eorpaigh. Tá an comhthéacs don Ghaeilge féin athraithe agus á athrú go leanúnach ag Fiontar. Tá sé riachtanach an comhthéacs di á athrú, ó cheann cúng, seanléinn, oileánbhunaithe, go dtí ceann Eorpach, nua-léinn, Mór-Roinneach.*

Bítear ag súil le húire agus le ceannaireacht machnaimh ón aos léinn ar cheisteanna comhaimseartha. Ní institiúidí ar deighilt ón bhfíorshaol iad ollscoileanna an lae inniu, ach bítear ag dréim le léargais agus le léaspairtí éigin mar léiriú ar phobal acadúil atá gafa leis an tsochaí ar bhonn cuimsitheach. Agus ag tagairt an athuair do Skilbeck (2001: 36): "The universities may not adequately be performing the roles of intellectual leader and moral critic in the public domain and framework of general culture". Ní mór a admháil gur tearc ar fad an inspioráid agus an saibhriú díospóireachta ar chúrsaí Gaeilge a tháinig as ollscoileanna na hÉireann le fada an lá, gan trácht ar dhioscúrsa a leagfadh fráma tagartha nó spriocanna síos do ré iar-Athbheochana na Gaeilge.

Tá dlús mór curtha leis an éicitheangeolaíocht ó chéadscríobh Einar Haugen *The Ecology of Language* (1972). Tá fráma tagartha idirnáisiúnta ann seachas buntéama na náisiúnstát a bhí laistiar de ghluaiseacht na hAthbheochana tráth. Dírítear ar na caidrimh idir dhaoine, a dtimpeallacht, a gcuid smaointe agus a gcuid mothúchán agus leagtar béim ar chuimsitheacht agus uilíocht na tuisceana sin ó mhionteanga go chéile. Labhraíonn 4% de phobal an domhain 96% de na teangacha, agus tá pobail labhartha faoi bhun 1,000 duine ag an gceathrú cuid de na teangacha. Tá caipiteal cultúrtha á aithint mar acmhainn luachmhar ar ardán na hEorpa na laethanta seo agus beidh sé níos tábhachtaí fós i gcomhthéacs an fhorleathnaithe. Tá teangacha i gcroílár na gcaidreamh daonna i réigiúin na hEorpa agus 50 milliún duine ag labhairt 225 teanga nach teangacha oibre iad san Aontas Eorpach. Tá ceannródaíocht áirithe tugtha ag Éirinn i gcothú dea-chleachtas éagsúlacht teanga sa reachtaíocht agus sna hinstitiúidí Eorpacha, agus is léir dúinne anois gur gné logánta de shaothar domhanda is ea buanú agus caomhnú na teanga againn féin.

Mar fhocal scoir, is pribhléid í an t-ardoideachas a shaothrú i mionteanga a bhfuil saíocht agus seasamh ar stádas domhanda ag roinnt léi. As 1,200 teanga pobail ar MhórChríoch na hAfraice níl ceann ar bith acu á saothrú san oideachas dara leibhéal féin dar le Crystal (2000: 82). Tá traidisiún scríofa agus liteartha neamhbhearnaithe againn sa Ghaeilge. Tá stádas reachtúil aici agus tacaíocht stáit. Tá sí á haclú go bríomhar sna meáin leictreonacha agus tá tionscnaimh nuálaíocha ardoideachais ar ardchaighdeán á gcruthú inti, ar chóir dúinn a bheith muiníneach agus bródúil astu mar eiseamláirí Eorpacha.

FONÓTAÍ

1. An tAthair Peadar Ó Laoghaire (1839–1920)—duine de phríomhscríbhneoirí eiseamláireacha na hAthbheochana, údar mór ar úsáid agus ar cheart na Gaeilge, agus cáil faoi leith ar an gcóiriú a rinne sé ar *Scéal Shéadna*.

2. Féach go háirithe na hailt ag Ó Baoill (2003); Nic Pháidín (2003). Féach freisin Ó Ciardha (1997). Tá tuairisc eile fós ag uí Bhraonáin (2000). Pléadh an cheist ag iriseoirí freisin: Ó Muirthile (2003) agus Ní Chinnéide (2003).

3. 'Cúl an Tí', dán cáiliúil le Seán Ó Ríordáin, príomhfhile na Gaeilge san fhichiú haois.

4. Sleachta as dánta le hAogán Ó Rathaille, príomhfhile Gaeilge an ochtú haois déag.

5. Táim faoi chomaoin ag an Ollamh Jim Gosling, Ollscoil na hÉireann Gaillimh, a chuir na sonraí seo a leanas ar fáil.

Bliain	Líon Mac Léinn	Líon Clár Céime
1979/1980	4,040	40
1999/2000	10,815	160
Méadú	270%	400%

FOINSÍ

Coimisiún na Gaeltachta. 2002. *Tuarascáil*. Baile Átha Cliath

Cox, P. 2003. http://www.patcox.ie/speeches/default.asp

Crystal, D. 2000. *Language Death*. Cambridge.

Grin, F. 1996a. "Economic approaches to language and language planning: an introduction", in *International Journal for the Sociology of Language* 121, 1–16

Grin, F. 1996b. "The Economics Of Language: survey, assessments and prospects", in *International Journal for the Sociology of Language* 121, 17–44

Haugen, E. 1972. *The ecology of language*. Stanford.

Kiberd, D. 1979. *Synge and the Irish language*. Dublin.

May, S. 2001. *Language and minority rights: ethnicity, nationalism and the politics of language*. England. 2001.

McCloskey, J. 2001. *Guthanna in éag—An mairfidh an Ghaeilge beo?* Baile Átha Cliath.

McLeod, W. 2001. *The state of the 'Gaelic Economy': A research report*. Unpublished. Department of Celtic and Scottish Studies, University of Edinburgh.

Nelde, P., Strubell, M., and Williams, G. 1995. *Euromosaic: The production and reproduction of minority language groups in the European Union*. Luxembourg.

Ní Chinnéide, M. 2003. "Comhrá Eile Leabhar", in *The Irish Times*. 14 Eanáir.

Ní Mhianáin, R. (eag.) 2003. *Idir Lúibíní. Aistí ar Léitheoireacht agus ar Litearthacht*. Baile Átha Cliath.

Nic Pháidín, C. 2003. "'Cén fáth nach?'—Ó chanúint go criól', in *Idir Lúibíní*, Ní Mhianáin, R., eag. Baile Átha Cliath.

Ó Baoill, D. 2003. "An léitheoireacht agus an Ghaeltacht", in *Idir Lúibíní*, Ní Mhianáin, R., eag. Baile Átha Cliath.

Ó Ciardha, P. 1997. 'Dar an leabhar: ré iar-liteartha na Gaeilge', *Léachtaí Cholm Cille* 28, 93–109.

Ó Coileáin, S. (eag.) 2002. *An tOileánach*. Baile Átha Cliath.

Ó Muirthile, L. 2003. 'Comhrá na Leabhar' in *The Irish Times*. 9 Eanáir.

Ó Murchú, M. 2003. *Cás na Gaeilge 1952–2002: Ag Dul ó Chion?* Baile Átha Cliath.

Ó Ríordáin, S. 1948. Dialann. Neamhfhoilsithe. OR D Iml.7, Special Collections, Ollscoil na hÉireann, Baile Átha Cliath.

Reich, R. 2002. *The future of success: Life and work in the new economy.* London.

Skilbeck, M. 2001. *The University Challenged—a review of international trends and issues with particular reference to Ireland.* Dublin.

uí Bhraonáin, D. 2000. *Taighde do Bhord na Leabhar Gaeilge ar an margadh léitheoireachta leabhar Gaeilge.* Neamhfhoilsithe. Fiontar, Ollscoil Chathair Bhaile Átha Cliath.

Riachtanais an phobail teanga agus cothú an éilimh ar ollscolaíocht Ghaeilge

AN DR TADHG Ó hIFEARNÁIN, OLLSCOIL LUIMNIGH

Achoimre

Tá folláine an phobail teanga ag brath ar shíorfhorbairt na Gaeilge agus ar scileanna teangeolaíochta lucht a labhartha. De thairbhe cumhacht dhosheachanta a bheith ag an mBéarla i saol gach duine a bhfuil Gaeilge ar a thoil aige, is gníomh comhfhiosach pearsanta forbairt na teanga, is cuma cén áit a bhfaigheann an duine a chuid Gaeilge ó thús. I ngeall air sin, is i muinín dhearcadh agus spreagadh an duine aonair atá seachadadh na Gaeilge mar urlabhra phobail. Tá ionad an-tábhachtach ag ollscoileanna na tíre i bhforbairt na teanga agus i gcothú suime inti mar uirlis chumasach chumarsáide agus mar mheán léinn. Ar a bharr sin, tá saol phobal na teanga ag brath ar chéimithe a bhfuil Gaeilge chruinn acu chomh maith le réimse leathan scileanna eile. In ainneoin líon na ndaoine a fhógraíonn go rialta go bhfuil an teanga acu, is beag an céatadán díobh a bheadh ábalta cúrsa iomlán tríú leibhéal a chur i gcrích trí mheán na Gaeilge. Go deimhin, faoi láthair is dúshlán ceartscríobh agus léamh na Gaeilge do chainteoirí maithe Gaeilge agus Gaeltachta agus dóibh siúd a tháinig tríd an gcóras Gaelscolaíochta. Ar an ábhar go bhfuiltear ag plé cheist na hollscolaíochta Gaeilge agus ní léann na Gaeilge ar ollscoil, is ar an bpobal uile atáthar ag díriú. Mar sin de, tá cúrsaí Gaeilge an dara leibhéal agus stádas na teanga sa phobal féin le forbairt chomh maith leis an ollscolaíocht Ghaeilge, ar mhaithe lena chéile.

Ba mhaith liom, sa pháipéar seo, aird a dhíriú ar ionad na hollscolaíochta i saol an phobail, agus ar chuid de na deacrachtaí a bhainfeadh le mic léinn a mhealladh le freastal ar chúrsaí trí mheán na Gaeilge agus a bhainfeadh le foireann a earcú chun an t-oideachas sin, idir chúrsaí agus thaighde, a chur ar fáil.

An ollscolaíocht agus an pobal

Ní mór tosú le ceist faoi nádúr na hollscoile. Bíonn claonadh ionainn bheith ag smaoineamh ar na hollscoileanna mar institiúidí teagaisc ar a bhfreastalaíonn daoine óga, a bhformhór idir 17 agus 22 bliana d'aois, agus iad ag foghlaim ar chúrsaí múinte léinn. Téann an tuiscint seo ar an ollscolaíocht go smior i státchóras na tíre, óir, murab ionann agus an cás i dtíortha eile na hEorpa, faigheann ollscoileanna na hÉireann bunús a gcuid maoinithe bhliantúil ón stát de réir líon na mac léinn atá ag freastal orthu seachas de thairbhe a ról sa tsochaí agus i saol an taighde, rud a léiríonn an tuiscint atá ag struchtúir an Stáit, agus ag na polaiteoirí a cheapann na struchtúir sin, ar ionad na n-ollscoileanna. Chun an fhírinne a dhéanamh tá go leor mistéire agus rúndiamhaire ag baint le dáileadh airgead an stáit ar na hinstitiúidí tríú leibhéal sa mhéid is nach léir go mbíonn an luach céanna ar gach mac léinn i ngach ollscoil i súile an Údaráis um Ard-Oideachas. Ach, bíodh sin mar atá, tá i bhfad níos mó i gceist leis an ollscolaíocht agus leis na hollscoileanna féin, sa bhreis ar an oideachas tríú leibhéal a chuireann siad ar fáil.

Is innill iad na hollscoileanna i saol na tíre. Is iontu agus i bpáirt leo a dhéantar taighde ar chúrsaí sóisialta, sochaíocha, eacnamaíochta, ealaíne, agus ar ndóigh sna heolaíochtaí, san innealtóireacht agus i dteicneolaíocht an eolais, i measc ábhar eile. Is suíomhanna áitiúla léinn iad, go háirithe i gcás na hÉireann, a bhfuil ceangail náisiúnta agus idirnáisiúnta ag gabháil leo. Imríonn siad tionchar ar gach gné de shaol an phobail. Ní hé amháin go mbíonn céimithe na n-ollscoileanna ag saothrú i ngach réimse oibre agus i ngach cuid den tír seo agus thar sáile, téann torthaí seo an oideachais agus an taighde i bhfeidhm ar dhaoine nár fhreastail riamh ar choláiste tríú leibhéal. Éisteann an pobal le hiriseoirí nuachta sna meáin chraolta, cuir i gcás, cluineann siad an saineolas ó na haíonna a bhíonn acu; lucht ollscoile atá laistiar de chuid mhaith de chláir faisnéise agus de shiamsa na teilifíse; céimithe ollscoile a bhíonn ag múineadh a gcuid páistí agus a bhíonn ag stiúradh gnólachtaí agus na n-eagraíochtaí stáit go háitiúil agus go náisiúnta. Cé nach mbíonn sé le mothú i gcónaí sa dóigh a mbíonn an rialtas ag caitheamh leis na hollscoileanna, aithnítear gur cuid lárnach den saol agus den tsaíocht náisiúnta iad agus go bhfuil a leithéidí de dhíth, ní hamháin chun oideachas a chur ar fáil do mheánaicme an Stáit, ach chun síorfhorbairt a dhéanamh ar shaol cultúrtha agus eacnamaíochta na tíre. Sin é, go príomha, an fáth ar ann dóibh, agus an chúis ar ann don oiread sin acu i ngach tír fhorbartha ar domhan.

Is iomaí fadhb a bheidh ag na hollscoileanna an t-ionad ildánach seo a chomhlíonadh faoi shamhail mhaoinithe an Stáit amach anseo, agus ní mór bheith ag machnamh ar áit na Gaeilge sa chóras tríú leibhéal sa chomhthéacs sin. Meastar go mbeidh líon na ngnáthmhac léinn Éireannach idir 17–22 bliain d'aois ag titim sna blianta seo romhainn. Meastar chomh maith go mbeidh líon na mac léinn aibí agus líon na mac léinn páirtaimseartha ag dul i méid ag an am céanna, agus is cinnte go bhfuil a fhianaise sin le feiceáil in Ollscoil Luimnigh cheana féin. Tá cúrsaí nua a bheidh ag díriú ar an bpobal nua seo mac léinn á bhforbairt faoi láthair agus táthar ag iarraidh clár ama na léachtaí agus na modhanna teagaisc agus seachadta a chur in oiriúint dóibh. Ina dteannta sin, tá an Ollscoil anois ag cuardach ábhar mac léinn thar sáile le líon na mac léinn a mhéadú. Táthar ag iarraidh ar aos óg Mheiriceá Thuaidh, go háirithe, cúrsaí iomlána fochéime a chur i gcrích cois Sionainne. Tá a fhios againn chomh maith, dála an scéil, go bhfuil ollscoileanna Mheiriceá agus Shasana ag stocaireacht ar fud na dúiche seo chun mic léinn a mhealladh chucusan, leis.

Léiríonn an méid seo go bhfuil dúshláin nua ann do na hollscoileanna. Tá torthaí agus seirbhísí nua á lorg. Thar aon ní eile, léiríonn sé go bhfuil na hollscoileanna ag iarraidh freastal ar shaol an phobail de réir mar a bhíonn an tsochaí ag luainiú agus á hathmhúnlú féin. Ní hé amháin go bhfuil siad sásta é sin a dhéanamh, ach tá orthu é sin a dhéanamh, ar mhaithe lena n-anam agus lena sláinte institiúidiúil féin. Má ghlactar leis go mbíonn na hollscoileanna agus go deimhin na hinstitiúidí teicneolaíochta agus coláistí eile tríú leibhéal sásta freastal ar gach margadh dá gcuid seirbhísí, agus fiú go mbíonn siad anois ag cur dua orthu féin le 'margaí nua' léinn a aithint agus a fhorbairt, ní miste ceist chrua a chur faoi ionad na Gaeilge agus faoin oideachas Gaelach i ré seo gheilleagar na faisnéise. An bhfuiltear cinnte go bhfuil agus go mbeidh éileamh ar chúrsaí i nGaeilge ag an tríú leibhéal, nó an mbeidh ar lucht ollscoile an t-éileamh sin a chruthú?

Pobal na Gaeilge agus an Ollscolaíocht

Is fíor go bhfuil obair na n-ollscoileanna, idir theagasc, thaighde agus eile de dhíth ar phobal na tíre, ar pobal Béarla é go príomha, chun an saol a chur i bhfeabhas ó thaobh saibhris shaolta agus intinne de. Tá sé le ciall, ar aon dul leis sin, go bhfuil a leithéid de dhíth ar phobal na Gaeilge chomh maith, chun a dteanga, a gcultúr, a sochaí, geilleagar a ndúiche agus eile a fhorbairt ar an dóigh chéanna. Tá an dearcadh seo pas beag róshimplí mar sin féin ar an ábhar nach féidir 'pobal na Gaeilge', ar 'pobal teanga' nó 'pobal urlabhra' scaipthe gan dlús é, seachas pobal eitneach faoi leith, a scaradh ó phobal mór Béarla na tíre ar dhóigh éifeachtach shothuigthe ar mhaithe leis an bpleanáil oideachais. Fiú dá mbeadh an pobal in áit amháin nó dá mbeadh institiúid fhisiciúil lonnaithe in aon cheantar amháin níor dhócha go mbeadh na mic léinn líonmhar go leor le go mbeadh fiúntas san áit faoi shamhail mhaoinithe chomhaimseartha an ardoideachais.

An chéad rud atá le tuiscint faoi phobal na Gaeilge ná go bhfuil sé dátheangach. Is ionann sin is a rá go maireann siad sa dá shaol, saol na Gaeilge agus saol an Bhéarla, agus go bhfuil siad ar a gcompord, go pointe áirithe, sa dá theanga. Is cainteoir Béarla gach cainteoir Gaeilge agus bíonn na roghanna oideachais céanna acu agus a bhíonn ag cainteoirí eile Béarla na tíre dá thairbhe. An dara bunfhíric shochtheangeolaíochta nach mór a aithint i dtaca le lucht labhartha na Gaeilge ná gur beag duine acu atá níos cumasaí, nó chomh cumasach céanna, i scríobh agus i léamh na Gaeilge ná mar atá sé i litearthacht an Bhéarla.

Tiocfaidh mé ar ais ar mhíniú na fírice aistí míchompordaí sin ar ball, ach is fiú a mheabhrú gur fusa do thromlach mór de chainteoirí Gaeilge cúrsaí ollscoile a leanúint i mBéarla ná i nGaeilge. Ní bhíonn an taithí agus an cleachtadh ag mórán ar úsáid na Gaeilge ag an leibhéal cuí, fiú an dream óg a thagann díreach chun na hollscoile ó mheánscoileanna na Gaeltachta agus ón nGaelscolaíocht. Agus cad chuige a mbeadh agus na hollscoileanna, innill intleachtúla agus socheacnamaíochta na tíre ag feidhmiú as Béarla i saol an Bhéarla amháin, a bheag nó a mhór? Is ar éigean a bhíonn cúrsaí iomlána fochéime ar fáil trí mheán na Gaeilge, diomaite de léann na Gaeilge féin agus de dhornán cúrsaí nach nglacann ach le fíorbheagán mac léinn in aghaidh na bliana. Chun an fhírinne lom a rá, is beag ról a imríonn na hinstitiúidí léinn i saol laethúil an phobal urlabhra i gcoitinne, agus is lú fós a n-íomhá Ghaelach, bíodh sin sa Ghaeltacht nó lasmuigh di. Ní fheiceann an pobal an dlúthbhaint atá acu lena dteanga féin agus an bhaint a d'fhéadfaí a chruthú idir an t-ardoideachas, forbairt na teanga agus forbairt an phobail féin. Is í a mhalairt atá fíor faoin mBéarla. Tá an teanga sin 'neamh-mharcáilte' i súile an phobail agus an stáit, agus ní cheistítear a lárnaí is atá sí san fhorbairt. Is ionann do mhórchuid chainteoirí an Bhéarla 'ceist teanga' ar bith agus ceist faoi theanga eile seachas an Béarla. Rud breise atá san oideachas Gaeilge de réir na loighce sin, rud nach bhfuil gá leis ach a chuirtear ar fáil ar an imeall nó mar ábhar tánaisteach, faoi mar a dhéantaí i gCeanada tráth agus oideachas Fraincise faoi chaibidil, nó i ndúichí éagsúla na Spáinne sular tháinig an daonlathas chucu. Faraor, beidh ar lucht an oideachais Ghaelaigh a gcás a chruthú do lucht labhartha an Bhéarla, agus faoi mar a dúradh thuas, tá cuid mhaith cainteoirí Gaeilge in áireamh an ghrúpa sin.

An pobal urlabhra agus an t-aos léinn Gaeilge: Cineál na gcúrsaí

Smaoiníonn lucht iontrála agus margaíochta na n-ollscoileanna ar an bpobal mar chustaiméirí nó mar chustaiméirí insaothraithe. Freastalaíonn siad, i dtéarmaí a ndioscúrsa féin, ar mhargadh. Dá gcreidfidís sa táirge bheidís sásta an t-infheistiú a dhéanamh le margadh nua a chruthú faoina choinne. Dá mbeadh réimse cúrsaí fochéime agus iarchéime Gaeilge ar fáil bheadh orthu a bheith tarraingteach do phobal dátheangach a mbeadh an rogha acu idir iad agus aon chúrsa ar bith eile a chuirfí ar fáil i mBéarla. Bheadh ar na cláir léinn Ghaeilge a bheith ar comhchéim le cúrsaí sa réimse céanna a bheadh ar fáil sa Bhéarla in Éirinn, nó áit ar bith thall, ó thaobh caighdeáin de, nó ní b'fhearr ná iad. B'fhearr, dáiríre, nach mbeadh a gcomhionann ar fáil sa Bhéarla. Sin ceann de na hargóintí a bhí againn i Luimneach nuair a cuireadh an MA sa tSochtheangeolaíocht le chéile. Níl a leithéid ar fáil i mBéarla ná i nGaeilge in aon ollscoil eile sa tír, agus níl ach dornán iarchéimeanna den chineál ar fáil i dtír ar bith eile. I gcás cúrsaí Gaeilge nach mbaineann go dlúth le léann na teanga agus na litríochta féin is léir gur gá dóibh féin agus do lucht a gceaptha a bheith ina gceannródaithe agus thar a bheith difriúil óna ndeachaigh rompu. Cuireann an nuálaíocht leis na dúshláin a thógann na hiarrachtaí cróga chucu féin ar an ábhar go mbíonn orthu cead agus moladh a lorg ó údaráis ollscoile agus stáit a bhíonn coimeádach agus amhrasach faoin rud nach gcomhlíonann foirm sheanmhúnlaithe. Níor cuireadh aon mhoill faoi leith ar bhreith an chúrsa nua iarchéime sa tsochtheangeolaíocht in Ollscoil Luimnigh, i ndiaidh di foinsí seachtracha maoinithe a ghnóthú, go háirithe ó Spriocthionscnaimh an Údaráis um Ard-Oideachas, ach ba shaothar breise d'fhoireann an chúrsa cáipéisí a ullmhú i nGaeilge ar mhaithe le lucht an chláir féin agus iad ar fad a aistriú go Béarla sa dóigh is gurbh fhéidir leis na coistí éagsúla i gcéimeanna chóras measúnaithe na hOllscoile iad a léamh agus a cheadú.

Cuireadh moill ar fhógraíocht an chúrsa ar dtús de dheasca cheist an Bhéarla. Bhí Coiste Measúnóirí Chláir Léinn na hOllscoile ag iarraidh teideal an chúrsa agus na modúl féin a fháil i mBéarla. Dhiúltaigh foireann an chúrsa a leithéid a chur ar fáil ar an ábhar go raibh an baol ann gurbh é an leagan Béarla sin amháin, an leagan a chreidfeadh daoine aonteangacha Béarla bheith neamh-mharcáilte, a bheadh le léamh i gcáipéisí uile na hOllscoile. Cé go raibh seasamh seo na measúnóirí gan chiall, i mo thuairimse, agus fios maith acu cén bhrí a bhí le teideal an chúrsa agus a raibh léite acu de dhoiciméid aistrithe ina thaobh, léirigh an eachtra dearcadh atá forleathan in institiúidí nach bhfreastalaíonn mórán ar phobal na Gaeilge, agus dearcadh atá chun tosaigh i measc mhuintir na hÉireann i gcoitinne, is é sin gur rud breise atá sa Ghaeilge agus go bhfuil bonn Béarla de dhíth faoi chúrsa ar bith, fiú fúthu siúd nach mbíonn aon Bhéarla á úsáid iontu. Tá an cúrsa seo, dála cúrsaí eile Gaeilge na tíre, lonnaithe in institiúid nach bhfuil an Ghaeilge lárnach ina cuid riaracháin. Cé go mbíonn na léachtaí agus ranganna teagaisc i nGaeilge, bíonn orainn téacsanna Béarla a úsáid. Níorbh fhéidir cúrsaí críochnúla a chur ar fáil trí mheán na Gaeilge go huile is go hiomlán gan infheistiú costasach fadtéarmach, go háirithe in acmhainní daonna. Níl pobal na Gaeilge mór go leor le díol as sin, agus dá dheasca sin is i dtuilleamaí bhá lucht an Bhéarla leis an teanga atáimid chun na hacmhainní a aimsiú. Is iad na dúshláin is bunúsaí atá romhainn ná an t-éileamh a chothú i measc lucht na Gaeilge, agus tacaíocht a fháil ó thromlach mhuintir na tíre don togra. Is é sin maoiniú a lorg le cuidiú ó dhream mór daoine nach mbeidh ag iarraidh an tseirbhís spreagúil seo a úsáid. In ainneoin na ndeacrachtaí institiúideacha, tá fianaise ann go mbeidh muintir na tíre báúil lena leithéid. De réir an trí shuirbhé náisiúnta a rinneadh ar dhearcadh na nÉireannach ar an nGaeilge idir 1973 agus 1993, mar shampla, thaobhaigh tuairim is 70% den phobal leis an ráiteas 'gur cheart don Rialtas scoileanna lán-Ghaeilge a chur ar fáil i ngach áit a mbeadh éileamh orthu' (Ó Riagáin & Ó Gliasáin 1994: 27), cé gur léir ó thorthaí na suirbhéanna nach mbeadh a oiread sin ráchairt ar na scoileanna céanna. Tá ar ghníomhairí an oideachais Ghaeilge feoil a chur ar chnámha na tacaíochta sin ar bhealach a mheallann breith an phobail i gcoitinne leo.

An cineál mac léinn

Ar an gcéad dul síos, níor cheart a cheapadh, mar a rinneadh roimhe seo, gurb ionann na hábhair mhac léinn agus an grúpa óg sin atá díreach tar éis an Ardteist a chur díobh. Baineann an t-oideachas leis an saol ar fad, anois níos mó ná riamh, agus más fíor sin i gcás an Bhéarla, is seacht n-oiread níos cruinne é i gcás na Gaeilge. Tá ar na hollscoileanna margadh na gcúrsaí seo a chruthú, ar fheabhas na gcúrsaí agus de bharr a sainiúlachta. Agus d'fhéadfaí mic léinn a mhealladh. Is cinnte gur mhaith le roinnt cainteoirí Gaeilge freastal ar chúrsaí i nGaeilge, go háirithe an chuid sin den mhórphobal ar a dtugtar 'pobal na Gaeilge'. Sin é an chuid sin de mhuintir na Gaeltachta a bhfuil Gaeilge ar a dtoil acu, agus an sciar eile den daonra a tógadh le Gaeilge nó a roghnaigh í a úsáid mar phríomhtheanga phearsanta. Fós féin tá an pobal sin beag, faoi bhun 5% de réir na suirbhéanna náisiúnta, agus níos teoranta fós más ar úsáid laethúil na Gaeilge de réir Dhaonáireamh 1996 a mheastar a líon. Ba dheacair réimse leathan cúrsaí léinn a chur ar fáil dóibh siúd amháin. Dá mbeadh cláir léinn againn a bheadh sainiúil agus níos tarraingtí ná cuid de na cúrsaí a bheadh ar fáil i mBéarla, seans maith go gcuirfeadh roinnt den chéatadán an-ard sin de dhaonra na tíre a bhfuil Gaeilge acu, ach nach cuid den phobal urlabhra iad, isteach ar na cúrsaí chomh maith. Bheadh infheistiú mór ama agus acmhainní de dhíth faoi phlean cinnte náisiúnta. Sula gcasfaí ar chláir mar sin a reáchtáil níor mhór amharc ar chuid de na deacrachtaí a bhainfeadh agus a bhaineann cheana féin le mic léinn a earcú.

Dúshlán na teanga: caighdeán na Gaeilge labhartha agus scríofa

Tá mo chuid taighde féin bunaithe ar an nGaeltacht den chuid is mó, cé go bhfuil cuid de na tuairimí seo bunaithe ar roinnt oibre a rinneadh le comhghleacaithe i Luimneach agus i dTrá Lí ar phobal na nGaelscoileanna agus ar phobal scoile na ngnáthscoileanna i gCúige Mumhan. Ba mhaith, dá mbeadh cúrsaí léinn ar fáil i réimse leathan ábhar in ollscoileanna na tíre, go mbeadh caighdeán an-ard Gaeilge ag an bhfoireann agus ag na mic léinn araon. Bheifí ag dúil leis i gcás an Bhéarla agus ba cheart go mbeifí ag súil leis ó thaobh na Gaeilge de. Faraor, níorbh fhéidir a bheith ag brath air.

Sa taighde cainníochta a rinneadh le deireanas (2000–2002) i measc cainteoirí Gaeilge i nGaeltacht Mhúscraí, níor mheas ach 57.7% acu nach raibh aon deacrachtaí acu le léamh na Gaeilge (Ó hIfearnáin: 2003). Is é sin le rá, gan aon teist a chur orthu ná dul níos faide isteach sa scéal ar dhóigh ar bith, mheas tuilleadh agus 40% de chainteoirí Gaeilge seo na Gaeltachta go raibh deacrachtaí acu le léamh na teanga. Mheas thart ar leath na gcainteoirí óga, idir 15 agus 19 bliana d'aois, iad siúd atá in aois ollscoile de réir thuiscint choitianta an lae inniu, go raibh deacrachtaí acu. Is beag duine sa stáidéar ar fad a léigh aon rud go rialta i nGaeilge, agus sna hagallaimh cháilíochtúla a rinneadh le linn an gheimhridh (2001–02), ba léir gur beag duine a scríobhann i nGaeilge go seasta agus a mhothaíonn ar a chompord léi. Deir bunadh na dúiche gurb amhlaidh an scéal i dtaobh Chorca Dhuibhne, cé nach bhfuil aon staidreamh cruinn agam le tacú leis, agus is minic a luaitear na deacrachtaí céanna seo in áiteanna eile sa Ghaeltacht a raibh mé ag obair iontu le roinnt blianta anuas. Ní cheapann stiúrthóirí na naíonraí Gaeltachta agus príomhoidí na mbunscoileanna go bhfuil céatadán mór páistí ag teacht chucu le Gaeilge mhaith ón teallach anois (Hickey: 1999). Mura dtéann na daoine seo i dteagmháil leis an bhfocal scríofa, agus mura gcluineann siad togha na teanga ina dtimpeall, is deacair a thuar go mbeidh an caighdeán cuí acu le freastal ar chúrsa ollscoile amach anseo. Tá an ainlitearthacht seo, an cumas léitheoireachta a bheith ag daoine nach gcleachtann í, sa phobal trí chéile. Léiríodh i 1993, cuir i gcás, nach léann ach 1% de phobal na tíre leabhair i nGaeilge go rialta (Ó Riagáin & Ó Gliasáin 1994: 12).

I dtreo an réitigh

Níor cheart a cheapadh nárbh fhéidir aon rud a dhéanamh chun an caighdeán a ardú. Tá faillí mhór déanta ag ollscoileanna na tíre, agus ag aos intleachtúil na Gaeilge, más féidir sin a thabhairt orthu, nó orainne, i dtaobh fhorbairt na Gaeilge mar theanga agus faoi fhorbairt ionad na Gaeilge féin i measc lucht a labhartha, sa Ghaeltacht agus timpeall na tíre. Mura bhfuil suim ag an gcainteoir Gaeilge i léann na teanga féin, ní mór an teagmháil a bhíonn aige léi tar éis an scoil a fhágáil. Ní hamhlaidh cás an Bhéarla. Caithfidh na hollscoileanna páirt níos gníomhaí a ghlacadh i saol phobal na Gaeilge sa dóigh chéanna agus a bhíonn siad beagnach uileláithreach i saol intleachtúil an Bhéarla. Ní teagasc amháin atá i gceist ar ndóigh, ach gach gné eile den ollscolaíocht a luadh cheana a bheith i nGaeilge. Ní mór don aos léinn a bheith le feiceáil ar an teilifís agus le cluinstin ar an raidió. Tá muinín agus fiosracht le tabhairt ar ais i saol na Gaeilge agus caithfear a thaispeáint go bhfuil féidearthachtaí intleachtúla sa Ghaeilge nach mbíonn fáil orthu sa Bhéarla. Tá roinnt gníomhartha den chineál seo ar siúl ag Ollscoil na hÉireann, Gaillimh, cé nach leor iad, ach tá fíorbheagán ar fad ar siúl ag ollscoileanna eile na tíre. "Oideachas fadsaoil" *mantra* nua na hEorpa, agus is oideachas do phobal iomlán na Gaeilge is cás linne ar mhaithe le folláine na teanga féin.

Ar cheann de na ceisteanna ar iarradh orainn iad a phlé, bhí 'Cad iad na samhlacha struchtúrtha ab fhearr a d'fheilfeadh do phobal na Gaeilge, ar daonra gan dlús é?'. Is dóigh liom go bhfuil freagracht ar an stát, agus go háirithe ar institiúidí ardléinn, ar cuid den stát iad agus ar leis an bpobal iad dá réir, díriú ar riachtanais teanga phobal na Gaeilge agus caighdeán ardoideachais an phobail urlabhra a fheabhsú. Níl greim láidir ag pobal na Gaeilge ar scríobh agus ar léamh. Ba cheart machnamh arís ar chaighdeán na Gaeilge sa teastas sóisearach agus san ardteist. Níl dúshlán intleachtúil ar bith ann don dalta nach foghlaimeoir Gaeilge amach is amach é faoi láthair. Is beag spreagadh a fhaigheann sé ann agus is lú meas a bhíonn aige ar an teanga dá dheasca. Tá géarghá le clár forbartha litearthachta sa Ghaeltacht, agus ar fud na tíre. Is obair ollscoile í tabhairt faoin taighde agus an cur chuige a bheadh de dhíth a bheachtú.

Tá daoine a bhfuil togha na Gaeilge acu i ngach dámh in Ollscoil Luimnigh, cuirim i gcás, agus táim cinnte go bhfuil a leithéid fíor sna hollscoileanna eile, ach ní hionann Gaeilge a bheith ag duine agus a rá gur féidir ábhar a bhí á theagasc aige riamh i mBéarla a dhéanamh go héifeachtach gairmiúil i nGaeilge. Bheadh cúrsaí inseirbhíse de dhíth chomh maith le tacaíocht ghairmiúil chun téarmaíocht agus téacsanna a sholáthar.

Caithfear a admháil go bhfuil an saineolas Gaeilge scaipthe. Ní shamhlóinn institiúid nua a chur ar bun chun an lucht acadúil seo a thabhairt le chéile, ní go fóill ar chuma ar bith, ar an ábhar go mbeadh a leithéid róchostasach. Ina ionad sin, mholfainn Lárionad Náisiúnta don Ollscolaíocht Ghaeilge a bhunú. Bheadh de dhualgas ar an Lárionad seo plean a fhorbairt a d'aimseodh réiteach ar na dúshláin a luadh thuas:

- Ionad na hollscolaíochta i bhforbairt an phobail urlabhra a bhuanú, agus an t-oideachas Gaeilge a lonnú sa Phlean Forbartha Náisiúnta.

- Straitéis a ullmhú chun an úsáid is fearr a bhaint as a bhfuil ar fáil cheana agus arbh fhéidir a chur ar fáil go luath. Ról comhordaithe a bheadh i gceist, sa dóigh is nach mbeadh institiúidí ag teacht salach ar a chéile

- Cláir nua léinn a fhorbairt a bheadh ar fáil ar bhonn modúlach. D'fhéadfaí creidiúintí a thabhairt ó ollscoil go hollscoil, agus na gnáthmhodúil a mheascadh le cinn oíche agus cinn chianfhoghlama go dtí go mbeadh an cháilíocht bainte amach. Feidhmíonn an tsamhail seo cheana féin i gcás roinnt cúrsaí i Luimneach, mar shampla "Na Teangacha Feidhmeacha— Eoraip", ina mbíonn mic léinn i Luimneach le linn blianta 1 agus 4 agus in ollscoileanna éagsúla thar sáile le linn blianta 2 agus 3.

Is moladh é seo nach mbeadh an t-uafás costais ag baint leis sa chéad dul síos, ach a iarrann ar lucht ollscoile, ar na hollscoileanna féin agus ar an Stát freagracht a ghlacadh as staid na Gaeilge agus a chuireann béim ar an oideachas Gaeilge mar dhlúthchuid dá forbairt.

TAGAIRTÍ

Hickey, T. 1999. *Luathoideachas trí Ghaeilge sa Ghaeltacht*. Údarás na Gaeltachta: Na Forbacha.

Ó hIfearnáin, T. 2003. 'Cumas agus cleachtas na litearthachta i measc daoine fásta sa Ghaeltacht.' in R. Ní Mhianáin (eag.) *Idir Lúibíní*. Cois Life: Baile Átha Cliath, lgh. 149–166.

Ó Riagáin, P. & M. Ó Gliasáin 1994. *National Survey on Languages 1993: Preliminary Report*. Institúid Teangeolaíochta Éireann:Dublin.

Ollscolaíocht Ghaeilge le béim ar leith ar riachtanais na Gaeltachta

AN tOLLAMH MICHEÁL Ó CINNÉIDE, OLLSCOIL NA hÉIREANN, GAILLIMH

Achoimre

Éileamh láidir i measc an phobail ar ollscolaíocht Ghaeilge an t-aon bhonn inmharthanach chun í a chur ar a cosa i gceart. Baineann iomaíocht ghéar le hollscolaíocht na linne seo agus mura bhfuil an ollscolaíocht Ghaeilge in ann an fód a sheasamh lena macasamhail i dteangacha eile, beidh thiar uirthi. Le foireann agus mic léinn den scoth a mhealladh ina treo, caithfear ainm in airde a bheith ar an ollscolaíocht Ghaeilge. Caithfidh cruthaitheacht, substaint, nuálaíocht agus fuinneamh a bheith ag baint léi. Aithnímis ón tús gur tionscnamh dúshlánach é seo. Ní leor in aon chor iarrachtaí fánacha anseo agus ansiúd ó am go chéile. Ní mór cur chuige ar bhonn cuimsitheach, comhtháite, straitéiseach agus réalaíoch. Caithfear teagasc, taighde agus fiosrú eolaíoch a chothú lámh ar láimh. Ní mór coinníollacha sách maith a chruthú le foireann fhuinniúil ardcháilithe a mhealladh ar bord. Baineann deiseanna móra le teicneolaíochtaí eolais agus cumarsáide ár linne agus caithfear iad a thapú le freastal ar na pobail scoite atá i gceist. Agus an ollscolaíocht Ghaeilge á bunú, is mithid aird a thabhairt ar an tábhacht ar leith a bhaineann le cnuasaigh de thionscail ghaolmhara a fhorbairt le hais a chéile. Tá athstruchtúrú de dhíth ar gheilleagar na Gaeltachta a bhraitheann go mór ar scileanna nua-aoiseacha a bheith á bhforbairt san fhórsa saothair. Tá gá le plean forbartha teanga-lárnach a fheidhmiú láithreach le go mairfidh an Ghaeltacht slán. Is mór mar a chuideodh an ollscolaíocht Ghaeilge leis na spriocanna seo a bhaint amach.

Réamhrá

Tá cáil idirnáisiúnta bainte amach ag an tír seo de bharr an méadú ollmhór atá tagtha ar an soláthar oideachais tríú leibhéal le glúin anuas. Go bunúsach, féachadh ar an oideachas mar infheistíocht fhadtéarmach le rachmas daonna a chruthú. Tá an rachmas seo riachtanach mar acmhainn forbartha eacnamaíochta. Cuireann sé le cumas na tíre infheistíocht shoghluaiste a mhealladh ón iasacht agus cabhraíonn sé le forbairt a dhéanamh ar earnálacha dúchasacha den eacnamaíocht. Ar an ábhar sin thar aon chúis eile is ea a deineadh infheistíocht mhór in oideachas tríú leibhéal in Éirinn agus tá a rian sin anois ar an soláthar cuimsitheach, ilghnéitheach clár agus cúrsaí atá ar fáil sa tír dóibh siúd a bhfuil fonn orthu agus deis acu tairbhe a bhaint astu. Tá na hollscoileanna seanbhunaithe forbartha go mór. Tá ollscoileanna nua ar an bhfód. Tá Institiúidí Teicneolaíochta bunaithe ar fud na tíre agus tá raon leathan de chúrsaí oideachais agus traenála iarscoile eile á chur ar fáil le freastal ar aos léinn na linne seo. Táthar fós ag cur leis na háiseanna seo. Tá an oiread sin forbartha déanta go mbíonn deis ag tromlach de scoláirí meánscoile na tíre seo freastal ar chúrsaí tríú leibhéal. Agus tá na deiseanna sin tapaithe ag a bhformhór acu, mar is léir ón bhfás thar cuimse atá tagtha ar líon na mac léinn atá ag freastal ar chúrsaí tríú leibhéal in Éirinn le blianta beaga anuas. Níl amhras, ach chomh beag, ach go bhfuil rith an ráis le geilleagar na tíre seo le tamall anuas agus ní shéanfadh aon duine ról criticiúil na hinfheistíochta san acmhainn daonna i gcruthú na forbartha sin agus an rachmais a bhaineann léi.

Ní léir in aon chor gur deineadh forbairt ar chúrsaí trí Ghaeilge ar an scála céanna agus a deineadh ar chúrsaí tríú leibhéal i gcoitinne. Go deimhin, seachas iarrachtaí fánacha anseo agus ansiúd, níor deineadh aon dul chun cinn fiúntach san earnáil seo le linn na réabhlóide ardoideachais a bheith á cur i gcrích. Níor feidhmíodh, ná níor leagadh amach fiú amháin, aon phlean straitéiseach le féachaint chuige go ndéanfaí forbairt chomhréireach, chomhuaineach agus chomhthreomhar leis an soláthar trí Bhéarla ar an oideachas tríú leibhéal trí Ghaeilge. Tá creidiúint mhór ag dul d'institiúidí áirithe, agus go speisialta do dhaoine aonair laistigh de na hinstitiúidí sin, as iarrachtaí fónta a dhéanamh ar mhaithe le hoideachas ardleibhéil trí mheán na Gaeilge a chur ar fáil thar na blianta. Maoiniú an-teoranta a deineadh go hiondúil ar na hiarrachtaí sin. Is beag forbairt a deineadh ar acmhainní múinteoireachta le tacú leo agus is beag spreagadh a tugadh d'éinne le tabhairt faoi chúrsa trí Ghaeilge. Go minic, ní raibh de thairbhe ag an té a bhí sáite iontu ach dua agus dúbailt oibre. Is léir gur deineadh faillí i bpobal na Gaeilge agus na Gaeltachta sa réimse sin agus tá a rian sin le feiscint ar mhórán gnéithe de staid na Gaeilge sa Ghaeltacht agus sa tír i gcoitinne.

Féachtar ar an oideachas mar an fheithicil is tábhachtaí, seachas an teaghlach féin, chun an Ghaeilge a sheachadadh ó ghlúin go glúin, agus is cinnte go mbeadh staid na Gaeilge sa Ghaeltacht, agus, go deimhin, ar fud na tíre, níos laige ná mar atá sí, in éagmais na tacaíochta atá curtha ar fáil di tríd an gcóras oideachais (Ó Cinnéide et al, 2001). É sin ráite, áfach, is léir nach bhfuil an córas oideachais atá i réim ag freastal ar phobail na Gaeilge agus na Gaeltachta mar is cóir. De bharr go bhfuil teipthe chomh mór sin ar institiúidí oideachais tríú leibhéal, go háirithe, freastal sásúil a dhéanamh ar na pobail seo, tá ganntanas mór de dhaoine ag a bhfuil cáilíochtaí gairmiúla atá ábalta a ngnó a dhéanamh trí Ghaeilge (Ó Cinnéide et al, 2001). Tá deacrachtaí ag scoileanna Gaeltachta agus scoileanna lánGhaeilge teacht ar mhúinteoirí oiriúnacha de bharr an tsoláthair ghannchúisigh ón tríú leibhéal de mhúinteoirí le cumas múineadh trí Ghaeilge (Comhdháil Náisiúnta na Gaeilge, 1994). Tá a lán seirbhísí eile nach bhfuil á gcur ar fáil mar is cóir do phobail na Gaeltachta de bhrí nach bhfuil an teanga ná acmhainní riachtanacha eile acu siúd atá ag freastal orthu. Tá forbairt chomhtháite, a thógann san áireamh riachtanais eacnamaíocha, riachtanais shóisialta, riachtanais teanga agus riachtanais chultúir, de dhíth ar an nGaeltacht, agus chun é sin a láimhseáil i gceart, is gá saineolas agus daoine atá oilte go cuí i ngairmeacha éagsúla. Ní léir gurb ann i láthair na huaire do na cláir taighde agus teagaisc a chinnteodh go mbeadh fáil gan cheist ar a leithéidí.

Am cinniúnach é seo do phobail na Gaeltachta agus na Gaeilge trí chéile. Má tá na pobail seo le tógáil ar a bhfuil bainte amach acu le blianta beaga anuas, ní mór aghaidh a thabhairt ar na riachtanais ollscolaíochta atá acu (Comhdháil Náisiúnta na Gaeilge, 1994). Tá aidhmeanna ollscoileanna na tíre seo leagtha amach le reachtaíocht in Acht na nOllscoileanna (1997). Aidhm shuimiúil atá luaite san Acht, go háirithe i gcomhthéacs ábhar na comhdhála seo, ná an ceann a chuireann mar chúram ar na hollscoileanna teangacha oifigiúla an Stáit, agus, go háirithe, an Ghaeilge, a chur chun cinn, rud, ar ndóigh, a dhéanfadh freastal ar riachtanais na bpobal a labhraíonn í. Mar a tharlaíonn, tá pleananna straitéiseacha á bhforbairt agus fiú á gcur i bhfeidhm in ollscoileanna áirithe i láthair na huaire. In Ollscoil na hÉireann, Gaillimh, a bhfuil dualgas reachtúil uirthi maidir le forbairt agus seachadadh cúrsaí ollscoile trí mheán na Gaeilge ó achtaíodh Acht Choláiste Phríomh-Scoile na Gaillimhe, 1929, agus atá suite ar tháirseach an cheantair Ghaeltachta is mó sa tír, mar aon le traidisiún fada a bheith aici ag freastal ar mhic léinn ó Ghaeltachtaí Chiarraí agus Dhún na nGall, tá aitheantas ar leith tugtha don réimse seo i bplean straitéiseach na hollscoile, agus tá struchtúir nua d'fhorbairt na hollscolaíochta Gaeilge bunaithe le déanaí (Ollscoil na hÉireann, Gaillimh, 2003). Tá suim láidir léirithe ag ollscoileanna eile sa réimse seo chomh maith. Comhdháil thráthúil í seo mar sin leis na riachtanais atá le hollscolaíocht Ghaeilge a scrúdú agus le plé a dhéanamh ar conas is fearr freastal orthu.

Cé dó an Ollscolaíocht Ghaeilge?

Cé a thabharfadh faoi ollscolaíocht Ghaeilge dá mba rud é go raibh fáil uirthi gan cheist? Ceist an-bhunúsach í seo. Caithfear bheith soiléir faoin margadh agus go háirithe faoi nádúr an mhargaidh sin. Glactar leis gur ar riachtanais phobail na Gaeltachta agus phobail na Gaeilge lasmuigh den Ghaeltacht, idir ógánaigh agus dhaoine fásta, a bheifear ag díriú. Cé go bhfuil riachtanais ollscolaíochta na bpobal seo ar aon dul le riachtanais aon phobail eile, ní mór a thuiscint go bhfuil tréithe ar leith ag baint leo as a n-eascraíonn deacrachtaí ar leith maidir le freastal cuimsitheach a dhéanamh orthu i réimse na hollscolaíochta Gaeilge. Sa chéad dul síos, ní pobal tíreolaíochta ar leith atá iontu. Fiú pobail na Gaeltachta féin, tá siad scaipthe go forleathan ar fud na tíre ó Ráth Cairn go hUíbh Ráthach agus ón Rinn go Toraigh. Tá na pobail Ghaeltachta is líonmhaire agus is treise le fáil i bpócaí beaga iargúlta fan an chósta thiar, go háirithe i nGaillimh, i nDún na nGall agus i gCiarraí. Lasmuigh den Ghaeltacht, tá eilimintí áirithe de phobal na Gaeilge le fáil i ngach contae in Éirinn agus fiú taobh amuigh den tír ar fad, cé go nglactar leis gur i mBaile Átha Cliath is mó atá siad ag cur fúthu.

Meastar go bhfuil breis agus 3,000 mac léinn ag freastal ar iarbhunscoileanna Gaeltachta agus beagnach 6,000 eile in iarbhunscoileanna lánGhaelacha eile lasmuigh den Ghaeltacht agus go gcríochnaíonn suas le 1500 mac léinn a gcúrsaí sna scoileanna seo in aghaidh na bliana. Ní théann ach céatadán áirithe díobh siúd chun ollscoile agus fiú dá bhféadfaí tathant ar a bhformhór sin freastal ar ollscolaíocht Ghaeilge, is ar éigean a bheadh go leor díobh ann le raon iomlán cúrsaí ollscoile a choimeád sa tsiúl ar bhonn inbhuanaithe cost-éifeachtach. Léamh eile ar an scéal, áfach, ná go dtabharfadh an ollscolaíocht Ghaeilge fuinneamh nua don Ghaeilge sna hiarbhunscoileanna agus go gcuirfeadh sé dlús leis an líon mac léinn a dhéanann a gcuid scolaíochta trí Ghaeilge. Sa chomhthéacs seo, chomh maith, is mithid aitheantas a thabhairt do riachtanais foghlama fadsaoil na linne seo agus féachaint chuige go ndéantar freastal cuí ar riachtanais daoine fásta mar aon le haoisghrúpa traidisiúnta na hollscolaíochta.

Ceist eile a thagann chun cinn ná an líon de na mic léinn thuasluaite ag a bhfuil an cumas teanga le hollscolaíocht Ghaeilge a tharraingt orthu féin. Is beag ceist faoi ach go bhfuil go leor de mhic léinn na Gaeltachta oifigiúla féin, nach bhfuil an mháistreacht teanga acu chun cúrsa ollscolaíochta Gaeilge a leanúint. Caithfear glacadh leis chomh maith nach í an Ghaeilge is mó a bhíonn ag déanamh tinnis d'fhormhór na mac léinn agus iad ag roghnú cúrsa ollscolaíochta. Is léir, mar shampla, go bhfuil tarraingt ar leith ag a lán acu, ar ionaid tríú leibhéal gar don mbaile. Níl amhras ach go dtógtar morán cúinsí eile san áireamh agus roghanna á ndéanamh faoi chúrsaí ollscoile. Is léir mar sin nach féidir le feachtas ollscolaíochta Gaeilge talamh slán a dhéanamh de phobail na Gaeltachta agus na Gaeilge. Níl iontu ach bunphobail ónar féidir mic léinn a tharraingt ach ina mbeidh iomaíocht ag an ollscolaíocht Ghaeilge ón iliomad clár oideachais tríú leibhéal eile. Ní gá go mbeadh an ollscolaíocht Ghaeilge teoranta do Ghaeilgeoirí amháin. Bheadh sé inmholta, mar shampla, cúram a dhéanamh de mhic léinn gan líofacht Ghaeilge, ach a bhfuil fonn orthu í a bheith acu, chomh fada agus nach dtógfaí isteach an oiread sin díobh is go bhfaighfí an lámh in uachtar ar an nGaeilge agus go scriosfaí milieu Gaelach na hollscoile.

Is eol dúinn go n-úsáideann pobal na Gaeilge agus pobal na Gaeltachta seirbhísí trí Ghaeilge de réir mar a bhraitheann siad na seirbhísí sin a bheith sásúil nó míshásúil (Ó Cinnéide agus Ní Chonghaile, 1996). Ní bhaineann siad an úsáid chéanna as drochsheirbhís nó lagsheirbhís is a bhaineann siad as dea-sheirbhís. Ach baineann formhór de phobal na Gaeltachta agus na Gaeilge úsáid as dea-sheirbhís trí Ghaeilge nuair atá sí ar fáil dóibh gan cheist. Roghnaíonn mic léinn Ghaeltachta áirithe an leagan Béarla de chúrsa ollscoile thar an leagan Gaeilge ar chúiseanna éagsúla, ina measc, caighdeán na seirbhíse trí Ghaeilge gan a bheith thar moladh beirte i gcónaí. Is léir, mar sin, nach eisceacht atá san ollscolaíocht Ghaeilge. Tá rogha leathan ag mic léinn an lae inniu. Tá an rogha ag éirí níos leithne le himeacht ama. Tá iomaíocht ghéar ag baint le hollsolaíocht na linne seo. I ngéire a bheidh an iomaíocht seo ag dul sna blianta beaga atá romhainn amach, de réir mar a chrapann aoisghrúpa traidisiúnta na hollscolaíochta sa tír seo. Caithfidh an ollscolaíocht Ghaeilge a bheith den scoth le go mbeidh tóir uirthi ag mic léinn. Is fearr go mór éileamh ar ollscolaíocht Ghaeilge a bheith bunaithe ar a clú agus ar a cáil ná a bheith ag brath ar éileamh a chruthú go saorga ar bhealaí eile.

Is mairg don ollscolaíocht Ghaeilge mura dtógtar ceann de seo. Le go mbeidh rath uirthi, is gá go mbeidh an ollscolaíocht Ghaeilge bunaithe ar dhúshraith théagartha. Caithfear féachaint chuige go seastar go tréan le bunphrionsabail na hollscolaíochta. Mura ndéanfar ní bheidh an chruthaitheacht, an tsubstaint, an nuálaíocht, ná an fuinneamh ag baint léi a chinnteoidh go mbeidh meas ag lucht léinn i gcian agus i gcóngar uirthi. Caithfidh a hainm a bheith in airde le go mbeidh éileamh ag an bpobal ar a cláir. Caithfear bheith réadúil, chomh maith, agus glacadh leis nach féidir gach cineál cúrsa ollscoile a sholáthar ar an toirt. Ní mór díriú ar dtús ar na cúrsaí is infheidhme agus is práinní atá ag teastáil, iad sin a chur ar an bhfód, agus cur leo de réir a chéile. Dála na mbunscoileanna lánGhaelacha, más rud é go mbíonn clú agus cáil ar chláir na hollscolaíochta Gaeilge, méadóidh an t-éileamh orthu de réir a chéile, agus cuirfear leis an soláthar, fiú má bhíonn deacrachtaí móra le sárú ó am go chéile. Éileamh láidir ó mhic léinn, bunaithe ar bharr maitheasa na gcúrsaí agus na gclár a chuirtear ar fáil, an t-aon bhonn le hollscolaíocht Ghaeilge a chur ar a cosa i gceart.

Earcaíocht foirne

Ní bheidh rith an ráis leis an ollscolaíocht Ghaeilge murar féidir foireann den scoth a earcú le tabhairt faoin tionscadal seo. Ní mór a thuiscint gur cúram deacair, dúshlánach é, fiú dóibh siúd ag a bhfuil líofacht sa teanga, clár ollscolaíochta Gaeilge a chur ar siúl. Baineann dua agus deacrachtaí móra le forbairt na téarmaíochta cuí, réiteach acmhainní teagaisc, múineadh ábhar trí theanga nach bhfuil ábhar léitheoireachta ábhartha inti agus, dá bhrí sin, nach bhfuil an deis ag mic léinn ná ag lucht teagaisc dul i dtaithí ar théarmaí agus ar nathanna cainte teicniúla i nGaeilge. Ní mór córas tacaíochta cuí a fhorbairt le féachaint chuige go ndéantar forbairt ilghnéitheach agus leanúnach ar na hacmhainní ar fad, an acmhainn dhaonna ach go háirithe, atá riachtanach le cláir atá ar chomhchaighdeán lena macasamhail trí Bhéarla a chur ar fáil.

Ní mór aitheantas a thabhairt do na deacrachtaí seo nuair atá polasaithe agus straitéisí earcaíochta á mbeartú agus nuair atá coinníollacha oibre na foirne á leagan síos. Bíodh a fhios againn nach bhfuil sé éasca teacht ar shaineolaithe ag a bhfuil an cumas dualgais phoist ollscoile a chomhlíonadh trí mheán na Gaeilge. A lán díobh siúd ag a bhfuil na cáilíochtaí cuí agus cumas Gaeilge dá réir, tá siad socraithe síos in ollscoileanna agus i bhforais éagsúla eile ar fud an domhain, agus is minic nach í an ollscolaíocht Ghaeilge an chloch is mó ar a bpaidríní acu. Bíonn cuid mhór acu tógtha lena gcuid oibre agus le nithe mar dheiseanna taighde, dúshláin saoil, saoráidí agus ceangail chlainne, ceangail chairdis agus taitneamhachtaí timpeallachta. Ní hé nach bhfuil soghluaisteacht ag baint leo. Is cosúil go bhfuil agus mar fhianaise air sin tá na mílte saineolaí, Gaeilgeoirí líofa ina measc, a d'fhill ar an tír seo le blianta beaga anuas. Is eol dúinn, chomh maith, go mbogann na saineolaithe seo ó fhoras go foras agus fiú ó thír go tír i rith a saoil.

Is féidir glacadh leis mar sin go bhféadfaí sciar díobh a mhealladh i dtreo na hollscolaíochta Gaeilge ach coinníollacha sách tarraingteach a chruthú dóibh. Bheadh gá le cuid acu a earcú ar bhonn lánaimseartha agus d'fhéadfaí tarraingt ar shaineolas a thuilleadh díobh ar bhonn páirtaimseartha, go háirithe trí mheán na dteicneolaíochtaí eolais agus cumarsáide. Chuideodh an ollscolaíocht Ghaeilge féin le réiteach na faidbhe seo san fhadtéarma trí chláir iarchéime dá cuid féin a rith. Idir an dá linn, bheadh sé inmholta scéim a fhorbairt chun Gaeilgeoirí a mhealladh le cúrsaí iarchéime a thógáil in ollscoileanna sa tír seo agus thar lear, sa tslí is go mbeifí ag cur go rialta leis an riar daoine, ag a bhfuil cáilíochtaí acadúla cuí, a d'fhéadfaí a cheapadh in ollscoil Ghaeilge.

Ról na hOllscolaíochta Gaeilge

An aidhm is bunúsaí le hollscolaíocht ná forbairt an duine trí chur le heolas agus tuiscint ar chúrsaí an tsaoil. Déantar é seo trí theagasc, trí thaighde agus trí fhiosrú eolaíoch. Tá sé mar dhualgas ar an ollscoil cumas machnaimh chriticiúil neamhspleách a chothú i measc an aosa léinn. Ní mór meon amhrasach, ceisteach, fiosrach i leith an eolais agus na tuisceana a spreagadh iontu (McDonagh 1994). I gcás ollscoileanna na linne seo is gnách go luaitear aidhmeanna breise, a bhaineann lena ról mar lárionaid tacaíochta don fhorbairt eacnamaíochta, shóisialta, agus cultúir. Bítear ag súil go rachaidís i ngleic le sainriachtanais forbartha na bpobal ar a bhfuil siad ag freastal. Reáchtálann siad cláir oideachais agus oiliúna ar leith leis na scileanna atá de dhíth ar mhargadh an tsaothair a chur ar fáil. Díríonn siad a gcuid taighde ar ábhair a bhfuil tábhacht ar leith leo ina gcúlchríocha agus déanann siad iarrachtaí ar réitigh úrnua a fháil ar fhadhbanna casta a bhíonn ag cur as don phobal. Is minic a iarrtar orthu léirmheastóireacht oibiachtúil a dhéanamh ar chleachtais in earnálacha ar leith agus ar chláir nó ar thionscnaimh éagsúla, agus bítear ag súil le breith ionraic phroifisiúnta uathu, bunaithe ar an saineolas, ar an tsaoirse acadúil, agus ar an neamhspleáchas is dual don ollscoil, agus beag beann ar na himpleachtaí dóibh féin ná d'éinne eile.

Ní hionann ollscolaíocht Ghaeilge, mar sin, agus cúrsaí trí Ghaeilge a chur ar fáil. Níl ansan ach smut den obair agus ní hamháin sin ach is smut é a bhraitheann go mór ar an ollscoil a bheith ag comhlíonadh na rólanna eile is dual di ag an am céanna agus leis an bhfoirfeacht chéanna. Tá gá ar leith le taighde sna réimsí eacnamaíochta, sóisialta agus teangeolaíochta atá lárnach do thodhchaí na Gaeilge agus na Gaeltachta a thionscnamh. Ní leor smaointe, coincheapa, teoiricí agus teicneolaíochtaí na linne seo a ionramháil trí mheán na Gaeilge. Is gá, chomh maith, go mbeadh smaointe, coincheapa, teoiricí agus teicneolaíochtaí a bhaineann leis an saol comhaimseartha á gcruthú agus á bhforbairt trí mheán na Gaeilge (Ó Muircheartaigh 2002). Chuige seo ní mór struchtúr tacaíochta foirfe chun smaointeachas den scoth a chothú i measc baill foirne, ionas go mbeidh fealsúnacht an oideachais agus an comhthéacs ina bhfuil sé á chur ar fáil, á fhorbairt go leanúnach (Comhdháil Náisiúnta na Gaeilge, 1994).

Ní léir go bhfuil aon chomhghaol láidir idir éifeachtacht mhúinteoireachta léachtóirí ollscoile agus an méid taighde a dhéanann siad. Cé nach gá go mbeadh léachtóir ollscoile ina thaighdeoir gníomhach le go mbeadh a chumas múinteoireachta den scoth, glactar leis go forleathan gur gá go mbeadh cultúr taighde mar bhuntaca le gach clár oideachais ollscoile. Is gá meon agus cumas fiosrúcháin a chruthú i mic léinn. Ní hé an méid eolais atá ar mhic léinn faoi ábhar ar leith an tslat tomhais is fearr ar chúrsa ollscoile ach a gcumas chun teacht ar eolas breise le himeacht ama agus ar a gcumas chun déileáil leis an eolas sin (Taylor 1999). Tá an saol ag athrú chomh tapa sin anois go gcaithfidh a bheith ar chumas céimithe ollscoile barr slachta a chur ar a saineolas ar bhonn rialta. Cumas taighde agus cumas anailíse atá i gceist anseo, go bunúsach. Chun é seo a bheathú agus a neartú i mic léinn ollscoile is gá go mbeadh taighde á chleachtadh go forleathan agus go rialta ag foireann na hollscoile. Gan cultúr taighde mar bhunchloch le clár oideachais ollscoile, is deacair a shamhlú go gcruthófaí meon na fiosrachta ná an cumas le fiosrú eolaíoch córasach a chleachtadh sna mic léinn (Skilbeck 2001).

Tá ról lárnach criticiúil le himirt ag an ollscolaíocht Ghaeilge i bhforbairt straitéiseach na Gaeltachta. Is é Údarás na Gaeltachta an ghníomhaireacht rialtais a bunaíodh i 1979 le cúram a dhéanamh d'fhorbairt na Gaeltachta. Is fiú go mór mar sin aird a thabhairt ar na tuairimí a nochtar i ráiteas straitéise maidir le todhchaí na Gaeltachta a hullmhaíodh le déanaí ag an Údarás (Údarás na Gaeltachta, gan dáta). An mhóraidhm atá ag an Údarás, dar leis an ráiteas, ná pobal bisiúil Gaeltachta, sainithe ag teanga, cultúr agus timpeallacht, a neartú agus a bhuanú, trí straitéis chomhtháite forbartha, atá teanga-thuisceanach agus teanga-dhearfach, a chur i gcrích. Geilleagar nua-aimseartha bríomhar, bunaithe ar fhorbairt gnóthaí iomaíocha, ar mheascán de scileanna nua agus traidisiúnta, agus ar fhostaíocht thairbheach in earnálacha éagsúla atá rompu a chruthú. Is léir dóibh go gcaithfear eacnamaíocht na Gaeltachta a athmhúnlú agus a athstruchtúrú le deiseanna fostaíochta, atá ag teacht le mianta fostaíochta agus riachtanais shóisialta agus chultúir mhuintir na Gaeltachta, a chruthú. Ní mór tacú le tionscail nua le hais na seantionscal mar thoradh ar thairbhe a bhaint as na teicneolaíochtaí nua-aimseartha ríomhaireachta, teileachumarsáide, próiseála eolais, an tIdirlíon, ríomhthráchtáil agus fiontair dá leithéid. Is gá, chomh maith, forbairt pobail, forbairt na heacnamaíochta sóisialta, agus forbairt an bhonneagair shóisialta a bheith mar dhlúthchuid d'aon straitéis chuimsitheach forbartha a bhfuil buanú pobal teanga mar bhunaidhm léi (Ó Tuathaigh 1999).

Dúshlán forbartha mór don Údarás is ea geilleagar nua-aimseartha seirbhís-bhunaithe den chineál seo a chruthú sa Ghaeltacht. Dúshlán níos mó fós is ea é sin a dhéanamh ar bhealach a bhuanaíonn agus a neartaíonn an Ghaeilge mar theanga phobail sa Ghaeltacht mar gur eol go mbíonn tionchar teanga ag baint le forbairtí eacnamaíochta (Mac an Iomaire 1983; Ó Cinnéide et al, 1985). De réir mar a thagann fás ar an tsochaí faisnéise feictear don Údarás go mbeidh sé riachtanach do phobal na Gaeltachta scileanna agus eolas d'ardchaighdeán a bheith acu chun a dheimhniú go mbunófar rathúnas an réigiúin sa todhchaí. Is gá go ndéanfaí 'ceist phráinne de scileanna a bheith ar fáil agus timpeallacht a chruthú ina mbeidh sé éasca do dhaoine a bheith de shíor ag feabhsú a gcuid oideachais, a gcuid eolais agus a gcuid scileanna' (Údarás na Gaeltachta, gan dáta). Tuigtear go gcaithfear cultúr foghlama fadsaoil a spreagadh i measc an phobail. Dar leis an Údarás, teastóidh comhoibriú de shaghas nua idir institiúidí oideachais agus iad féin le tabhairt faoin dúshlán seo. Beartas práinneach dóibh slite a aimsiú chun fiontair dhúchasacha a chothú laistigh den Ghaeltacht trí pháirt i bhfad níos mó a ghlacadh i bhforbairt acmhainní daonna ar láthair na hoibre agus i measc an phobail i gcomhpháirtíocht leis na hinstitiúidí oideachais. Ní mór do na hinstitiúidí seo struchtúir agus córais sholúbtha a fhorbairt lena chinntiú go bhfreastalaítear ar riachtanais oideachais phobal na Gaeltachta. De réir ráiteas straitéiseach an Údaráis, tá gá práinneach le cláir nua oideachais a nascann scileanna i dteicneolaíocht faisnéise agus i gcumarsáid agus a spreagann tionscnaimh fiontair. Ní mór freisin go nascfaí leis an bpróiseas forbartha an duine aonair, a theanga labhartha, agus a thimpeallacht. Tá sé ríshoiléir ón ráiteas straitéiseach seo go bhfuil gá géar le hollscolaíocht Ghaeilge chun geilleagar bisiúil inmharthanach a fhorbairt sa Ghaeltacht.

Forbairt agus seachadadh na gclár léinn

Tá traidisiún fada i roinnt ranna in ollscoileanna áirithe leagan Gaeilge de chodanna de chúrsaí a chur ar fáil lámh ar láimh leis an leagan Béarla. Cleachtas é seo a bhraitheann go mór ar dhíograis agus ar dhea-thoil bhaill aonair foirne. Cé go bhfuil creidiúint ollmhór ag dul dóibh siúd a tharraingíonn an t-ualach mór breise oibre seo orthu féin, go hiondúil gan aitheantas ná cúiteamh cuí, ní cur chuige sásúil atá ann, agus tá a rian sin ar an easpa fáis agus forbartha atá tagtha air thar na blianta. Ní leor blúirí de chúrsaí a chur ar fáil ó am go chéile, de réir mar is acmhainn d'ollscoil é sin a dhéanamh. Is minic nach mbíonn buanseasmhacht ag baint leis na cúrsaí seo mar nach i gcónaí a cheaptar baill foirne atá ábalta agus sásta dualgais a bpost a chomhlíonadh trí Ghaeilge, i gcomharbacht orthu siúd a bhí á ndéanamh sin rompu. Nuair nach ndéantar, fágtar lúb ar lár i slabhra na gcúrsaí trí Ghaeilge agus níl dabht ar bith ach go mbíonn an slabhra ar fad thiar leis sin. Níl sé sásúil, ach chomh beag, cúrsaí trí Ghaeilge a fhágáil faoi mhúinteoirí páirtaimseartha, mar a tharlaíonn i gcásanna áirithe. Is minic nach mbíonn de thoradh ar na cleachtais seo ach dímheas a tharraingt ar an ollscolaíocht Ghaeilge.

Braithfidh rathúlacht na hollscolaíochta Gaeilge go mór ar chaighdeán na gclár léinn a bheidh ar fáil inti. Is fiú go mór aird a thógáil ar a bhfuil le rá ar an ábhar seo ag Purser (2000) agus é ag trácht ar ollscoileanna dátheangacha:

> ....it should be emphasised that the academic foundations of the bilingual university should be as solid as those of any other university, and its basic activities, as excellent as anywhere else. Otherwise the university is not providing a real service, either to the specific linguistic group or groups it purports to be addressing, or to the wider regional, national, and global academic communities of which it must be part.

Caithfear féachaint chuige, ar ais nó ar éigean, nach mbeidh aon chailleadh ar na mic léinn a roghnaíonn ollscolaíocht Ghaeilge. Má bhraitheann siad go bhfuil cneámhaireacht á déanamh orthu, ar chúis amháin nó ar chúis eile, ní fada go mbeidh an scéal i measc an phobail agus go mbeidh ísliú céime ar an ollscoil i súile an phobail, rud a ghoillfidh ar an éileamh a bheidh ar chláir na hollscoile agus a fhágfaidh an fhoireann in ísle brí. Le gaoth a choimeád i seolta na hollscolaíochta Gaeilge, caithfidh na mic léinn a thuiscint gur pribhléid dóibh í. Caithfidh idir mhic léinn agus an fhoireann a bheith mórtasach aisti le go mbeadh fás agus forbairt inbhuanaithe i ndán di.

Cláir iomlána buanseasmhacha atá pleanáilte go proifisiúnta ón mbonn aníos, an t-aon dúshraith leis an ollscolaíocht Ghaeilge a chur ar a cosa i gceart. Tá líon beag díobh seo ar an bhfód cheana féin agus an chosúlacht air go bhfuil ag éirí go maith leo. Ní mór cur go mór leis na hiarrachtaí seo agus iad a chur le chéile sa chaoi is go gcruthaítear an mhais chriticiúil sin atá riachtanach le híomhá na hollscolaíochta Gaeilge a chruthú agus a dhaingniú i súile an phobail. Ní féidir é sin a dhéanamh gan na hacmhainní go léir a bhíonn riachtanach le hollscoil ar bith a bhunú agus a rith. Caithfear foireann, foirgnimh, agus seirbhísí tacaíochta mar leabharlann, fearais chumarsáide agus ríomhaireachta, agus nithe nach iad a sholáthar. Ní mór deiseanna um thréimhsí sabóideachta, um fhreastal ar chúrsaí forbartha foirne, um cheangail a fhorbairt le hollscoileanna eile, a bheith ar fáil don fhoireann. Caithfear féachaint chuige go mbunaítear córas agus struchtúr athbhreithnithe lena dhearbhú go bhfuil caighdeán na gclár sásúil (Conference of Heads of Irish Universities 2003). Bainfidh costais leis an ollscolaíocht Ghaeilge, costais bhunaithe mar aon le costais reatha, agus níl aon dul as ach í a mhaoiniú mar a mhaoinítear an ollscolaíocht i gcoitinne.

Níl sé réalaíoch líon mór clár a fhorbairt thar oíche. Fiú mura mbeadh ceist faoi mhaoiniú, bheadh sé níos ciallmhaire cláir a fhorbairt de réir a chéile agus ceachtanna na bhforbairtí sin a mheas agus a thógáil san áireamh nuair atá cláir nua á gcur ar an bhfód. Moltar tús áite a thabhairt do na cláir is criticiúla do thodhchaí na Gaeltachta agus na Gaeilge ar fud na tíre: cláir teangeolaíochta dírithe ar an nGaeilge agus ar iompar teanga i leith na Gaeilge, mar shampla; cláir le haghaidh múinteoirí a oiliúint, mar aon le cláir éagsúla a chuideodh le geilleagar bisiúil inbhuanaithe a fhorbairt sa Ghaeltacht. B'olc an mhaise don ollscolaíocht Ghaeilge, áfach, na cláir a bheith bunaithe ar mhúnla rópharóisteach. Caithfear féachaint chuige, mar sin, go mbíonn siad chomh hilghnéitheach le macasamhail na gclár in ollscoileanna eile agus go mbíonn deiseanna ag mic léinn na hollscolaíochta Gaeilge ar théarma a chaitheamh in ollscoileanna eachtrannacha, más rud é gur mian leo é sin a dhéanamh. Ba mhór a rachadh sé chun tairbhe na hollscolaíochta Gaeilge dá n-éireodh léi nascanna agus cláir malairte a fhorbairt le hollscoileanna a dhéanann freastal ar phobail mhionteangacha eile.

Teicneolaíochtaí Faisnéise agus Cumarsáide

Féachtar ar chumas na dteicneolaíochtaí nua-aimseartha faisnéise agus cumarsáide mar dheis, mar dhúshlán, agus fiú mar bhagairt do choincheap na hollscoile traidisiúnta. Tá sé de bhua ag na teicneolaíochtaí seo gur féidir mic léinn a chur i dteagmháil le foinsí eolais tríothu, ar bhealaí cost-éifeachtacha mealltacha. Deis atá iontu chun cur le modhanna traidisiúnta teagaisc agus foghlama. Tá fás mór ag teacht ar an soláthar bogearraí oideachasúla ilmheán d'ardchaighdeán atá á gcur ar an margadh. Meán an-éifeachtach é an tIdirlíon chun eolas a dháileadh agus chun deis chumarsáide idirghníomhaí a bheith i measc ball ranga, fiú nuair nach mbíonn siad ar an láithreán céanna. Tá bá ag aos óg na linne seo leis na meáin chumarsáide nua-aimseartha seo. Le himeacht ama, tá seans maith go dtógfaidh siad tús áite ón léacht mar an meán is forleithne a úsáidfear chun foghlaim a spreagadh. Aistreoidh ról príomhúil na foirne acadúla ón léachtóireacht go soláthar ranganna beaga teagaisc a cheadóidh cumarsáid idirghníomhach le mic léinn, ar bhonn aonair, fiú amháin. Tá na claonta seo le feiscint cheana féin i bhforbairtí atá déanta ar chláir oideachais na n-ollscoileanna traidisiúnta agus san fhás mór atá tagtha ar an soláthar de chláir oideachais atá á gcur ar fáil go trasnáisiúnta ag ollscoileanna fíorúla. Níl aon amhras ach go mbeidh na hollscoileanna fíorúla seo, a bhfuil a neart á bhunú ar úsáid chruthaitheach chost-éifeachtach a bhaint as teicneolaíochtaí cumarsáide nua-aimseartha, mar iomaitheoirí géara don ollscolaíocht thraidisiúnta champas-bhunaithe sna blianta atá romhainn amach (Skilbeck 2001; Taylor 1999).

Tá deiseanna dúshlánacha móra ag gabháil leis na forbairtí sna teicneolaíochtaí faisnéise agus cumarsáide don ollscolaíocht Ghaeilge. Daonra scaipthe atá i bpobail na Gaeltachta agus na Gaeilge agus ar an ábhar sin tá sé deacair raon leathan de sheirbhísí, ollscolaíocht Ghaeilge san áireamh, a chur ar fáil dóibh mar phobail ar leith. Deis atá sna teicneolaíochtaí nua leis an lámh in uachtar a fháil ar fhadhbanna a eascraíonn as iargúlacht tíreolaíochta. Tugann siad deis d'ollscoileanna cláir oideachais a chur ar fáil fiú do phobail bheaga i gceantair i bhfad uathu. Dúshlán mór, áfach, ná féachaint chuige go ndéanfar infheistíocht chomhordaithe sa teicneolaíocht seo agus san acmhainn dhaonna is gá chun í a ionramháil, i dtreo is nach meascán mearaí de theicneolaíochtaí a chuirtear ar fáil, ach clár pleanáilte de thionscnaimh chomhlántacha. Leis an gcur chuige ceart d'fhéadfaí tarraingt ar shaineolas in ollscoileanna éagsúla chun cláir iomlána oideachais a chur ar fáil i raon leathan ábhar. D'fhéadfaí, mar shampla, baill foirne ag a bhfuil an saineolas cuí in ollscoileanna éagsúla ar fud an domhain, a choimisiúnú chun cúrsaí nó modúil de chúrsaí a chur ar fáil trí mheán na dteicneolaíochtaí seo. Bheadh gá i gcónaí leis na cúrsaí agus na modúil a chur le chéile ar bhonn comhordaithe. Bheadh gá chomh maith le láithreáin fhisiciúla ina dtabharfaí mic léinn na gcúrsaí le chéile anois agus arís, le bheith ag cur agus ag cúiteamh ar bhonn pearsanta eatarthu féin agus leis na hoidí. Tá roinnt ionad oideachais den chineál seo bunaithe cheana féin sa Ghaeltacht agus níl gá ach le hinfheistíocht theoranta chun iad a chur in oiriúint don gcúram nua seo. Baineann easnaimh mhóra leis an mbonneagar teileachumarsáide réigiúnaí in Éirinn, áfach, agus caithfear é sin a fhorbairt chun na deiseanna ollscolaíochta a bhaineann le teicneolaíochtaí nua a thapú.

Buntáistí a bhaineann le cnuasaigh

Leagtar béim an-láidir i láthair na huaire ar na buntáistí iomaíocha móra a bhaineann le cnuasaigh de thionscadail ghaolmhara a fhorbairt le hais a chéile. Tuigtear gur mór mar a théann na tionscadail éagsúla i gcnuasach chun tairbhe dá chéile, mar go gcruthaíonn an cnuasach an mhais chriticiúil, a chinntíonn go mbíonn fáil go héasca ar pé ionchur i bhfoirm seirbhísí nó eile, a bhíonn riachtanach le rathúlacht an tionscail áirithe, lena mbaineann an cnuasach, a chinntiú ar an láthair sin. De thoradh mhais chriticiúil an chnuasaigh, bíonn ainm in airde sa réimse gnó sin ar an gceantar ina bhfuil an cnuasach bailithe, rud a thugann buntáistí breise iomaíocha do na tionscadail éagsúla ann. Luaitear, chomh maith, na comhshochair a eascraíonn as teagmháil phearsanta idir daoine sna tionscadail ghaolmhara éagsúla agus an mhuinín fhrithpháirteach a fhorbraítear eatarthu. Tugtar aitheantas forleathan don choincheap seo i mbeartas agus i straitéisí forbartha eacnamaíochta ar fud an domhain. Tá léargas ar shuntas praiticiúil an choincheapa le feiscint sna patrúin chnuasaithe atá ar thionscail na linne seo. Dar le Porter (1998): 'Clusters are a striking feature of virtually every national, regional, state, and even metropolitan economy, especially in more economically advanced nations.... Clusters are not unique, however; they are highly typical—and therein lies the paradox: the enduring competitive advantages in a global economy lie increasingly in local things—knowledge, relationships, motivation—that distant rivals cannot match'.

Ag glacadh leis gur mhór an tairbhe don ollscolaíocht Ghaeilge í a bheith suite le hais tionscadail ghaolmhara, is í an cheist (chonspóideach) atá le freagairt ná cén áit is fearr an cnuasach a bheith? Níl aon chroílár nádúrtha tíreolaíochta ag baint leis an nGaeltacht gan trácht in aon chor ar phobal na

Gaeilge lasmuigh den Ghaeltacht. Ar an ábhar sin, níl aon ionad ar leith sa Ghaeltacht atá aitheanta, ná atá ag feidhmiú, mar lárionad seirbhíse na Gaeltachta. Gan lárionad uirbeach Gaeltachta baineann deacrachtaí móra le seirbhísí poiblí go ginearálta a sholáthar ar bhonn cóir do phobal na Gaeltachta, mar phobal sainiúil ar leith. Níl aon áit faoi leith, mar sin, a sheasann amach mar ionad do chnuasach na hollscolaíochta Gaeilge. D'fhéadfaí argóintí a chur chun cinn i bhfabhar ionad éagsúil i ngach mórcheantar Gaeltachta, nó i bhfabhar ionad lasmuigh den Ghaeltacht, fiú amháin.

Is é mo thuairimse ná gur sa Ghaillimh ab fhearr an tionscal seo a chnuasach. Is í Gaeltacht na Gaillimhe an ceantar Gaeltachta is mó sa tír. Tá ionaid ollscolaíochta Gaeilge ar an bhfód sa cheantar seo cheana féin. Tá tionscadail oideachais Ghaeltachta ar siúl ann le fada an lá. Tá cnuasach de thionscadail a bhaineann le tionscal comhlántach an chlosamhairc bunaithe ann chomh maith. Is ann atá ceannáras ag mórmheáin chumarsáide na Gaeilge, ar a n-áirítear Raidió na Gaeltachta, TG4 agus *Foinse*. Tá cathair na Gaillimhe suite ar tháirseach an cheantair Ghaeltachta seo agus baineann codanna den chathair leis an nGaeltacht oifigiúil, cé nach fíor-Ghaeltacht atá iontu in aon chor. Tá idirghníomhaíocht láidir eacnamaíochta, shóisialta, agus chultúir idir an chathair agus an Ghaeltacht ar a táirseach (Ó Cinnéide agus Keane, 1988). Mar aitheantas air seo a bunaíodh an feachtas *Gaillimh le Gaeilge* le féachaint chuige go ndéantar forbairt de réir a chéile ar fhéithe na Gaeilge sa chathair sin. Tá sé le brath ó thuarascálacha bliantúla na heagraíochta sin go bhfuil ag éirí go maith leis an bhfeachtas agus go bhfuil Gaelachas na cathrach á neartú de réir a chéile. De bharr gurb í Gaillimh an t-aon chathair atá ar imeall na Gaeltachta agus a chuireann go leor seirbhísí ar fáil don Ghaeltacht, d'fhógair an tAire Gnóthaí Pobail, Tuaithe agus Gaeltachta le fíordhéanaí, go rabhthas le féachaint ar na féidearthachtaí a bhaineann le haitheantas mar chathair Ghaelach a thabhairt di.

Is cinnte go bhfuil cúram ar leith á dhéanamh ag ionaid éagsúla ar fud na tíre do riachtanais oideachas tríú leibhéal phobail Ghaeltachta agus Ghaeilge (mar shampla, Ollscoil Chathair Bhaile Átha Cliath, Coláiste na hOllscoile, Corcaigh, Institiúid Teicneolaíochta Leitir Ceanainn) ach is ar éigean atá traidisiún chomh foirfe le Gaillimh in aon cheann díobh. Tá cláir trí Ghaeilge á dteagasc ag Institiúid Teicneolaíochta na Gaillimhe-Mhaigh Eo le fada an lá. Tá Ollscoil na hÉireann, Gaillimh ag iarraidh a cion féin a dhéanamh don ollscolaíocht Ghaeilge, de réir an dualgais reachtúil a leagadh uirthi faoi Acht Choláiste Phríomh-Scoile na Gaillimhe, 1929, agus tá straitéis forbartha nua idir lámha anois le freastal ar leith a dhéanamh ar riachtanais phobail na Gaeltachta agus na Gaeilge le chéile (Mac Donnacha 2001). Tosaíocht straitéiseach atá ag Ollscoil na hÉireann, Gaillimh i láthair na huaire ná 'struchtúir agus cur chuige nua a fhorbairt chun tacú le forbairt inmharthana an teagaisc agus gníomhaíochtaí taighde trí Ghaeilge' (Ollscoil na hÉireann, Gaillimh, 2003). Is in Ollscoil na hÉireann, Gaillimh, thar aon ollscoil eile sa tír, is mó atá tacaíocht na hardbhainistíochta léirithe do choincheap na hollscolaíochta Gaeilge le blianta beaga anuas (Ó Muircheartaigh 2002). Táthar tar éis a léiriú go bhfuiltear sásta seasamh le tionscnaimh raidiciúla ar mhaithe le hollscolaíocht Ghaeilge a chur chun cinn. Gan tacaíocht láidir institiúideach is deacair a shamhlú go mbeadh rath fadtéarmach ar iarrachtaí aonair, is cuma cé chomh díograiseach is a thugtar fúthu. Níl Ollscoil na hÉireann, Gaillimh ag déanamh freastal iomlán faoi láthair ar na riachtanais ar fad atá le hollscolaíocht Ghaeilge. Ach is í is mó a sholáthraíonn ollscolaíocht Ghaeilge i láthair na huaire. Is inti atá an bailiúchán is mó de shaineolaithe acadúla, atá cáilithe le gnóthaí a bpost a dhéanamh trí mheán na Gaeilge, mar aon le taithí oibre sa ghnó sin. Is ar éigean is gá a rá arís go bhfuil sé an-deacair teacht ar dhaoine ag a bhfuil saineolas acadúil agus cumas Gaeilge. Buntáiste mór do Ghaillimh mar lárionad do thionscadal na hollscolaíochta Ghaeilge is ea an acmhainn dhaonna seo a bheith ar leic an dorais aici.

Focal scoir

Le go mbeidh rathúlacht i ndán don ollscolaíocht Ghaeilge caithfidh ainm in airde a bheith uirthi. Ná bíodh ceist ná amhras fúithi in aigne na bpobal ar a bhfuil sí ag freastal. Bíodh a fhios acu go bhfuil oideachas le fáil inti atá chomh maith le, nó níos fearr, fiú amháin, ná ollscoileanna eile na tíre. Ní féidir é seo a bhaint amach ar an toirt i raon leathan clár. Is gá a bheith ciallmhar, realaíoch agus foighneach. Tugtar tús áite do na cláir sin is práinní atá ag teastáil. Bíodh idir theagasc agus thaighde ar siúl iontu. Tugtar gach spreagadh don bhfiosrú eolaíoch neamhspleách mar dhlúthchuid den bpróiseas foghlama. Féachtar chuige go mealltar na daoine is cumasaí atá ann leis na cláir a chur ar fáil. Baintear úsáid chruthaitheach as teicneolaíochtaí eolais agus cumarsáide agus as múnlaí solúbtha le cur ar chumas an oiread is féidir de mhic léinn agus de shaineolaithe a bheith rannpháirteach inti. Deintear margaíocht mhaith orthu a chinntíonn go mbíonn eolas cruinn ag lucht léinn fúthu. Tarraingíodh na cláir seo clú agus cáil i gcian agus i gcóngar ar an ollscolaíocht Ghaeilge. Mealltar mic léinn bhreise ina treo. Fástar í go horgánach de réir a chéile trí chláir nua a fhorbairt agus cur leis na cinn atá seanbhunaithe.

Le tús maith curtha leis an ollscolaíocht Ghaeilge beidh breis agus leath na hoibre déanta. Diaidh ar ndiaidh, le fáil níos flúirsí ar chéimithe ardcháilithe trí mheán na Gaeilge agus leis an eolas agus an tuiscint níos fearr ar shaol na Gaeilge agus na Gaeltachta a eascróidh as a cuid clár, rachaidh a tionchar go smior ar shaol na tíre. Déanfaidh an ollscolaíocht Ghaeilge an ról forbartha céanna a chomhlíonadh sa Ghaeltacht agus a dhéanann ollscoileanna eile sna réigiúin ina bhfuil siad suite. Beidh tionchair dhearfacha ollmhóra ar leith aici ar chúrsaí eacnamaíochta, sóisialta agus cultúir na Gaeltachta. Is mór an cumas agus an tairbhe a bhainfidh le hollscolaíocht Ghaeilge chun *milieu* Gaelach a chruthú agus a neartú ar fud na tíre. Ní shéantar na costais a bhaineann léi, ach, ar ndóigh, baineann cuid mhór de na costais chéanna le hollscolaíocht go ginearálta.

TAGAIRTÍ

Comhdháil Náisiúnta na Gaeilge, 1994. *Staid-Pháipéar ar Sholáthar Oideachas Tríú Leibhéal trí Mheán na Gaeilge.* Baile Átha Cliath.

Conference of Heads of Irish Universities, 2003. *A Framework for Quality in Irish Universities: Meeting the Challenge of Change.* Baile Átha Cliath.

Mac an Iomaire, P., 1983. "Tionchar na Tionsclaíochta ar Ghaeilge Chonamara Theas," in *Teangeolas*, 16, 9–18.

Mac Donnacha, J., 2001. "Serving the Third Level Education Needs of the Gaeltacht," in O'Connell, A (eag.), *Rural Issues in Higher Education,* Cork: Higher Education Equality Unit, 141–148

McDonagh, E., 1994. "Teaching in the Mission of the University, in Ollscoil na hÉireann," in *The Role of the University in Society.* 95–102.

Porter, M. E., 1998. "Clusters and the New Economics of Competition," in *Harvard Business Review.* November–December 1998, 77–90.

Purser, L., 2000. "The Bilingual University- General Reflections on its Origins, Mission, and Functioning," in *Higher Education in Europe,* 25(4), 451–459.

Ó Cinnéide, M. agus Keane, M. J., 1988. *Tionchair Áitiúla Shocheacnamaíocha a Bhaineann le Gaeltacht na Gaillimhe.* Gaillimh.

Ó Cinnéide, M., Keane, M. agus Cawley, M., 1985. "Industrialization and Linguistic Change among Gaelic-Speaking Communities in the West of Ireland," in *Language Problems and Language Planning,* 9(1), 3–16.

Ó Cinnéide, M. agus Ní Chonghaile, S., 1996. *An Ghaeilge san Earnáil Phoiblí i gCeantar na Gaillimhe. Gaillimh.*

Ó Cinnéide, M., MacDonnacha, S., agus Ní Chonghaile, S., 2001. *Polasaithe agus Cleachtais Eagraíochtaí Éagsúla le Feidhm sa Ghaeltacht. Tuarascáil Chríochnaitheach do Choimisiún na Gaeltachta.* Gaillimh.

Ollscoil na hÉireann, Gaillimh, 2003. *Plean Straitéiseach do OÉ Gaillimh.* Gaillimh.

Ó Muircheartaigh, I., 2002. "Ollscolaíocht Ghaeilge- Deiseanna agus Dúshláin," in *The Irish Times,* 17 Iúil.

Ó Tuathaigh, M. A. G., 1999. "Ráiteas an Chathaoirlaigh, in: *Údarás na Gaeltachta: Tuarascáil Bhliantúil 1998,* 8–9. Gaillimh

Skilbeck, M., 2001. *The University Challenged: a Review of International Trends and Issues with Particular Reference to Ireland.* An tÚdarás um Ard-Oideachas. Baile Átha Cliath.

Taylor, P. G., 1999. *Making Sense of Academic Life: Academics, Universities and Change.* Buckingham.

Údarás na Gaeltachta, gan dáta. *Údarás na Gaeltachta: Ráiteas Straitéise 1999–2001.* Gaillimh.

Ollscoil na Gaeilge: seachnaímis 'eilifintí bána'

AN DR ARTHUR J. HUGHES,
OLLSCOIL ULADH, BÉAL FEIRSTE

Achoimre

Is mór an onóir dom cuireadh a fháil le labhairt anseo inniu ag comhdháil ar an ollscolaíocht lán-Ghaeilge. San aois a bhfuil muid anois ann, tá sé thar am againn an cheist seo a thógáil agus féachaint chuige nach brionglóid, ná aisling bhréige, a bheas san ollscolaíocht lán-Ghaeilge ach gur seirbhís agus buncheart oideachais a bheas ann do na glúnta a thiocfas inár ndiaidh—agus, do deimhin, atá linn i láthair na huaire. Tá seans iontach againn—gan trácht ar an dualgas atá orainn—an bealach a réiteach le hinfrastruchtúr mar seo a chur sa tsiúl.

Ar ndóigh ní tionscadal aon lae a bheas ann, agus ní gan stró gan streachailt a thiocfas a leithéid ar an fhód. Sin ráite, tá féidearthachtaí móra againn agus is chuige siúd atá muid cruinn i gcionn a chéile. Cluinfear peirspictíochtaí difriúla ó scoláirí éagsúla ar an chomhdháil seo agus ba mhian liomsa aird a dhíriú ar chúpla gné:

- Campas, nó campais, don ollscoil lán-Ghaeilge i gcroílár na Gaeltachta

- An t-oideachas páirtaimseartha ar oll-láithreacha ar fud na tíre— nó fiú i gcéin

- Ethos na hollscoile: scoláire-lárnaithe.

Campas

Cá bith áit a lonnófar campas, nó campais, ollscoile, níor mhór cuimhneamh gur ionad, nó ionaid iad a chuirfeas fostaíocht ar fáil ag cuid mhór leibhéal, maidir le lucht acadúil, riaracháin, an earnáil seirbhísí (glantóireacht, lónadóireacht agus araile), gan trácht ar ghnéithe eile cosúil le lóistín agus saibhreas breise a thabhairt isteach go ceantar. Bhí cás clúiteach i lár na seascaidí sna Sé Chontae maidir le lonnú ollscoile agus ní gá a lua go raibh na gnéithe eacnamaíochta ar chúl na conspóide.

Sa tír seo, dírítear an-aird ar an scoilt idir 'an Tuaisceart' agus 'an Deisceart'— nó 'na Sé Chontae' agus 'na Sé Chontae Fichead', ach is beag aird a dhírítear ar an scoilt idir 'Oirthear' agus 'Iarthar'. Is beag aird a dhírítear ar an scoilt seo sa Bhéarla, bíodh go bhfuil tagairtí dá leithéid i nualitríocht na Gaeilge. San oirthear, tá an phríomhchathair ann, an Dáil, tromlach an daonra, an chumhacht, agus bíodh gur mhol an Ríordánach dúinn 'Gleann na nGealt' a fhágáil inár ndiaidh, níl an scéal chomh simplí sin:

> Fág Gleann na nGealt thoir,
> is a bhfuil d'aois seo ár dTiarna i d'fhuil,
> Dún d'intinn ar ar tharla
> ó buaileadh Cath Chionn tSáile,
> is ón uair go bhfuil an t-ualach trom
> is an bóthar fada, bain ded mheabhair
> srathar shibhialtacht an Bhéarla…

Bíodh nach bhfuil an scéal chomh simplí agus a mheasann an Ríordánach, tá seans againn giota beag den bhealach sin a thabhairt orainn. Ní hionadh ar bith é, ar go leor bealaí, gur san Oirthear a luíonn an chumhacht ós ansin a chónaíonn formhór mhuintir na hÉireann ach is mithid, dar liom cá bith, an tIarthar a mhúscailt, má tá ina chodladh go ndúisítear é.

Tá siad ann a deir gur ar aidhmeanna Chonradh na Gaeilge a bhí polasaithe teanga Shaorstát agus Phoblacht na hÉireann bunaithe.

Sin mar a rinne Ó Murchú (1993: 476) achoimre ar pholasaí teanga an Stáit i dtús a shaoil:

> to make the use of Irish a normal part of Government and of Public Administration;

> to make the acquisition of Irish a central aim of the public education system;

> to maintain and develop Irish-speaking communities of the Gaeltacht;

to promote the use of Irish as an ordinary means of communication throughout the State.

Cé, ar ndóigh, go bhfuil idir obair, aidhmeanna agus iarrachtaí an Chonartha le moladh, is féidir corrlúb ar lár a lua agus an neamart in Iarthar na hÉireann ar bharr an liosta. Is dócha gurb í an easpa de straitéis láidir eacnamaíochta, maidir leis an Ghaeltacht de, an cáithnín is mó faoin fhiacail a bheadh ag cur isteach ar Iarthar na hÉireann. I lár na seascaidí bhí Caoimhín Ó Danachair (1969: 118) ag caint ar an dóigh léanmhar ar thit líon bhunadh na Gaeltachta tuairim is 50% le gach glúin dá dtáinig ó bunaíodh an Stát, agus seo in ainneoin stádas 'chéad teanga oifigiúil' a bheith ag an Ghaeilge. Inniu féin, tá an-chaint ar dheimhniú a dhéanamh ar limistéir chruinne bheachta na gceantar Gaeltachta. Níor leor, ar shlí ar bith na boinn ná na suaitheantais a luaigh Dúghlas de hÍde (1892: 532)

> *But in order to keep the Irish language alive where it is still spoken—which is the utmost we can at present aspire to—nothing less than a house-to-house visitation, and exhortation of the people themselves will do, something—though with a very different purpose that James Stephens adopted throughout Ireland when he found her like a corpse on the dissecting table.* **This and some system of giving medals or badges to honour every family who will guarantee that they have spoken Irish amongst themselves during the year.** [Liom féin an cló trom]

Níor leor ach oiread na deontais a d'íoctaí (agus a íoctar go fóill) le páistí a thógtaí (nó a thógtar) le Gaeilge sa Ghaeltacht. Níor leor ceachtar de na nithe sin le tabhairt ar ardchéatadán d'óige na nGaeltachtaí gan imeacht leo ar an imirce ná le cúl a chur le meath na teanga mar mheán muiníneach laethúil cumarsáide sna breacGhaeltachtaí. Dúradh a leithéid le béal an Phiarsaigh céad bliain ó shin i nGaeltacht Chonamara, ach cén t-athrú substainteach atá ar an scéal ó shin? Níor mhór dúinn rudaí níos substaintí agus níos coincréidí a chur ar an tábla. Chóir a bheith gurbh éigean an dlí a bhriseadh le Raidió na Gaeltachta a chur sa tsiúl agus bhí muid ar gcúl go maith maidir le stáisiún teilifíse a fhorbairt. Ag deireadh an lae is maith ann an dá rud thuas agus cé go raibh rath agus bláth ar chuid de na tionscadail ghnó a cuireadh ar bun sa Ghaeltacht, ba mhór mhaith an cúnamh instealladh ceart eacnamaíochta a bheith againn don Ghaeltacht más linn, ar chor ar bith, bac ar bith a chur le laghdú na nGaeltachtaí seanbhunaithe.

Caithfear múnlaí agus seifteanna nua a bheith againn le hinfrastruchtúr eacnamaíochta na Gaeltachta a fheabhsú agus le muinín an phobail a thógáil as an úire. Níor mhór, le sin a chur i gcrích, an Ghaeilge a cheangal le leas eacnamaíochta agus go gcreidfidh tuismitheoirí óga gur féidir amharc ar an Ghaeilge mar infheistíocht dá gclann.

I gcead do bhailte móra, mar Leitir Ceanainn, Cathair na Gaillimhe nó Trá Lí, ba cheart campas buan (nó fiú campais bhuana) d'Ollscoil na Gaeilge a thógáil i gcroílár na Gaeltachta féin. Caithfear féacháil chuige gurb í teanga na Gaeilge a bheas go láidir chun cinn agus nach oideachas lán-Ghaeilge amháin a bheas ag na mic léinn lánaimseartha ach go mbeadh *ethos* láidir Gaelach mar thimpeallacht sa tsaol máguaird le gnéithe tábhachtacha mar shiopaí, lóistín, pobal bríomhar Gaeilge agus dá réir sin.

Bheadh feidhm fosta le idir Éireannaigh agus eachtrannaigh óga a mhealladh chun na hinstitiúide seo—bíodh na heachtrannaigh mar chuid den *diaspora* nó ná bíodh. Beidh bainistíocht chúramach teanga de dhíth. Níor dhochar ach oiread, b'fhéidir, Kibbutz nó sráidbhailte tionsclaíochta lán-Ghaeilge a cheangal i gceantar mar seo comhthreomhar le hoiliúint éifeachtach sa teanga oibre, mar atá an Ghaeilge. Chuideodh múnlaí úrnua bríomhara seo le hathbheochan na Gaeilge a shubstaintiú agus codanna den iarthar a bhuanchoimheád mar fhíorcheantair nua-aimseartha infrastruchtúrtha Ghaeltachta. Ina n-easpa, níl a fhios cad é atá i ndán don teanga.

An t-oideachas aosach agus an mac léinn aibí

Ní bheinn, ar ndóigh, i bhfách le hollscoil a bhunú a d'amharcfadh i ndiaidh riachtanais oideachais daoine óga amháin in aon cheantar ar leith. Tá campas Gaeltachta de dhíth ar a leithéid ach caithfear aird a dhíriú ar gach aoisghrúpa agus gach cearn sa tír—idir Ghalltacht agus Ghaeltacht.

I dtuairisc a chuir sé le chéile roinnt blianta ó shin ar an ollscolaíocht sa Bhreatain, mhol Sir Ron Dearing go mbeadh éagsúlacht sa chineál cúrsa a chuirfí ar fáil ar ghnáthollscoil seachas céimeanna BA, BSc agus cinn eile nach iad.

Ba mhian liom ag an phointe seo tarraingt ar mo thaithí phearsanta féin ó bheith ag teagasc cúrsa Gaeilge idir chúrsa 'dúshraithe' (cosúil le Dioplóma sa Ghaeilge) agus chúrsa céime (BA). Chuir mé tús, ceithre bliana ó shin, le Dioplóma, a mhaireann dhá bhliain, in Ollscoil Uladh Bhéal Feirste. Meallann an cúrsa seo idir 50 agus 60 mac léinn in aghaidh na bliana, rud a léiríonn an-ráchairt ar a leithéid. Mar chruthúnas air seo is féidir a lua gur cuireadh a leithéid eile ar fáil i mbailte cosúil le Doire, Ard Mhacha agus Cúil Raithin—gan trácht ar cheantair Ghaeltachta, mar na Rosa agus na Dúnaibh i gContae Dhún na nGall.

Léiríonn na samplaí seo go bhfuil pobal measartha mór amuigh ansin a bhfuil dhá rud uathu:

- oiliúint i dteanga na Gaeilge

- oideachas ag leibhéal ollscoile ar bhonn páirtaimseartha

Léiríonn an tíreolaíocht, freisin, nár cheart d'Ollscoil na Gaeilge fanacht taobh istigh den Ghaeltacht amháin. Is léir fosta go mbeidh iarraidh ar sheirbhís mar seo i dtíortha eile ach muid a bheith uaillmhianach agus fadradharcach go leor.

Oll-láithreacha gan eilifintí bána

Cé gur inmholta an plean gréasán de chúrsaí a bheith á dtairiscint fud fad na hÉireann, seachnaímis—mar a impítear i dteideal na cainte seo—eilifintí bána. Thig barraíocht ama, airgid agus fuinnimh a chur amú ar thógáil foirgneamh nach bhfuil géarghá leo, gan trácht ar an ollchaiteachas a bhíos i gceist lena leithéid. Bhí díomá ar an Sasanach George Thompson nuair nár éisteadh leis maidir le hoideachas ollscoile a thabhairt amach go ceantar tuaithe cosúil le Conamara sna 1930í. Is féidir comhbhá a bheith againn leis an díomá sin ach b'fhearr a bheith ag smaoineamh ar na dóigheanna is éifeachtaí leis an uaillmhian sin a thabhairt chun cineáil.

Caithfear, ar ndóigh, líon praiticiúil mac léinn nó iarrthóirí a bheith ann ach is féidir an líon sin a bhaint amach gan tabhairt ar mhic léinn turas millteanach fada a chur orthu féin nó, níos measa arís, an seans d'oideachas tríú leibhéal a shéanadh ar dhaoine.

An fhíschomhdháil: buntáistí agus míbhuntáistí

Cuideoidh an fhíschomhdháil (nó an 'video-conferencing') linn an gréasán s'againne a leathnú. I ré seo na teicneolaíochta, tá an teachín cíbearaoise (nó 'the cyber cottage') ar aghaidh boise againn. Is iomaí buntáiste atá ag baint lena leithéid i dtaca le heolas a chur síos agus suas an líne, ábhar a lódáil agus a dhílódáil gan smaoineamh ar an dóigh an-éasca le daoine as achan chearn den domhan cláir a chur a chaint le chéile. Osclóidh a leithéid de chóras féidearthachtaí móra go náisiúnta agus go hidirnáisiúnta ó thaobh mac léinn agus léachtóirí de. Tuigtear go bhfuil suim nach beag sa Ghaeilge thar lear in áiteacha cosúil leis an Bhreatain, Mheiriceá Thuaidh, agus an Astráil.

Níor dhochar ach oiread súil a chaitheamh ar chuid de na gnéithe den teicneolaíocht seo nach dtaitníonn le mic léinn. Ón taithí phearsanta atá agam féin ar an fhíschomhdháil mar ghléas foghlama (le trí bliana anuas ar champas ollscoile i gCathair Ard Mhacha), caithfidh mé a rá go bhfuil míbhuntáistí ag baint le córas mar seo. Bheadh contúirt ann stáisiún teilifíse a dhéanamh de champas ollscoile. Braitheann cuid mhór daoine uathu an teagmháil phearsanta má bhaintear barraíocht úsáide as mar chóras cumarsáide. Níor mhór dúinn meascán sláintiúil a bheith againn den fhíschomhdháil agus de léachtóirí áitiúla a bheith os comhair na ndaoine amach sa léachtlann nó sa tseomra seimineáir. Níor chóir neamhshuim a dhéanamh den ghné dhaonna in ollscoil ar bith, tá a leithéid ag tarlú sa phríomhshruth agus seachnaímis féin an aicíd chéanna.

An ríomhaireacht mar chúnamh, chan mar chonstaic

De réir mar atá an t-am á chaitheamh, tá na glúnta óga ag dul i dtaithí ar chúrsaí ríomhaireachta mar chuid, chóir a bheith, inmheánach dá saol ó aois an-óg ar fad. Cuidíonn an ríomhaireacht go mór leis an phróiseas oideachais ar chuid mhór slite. Ag leibhéal riaracháin in ollscoileanna baintear ilúsáid as an ríomhaireacht agus í de dhíobháil go géar i gcuid mhór de na réimsí— taifead na mac léinn, torthaí scrúdaithe agus catalóga leabharlainne, agus thig *prospectus* agus cur síos mion ar chúrsa a chur ar fáil ar an Idirlíon. Is féidir ábhair thacaíochta agus nótaí cúrsa a scaipeadh ar an dóigh chéanna agus is líonmhar leitheadach iad na buntáistí a bhaineas leo mar ríomhairí. Ach más linn an t-oideachas aosach a bheith mar théama tábhachtach in Ollscoil na Gaeilge, bímis cúramach go gcoinnítear an ríomhaireacht mar shlí amháin ar féidir leis an fhoghlaimeoir aosach teacht ar fhoirm iarratais nó ar thorthaí scrúdaithe agus nach ndéantar constaic den ríomhaireacht más í an t-aon chaoi amháin í ar féidir le mic léinn aibí clárú nó eolas a lorg. Bíodh, cinnte, an ríomhaireacht againn mar rogha ach chan mar ghné éigeantach. Arís eile cuirimis an teagmháil dhaonna mar thréith lárnach in ollscolaíocht na Gaeilge.

Má chuireann, cuirfidh sé go mór leis an dul chun cinn is féidir a dhéanamh.
Tugaimis faoi, nó más mall is mithid.

TAGAIRTÍ:

Hyde, D. 1892. 'On the necessity for de-anglicising Ireland', excerpt vol. 2, pp. 527–33 in*The Field Day Anthology of Irish Writing*. Deane, S., ed., Derry.

Mac Conghaíl, M. 1987: *The Blaskets: A Kerry Island Library*, Dublin.

Ó Danachair, C. 1969: 'The Gaeltacht' in *A View of the Irish Language*, Ó Cuív, B., ed. Dublin.

Ó Murchú, M. 1993: 'Aspects of the Societal Status of Modern Irish', in *The Celtic Languages*, Ball, M., ed. London & New York.

Tacaíocht ollscoile don Ghaeilge: cén chúis, cén chaoi?

AN DR MICHEÁL Ó SÚILLEABHÁIN, COLÁISTE NA hOLLSCOILE, CORCAIGH

Achoimre

Agus caiteachas poiblí ar an nGaeilge san earnáil ardoideachais á phleanáil againn, is é ár gcríonnacht dul go croí na ceiste: cén sprioc is tábhachtaí ar fad ? Cás ar leith is ea cor na Gaeltachta: níl sprioc ar bith níos práinní dar liom ná slánú agus forbairt na Gaeltachta. Ag glacadh dúinn leis an earnáil ardoideachais mar atá, measaim gur inchosanta, mar shampla, 'forbairt an dátheangachais' a bheith de rogha againn ar 'fhorbairt an teagaisc trí Ghaeilge'. Más ea, cé na dualgais ollscoile is bunúsaí, a eascrann as polasaí dátheangachais? Sa pháipéar seo tugaim camchuairt ar chomhthéacsanna éagsúla ó 1908 i leith inar thug polaiteoirí, riarthóirí agus oideachasóirí na tíre aghaidh ar cheist thacaíocht Ollscoil na hÉireann agus a cuid comhcholáistí don Ghaeilge agus ar an machnamh ba bhonn lena gcuid freagraí. Dírítear an focal scoir ar chomhthéacs an todhchaí agus go háirithe ar chomhar idirollscoile.

Stádas Mháithreánach na Gaeilge in Ollscoil na hÉireann

Tráth ar chuid riachtanach den Ardteistiméireacht an Ghaeilge mhol an Coimisiún um Ardoideachas (1960–67) na coinníollacha iontrála a bheith ar aon dul i ngach ollscoil agus an dá ollscoil (Coláiste na Tríonóide agus Ollscoil na hÉireann) a nascadh lena chéile (Commission on Higher Education 1967: 583).

We recommend that the standard of university entrance should be fixed at the level of pass leaving certificate with honours in at least two appropriate subjects. We also recommend that the standard of entry to the New Colleges should be that of the pass leaving certificate with 50% in at least two appropriate subjects. Both these requirements are without prejudice to a higher entry requirement generally or for particular fields of study.

Bhí de cheart ag gach foras acu glacadh nó gan glacadh le moladh an Choimisiúin ach ní dhearnadar rud air. Chaomhnaíodar an *status quo,* agus cailleadh deis luachmhar, dar liom, stádas na Gaeilge a fheabhsú. Ní hionann sin agus a rá nach raibh fonn ar dhaoine áirithe a raibh cúram cúrsaí oideachais orthu an *status quo* a leasú.

Ar shála thuarascáil an Choimisiúin um Ardoideachas, mar shampla, d'fhoilsigh an iris *Studies* léargas Sheán O'Connor, Leas-Rúnaí an Roinn Oideachais, ar chor agus ar thodhchaí an iarbhunoideachais ina ndúirt sé:

The National University accepts for Matriculation only those subjects in which courses are offered at the university ...... I am asking that all subjects of the Leaving Certificate have equal value for purposes of Matriculation.

Ar na daoine a rabhthas ag súil go ndéanfaidís barúil an Leas-Rúnaí a chíoradh bhí an tOllamh Denis Donoghue. Chuaigh sé i muinín an *reductio ad absurdum:*

Mr. O'Connor's argument, such as it is, implies that the universities should accept Domestic Science as a Matriculation subject, lest a girl who is good at sewing be frustrated in the development of that skill (O'Connor, 1968: 21; Donoghue, 1968: 62). Féach lena chois (Coolahan 1979).

Agus bunú ollscoileanna nua i Luimneach agus i mBaile Átha Cliath á phlé i Seanad Éireann sa tréimhse 1989–91 ba chás le Seanadóirí de bhunadh Ollscoil na hÉireann dualgas na bhforas nua i leith na Gaeilge. Ag tagairt dó don University of Limerick (Dissolution of Thomond College) Bill 1991 dúirt an tOllamh Tom Raftery (Debates of the Houses of the Oireachtas 1991: Par. 1052):

The two new universities established by our native Government do not have an Irish entry requirement in the matriculation certificate ...... It is a fact that if we do not have a matriculation requirement for Irish entering university level, schools will simply not teach it up to Leaving Certificate standard.

Ba é a mhalairt de dhualgas ba chás leis an Ollamh John A. Murphy dhá bhliain roimhe sin agus an University of Limerick Bill faoi chaibidil (Debates of the Houses of the Oireachtas 1989: Par. 2288):

A clause compelling the new universities to have proper regard to the Irish language and to the national aims should impose obligations on them on the campus to set up something like Bord na Gaeilge which we have in UCC, a statutory board within the university which ensures that the university will take seriously the Irish language and promote activities associated with it on the campus ...... we are not suggesting that the new universities should require Irish in the matriculation or that Irish should be a condition of entrance. Of course not. We are suggesting that the universities should have a statutory obligation to promote the Irish language.

Caithimis súil siar ar dhála na bliana 1909 tráth a raibh Ollscoil na hÉireann á réiteach chun bóthair. Ollúna i gColáiste na hOllscoile, Baile Átha Cliath, agus baill de Sheanad Ollscoil nuabhunaithe na hÉireann ba ea Dúghlas de hÍde (1860–1949) agus Eoin Mac Néill (1867–1945) nuair a cuireadh dréacht-fhorálacha an Mháithreánaigh faoi bhráid an tSeanaid sa bhliain 1909. De réir na miontuairiscí 'the following Notice of Motion by Dr Hyde appeared upon the Agenda Paper. (National University of Ireland 1909: 18):

That in order (1) to define the position of the University as the National University of Ireland, and (2) to afford the necessary guidance to the academic Body, when shaping the curricula of the University, and (3) to remove uncertainty and thus to satisfy public opinion and **enable the schools to work from the outset in harmony with the University Programme,** *the Senate hereby ordains that a suitable proficiency in the Irish language and in the history of Ireland be required for all candidates for entrance, and for the non-specialised courses.* [Liom féin an bhéim].

Dála an phointe thosaigh measaim gurb é a theastaigh uaidh féiniúlacht Ollscoil na hÉireann vis-à-vis Choláiste 'gallda' na Tríonóide a chur i bhfeac ón uair go ndearna ionadaithe an Choláiste sin (Atkinson agus Mahaffy) dianiarracht an Ghaeilge a ruaigeadh as an gcóras oideachais ar fad (Hyde, gan dáta). Meabhraíonn Ó Glaisne dúinn: 'I gColáiste na Tríonóide níor cuireadh aon bhail chóir ar mhúineadh agus foghlaim na Gaeilge go dtí 1919' (Ó Glaisne 1992: 61). Níl tagairt don phointe scoir san fhianaise a chuir de hÍde faoi bhráid an Royal Commission on University Education 1902; b'fhéidir nach raibh uaidh ach treisiú le Mac Néill (Hyde 1902: 1–22).

Léargas saoithiúil snasta ar thoradh mhachnamh Eoin Mhic Néill is ea an leabhrán 'Irish in the National University: A Plea for Irish Education' lenar bheannaigh sé don Ollscoil nua (Mac Neill, gan dáta: passim). D'áitigh sé go fuinniúil gur chóir an Ghaeilge a bheith ina coinníoll iontrála (Mac Neill, gan dáta: 48):

> *The consequence of the permissive system in the Royal University is, that by far the greater number of those who study Irish [in the Intermediate Schools] are induced—to put it mildly—to abandon the study of Irish at the doors of the University ...... How many students would take up Latin if it were merely an optional subject? ...... Setting Irish in conflict with what may be called the professional subjects has resulted and must result in reducing the study of Irish, **so far as the University can affect it,** to a minimum. This result must react on the secondary schools and tend to drive Irish out of them.* [Liom féin an bhéim].

Rinne an Seanad beart dá réir ar 23 Meitheamh 1910 (National University of Ireland 1910: 118–120).

I bhfogas don Ghaeltacht: Teagasc trí Ghaeilge sa Ghaillimh agus i gCorcaigh

Is é aidhm na míre seo ná léargas a thabhairt ar an gcomhthéacs inar beartaíodh tús áite a thabhairt do theagasc trí Ghaeilge sa Ghaillimh agus i gCorcaigh idir an Dá Chogadh Domhanda. Bíodh is gurb é John Marcus O'Sullivan, Ollamh le Stair i gColáiste na hOllscoile, Baile Átha Cliath, a bhí ina Aire Oideachais 1926–32 dob iad an tAire Airgeadais, Earnán de Blaghd agus Patrick McGilligan, duine de na hOllúna le Dlí i gColáiste na hOllscoile, Baile Átha Cliath, a chuir an Bille um Oideachas Príomh-Scoile (Talmhaíocht agus Eolaíocht Déiríochta) 1926 faoi bhráid na Dála. Thug an Bille an Coláiste Eolaíochta agus Coláiste Talmhaíochta Albert ar lámh do Coláiste na hOllscoile, Baile Átha Cliath. Bhunaigh sé Roinn Eolaíochta Déiríochta i gColáiste na hOllscoile, Corcaigh agus bhronn a chothrom d'ardú ioncaim ar an dá Choláiste. Cuireadh in iúl don Dáil go raibh cás na Gaillimhe gan réiteach fós.

Trí bliana dá éis cuireadh Bille faoi bhráid na Dála gurb aidhm dó 'soláthar do dhéanamh chun an deontas bliantúil is iníoctha le Coláiste na Príomh-Scoile, Gaillimh, do mhéadú agus chun a chur in áirithe go mbeidh na daoine a ceapfar chun oifigí and postanna sa Choláiste sin inniúil ar a ndualgaisí do chólíona tríd an nGaedhilg'. Thart ar 7% de mhéadú (£2,000) ar dheontas reachtúil, bliantúil an Choláiste (£28,000) a beartaíodh agus glacadh leis an mBille.

Thug Gaillimheach óg, Ollamh le Gréigis i gColáiste na hOllscoile, Baile Átha Cliath, aitheasc inspéise uaidh sa Dáil agus an Bille á phlé. Is in aghaidh a pháirtí féin a bhí an duine seo, Michael Tierney, ag labhairt. Ba é barúil Tierney gur céim rómhór, róluath é, cláir céime i ndámhanna áirithe de chuid na Gaillimhe a Ghaelú. Ba é an gad ba ghiorra don scornach, dar leis, léann na Gaeilge féin a fhorbairt. D'aibhsigh sé an gá (Debates of the Houses of the Oireachtas 1929 : Par.287):

> to ensure that the Irish language itself...is taught in University College, Galway, as the French language is taught in the Sorbonne and as the German language is taught in Berlin......I believe that it would do more good if you could ensure...that in Galway you would have not two Professors of Irish but five or six, each specialising in a particular subject and working and teaching that subject on a high standard.

Dá mhéid é m'amhras faoi dháiríreacht Tierney, tá lón machnaimh ina chuid cainte. Cé na féidearthachtaí eile arbh fhiú scagadh a dhéanamh orthu? Toisc gur práinní go mór neartú na Gaeltachta ná Gaelú an teagaisc i ndámhanna éagsúla, ar chríonna Dámh na nEalaíon a athlonnú sa Ghaeltacht nó sárionad oiliúint mhúinteoirí de bhunadh na Gaeltachta a fhorbairt sa Ghaeltacht? Nó arbh fhearrde an Ghaeltacht, Institiúid Teicneolaíochta a bheith mar thaca aici?

Bhí réiteach dá gcuid féin á shaothrú ag roinnt d'fhoireann na Gaillimhe. Sa bhliain 1932–33 thionóil Liam Ó Buachalla (Geilleagar) cruinniú de na comhghleacaithe a bhí ag teagasc trí Ghaeilge sa Ghaillimh. Ar na daoine a bhí i láthair bhí Síghle Ní Chinnéide (Stair), Máiréad Ní Éimhthigh agus Seoirse Mac Thomáis (Clasaicí), Eric Mac Fhinn (Oideachas) agus an matamaiticeoir Eoin Mac Cionnaith. Ba bhaill den Chomhairle Acadúil gach duine acu seachas Mac Thomáis. Cuireadh ráiteas chuig Tomás Ó Deirg (mar Aire Oideachais):

> Moladh amháin a rinneadh, go n-iarrfadh muid a bheith neamhspleádhach agus muid a imtheacht ón mbaile mór, áit a bheith againn sa nGaeltacht agus cumhacht againn cúrsaí agus sgrúduighthe a shocrú muid féin, **agus cumhacht againn cúrsaí agus cáilidheachtaí muid féin a bhronnadh**. Chuir Síghle Ní Chinnéide, áfach, go láidir i gcoinne an moladh imeacht amach faoi'n tuaith agus níor moladh é (Ó Glaisne, 1988: 135). [Liom féin an bhéim].

D'fhoilsigh Ollscoil na hÉireann lámhleabhar sa bhliain 1932 agus chuir aguisín leis seacht mbliana dá éis. Sa dara foilseachán deir an t-eagarthóir, an tÍosánach Thomas Corcoran, Ollamh le hOideachas i gColáiste na hOllscoile,

Baile Átha Cliath, agus an té ba mhó freagracht as múineadh trí Ghaeilge a chur de chúram ar na bunscoileanna, nár mhór d'iarrthóirí d' Uachtaránacht Choláiste na hOllscoile, Gaillimh i 1933–34 béalscrúdú Gaeilge a sheasamh. Ba é an tAth. John Hynes, Cláraitheoir agus Rúnaí an Choláiste, a rug an chraobh leis. Deir Corcoran fosta (National University of Ireland 1939: 21–2):

> *Not less signal was the application, at that period, of the same essential principle to the election for the Chair of English at Galway; and, as these pages pass through the Press, it takes effect, by full public announcement, for the Chair of Romance Literature at Cork. The great majority of the new Professorships and Lectureships, some twelve in all, have been (1932 to 1939) created for teaching through Irish, at all three University Colleges.*

Mar Sheansailéir Ollscoil na hÉireann ghlac de Valera leis na conníollacha ceapacháin seo. Mar Thaoiseach facthas dó nár chríonna a leithéid de shrian i gcás an Institiúid Ardléinn. Agus an tOllamh Liam Ó Buachalla ina Chathaoirleach, mhínigh de Valera do Sheanad Éireann (Debates of the Houses of the Oireachtas, 1940: Par. 1681):

> *People may ask why we [make Irish compulsory] in the case of servants and officers, and the registrar-bursar, and not in the case of professors. The reason is that professors are experts, and it may be difficult to get them with a knowledge of the Irish language, whereas we have reached such a stage now that I think we can get all the other officers with a knowledge of Irish.*

Nuair a ceapadh an tOllamh Pádraig de Brún ina Uachtarán ar Choláiste na hOllscoile, Gaillimh sa bhliain 1945 bhí léachtaí trí Ghaeilge de bhreis ar na cinn a luas ó chianaibh á dtabhairt sna hábhair Ceimic, Fisic, Fraincis agus Luibheolaíocht: léachtaí chéad bhliana is mó a bhí i gceist. In agallamh le *Comhar* dúirt sé (*Comhar* 1950a: 11–12):

> *Ní raibh ach éilitheoir amháin ar gach post acu san thuas nuair a fógraíodh iad agus tá aon cheann amháin nár líonadh go fóill ….. Tá tinnreamh maith ar na léachtaí a tugtar i nGaeilge ó chuir an Roinn Oideachais scoláireachtaí speisialta ollscoile ar fáil do lucht meán-scol A ….. Easpa airgid fé ndeara gan cathaoir le Béaloideas a bheith i gColáiste na Gaillimhe ….. [Táim] i bhfábhar scéim ar nós an chinn atá i bhfeidhm i gColáiste Iolscoile Chorcaí fén a gcuirtear micléinn chun na Gaeltachta gach samhradh ach is saibhre iad san ná sinne.*

Cúig bliana ina dhiaidh sin thug an Brúnach léacht ar 'Iolscolaíocht trí Ghaeilge' faoi choimirce Oireachtas na Gaeilge inar léirigh sé dóchas dochloíte an fhinné ar fhág íobairt laochra na Cásca lorg go smior air (de Brún 1955).

Taca an ama chéanna sheol sé teachtaireacht chuig Cumann Ollscoil na hÉireann i Londain faoin teideal 'In hoc signo vincet Hibernia—Fé'n gcomhartha so buafaidh Éire' inar thuairiscigh sé (National University of Ireland Club 1954: 14):

Tá cúrsaí iomlána tré Ghaeilge againn san Eolaíocht, san Ealaín, sa Tráchtáil. Táimíd anois meáite, má chabhrann an Rialtas linn, ar chéad-iarracht a dhéanamh ar Scoil na hInnealltóireachta a Ghaelú. Agus do réir mar éireos leis an iarracht san, tiúraimíd fé Scoil an Leighis.

Is tubaisteach an rud é léargas cruinn neamhspleách ar fhorbairt na hollscolaíochta trí Ghaeilge sa Ghailllimh a bheith in easnamh. B'ait liom a leithéid a bheith ar lár sa leabhar comórtha chéad caoga bliain an choláiste thiar (Foley 1999). Níor casadh riamh orm fear léinn ba mhó a raibh idir mheas agus chion agam air ná an Brúnach ach d'fhágfainn féin ceist an easpa meanman, na meatachta agus na fonóide ar leataobh agus cheadóinn an t-aos acadúil idir mhúinteoirí agus fhoghlaimeoirí sula dtabharfainn breith ar chríonnacht an teagaisc trí Ghaeilge.

Sa bhliain 1980 bhunaigh an tAire Oideachais Comhchoiste chun cúrsaí oideachais na Gaeltachta a phlé. Ghabh sé bliana thart sular cuireadh toradh a chuid oibre faoi bhráid an phobail. Deir an Tuarascáil (Tuarascáil an Chomhchoiste um Oideachas sa Ghaeltacht, gan dáta: 31):

Tá an féilire do Choláiste na hOllscoile Gaillimh pas doiléir maidir le soláthar cúrsaí trí mheán na Gaeilge, agus ní féidir a dhéanamh amach uaidh an réimse, an leibhéal, ná an cnuasach ábhar atá ar fáil i gcúrsaí dá leithéid. San iomlán measann an Coiste nach bhfuil aon bheartas cinnte ann i leith soláthar cúrsaí ag an leibhéal seo trí mheán na Gaeilge, agus go bhfuil dealramh air nach bhfuil borradh ag teacht ar an scéal nó fiú soláthar á chur ar fáil i leith cúrsaí trí mheán na Gaeilge in aon ghar don soláthar a chuirtí ar fáil fiche nó tríocha bliain ó shin.

Má b'fhíor sin faoi sholáthar Ollscoil na hÉireann, Gaillimh sna hochtóidí is cinnte nach fíor a thuilleadh é ach níl dóthain fianaise ar fáil faoi láthair ach oiread chun breith a thabhairt ar thoradh an tsaothair san fhadtréimhse.

Dá shrianta is a bhíodh an teagasc trí Ghaeilge i gCorcaigh, is fiú é a thabhairt chun suntais anseo. Tosnaímis le haiste taighde den scoth ó pheann Bhuttimer (Buttimer 1989: 102–104):

At a meeting of the (Celtic) Faculty held on 8 November 1921 ...... those present decided to promote the aim of having all university subjects taught through Irish ...... The Gaelicization of the educational process was first undertaken in the

Irish Department itself ...... Shortly afterwards the Department extended its efforts outwards by initiating a course for secondary teachers who would be required to instruct the language at their own level under the new dispensation, but who lacked a formal qualification in the subject ...... Advances were made in 1927 when ...in ancillary areas five assistantships for the teaching of Education, History and Geography (Combined), Mathematics, Chemistry and Experimental Physics through Irish were instituted.

Ach Féilirí an Choláiste a cheadú, chífear gurb ann ó 1932 ar aghaidh do cheathrar léachtóirí reachtúla a raibh de chúram orthu Ceimic, Oideachas, Matamaitic agus Stair/Tíreolaíocht a theagasc trí Ghaeilge. I saothar eile atá idir lámha agam iniúchaim cad ba chúlra agus ba dhán do chinneadh na gCorcaíoch, teagasc trí Ghaeilge a riar sna tríochaidí. Thug *Comhar* cuntas ag tús na bliana 1950 ar agallamh le hUachtarán an Choláiste, Ailfrid Ó Raithile. Deir *Comhar* (*Comhar* 1950b: 3–4):

Mhínigh an tUachtarán na deacrachtaí a bhaineann le cúrsaí i nGaeilge, ina thuairim féin. Sa chéad chás, ní bhíonn an Ghaeilge sáthach maith ag cuid mhór de na mic léinn ar theacht go dtí an Coláiste dóibh. Sa dara cás ní bhíonn fonn ar mhac léinn é féin a scarúint amach ó na daoine eile atá ag gabháil don chúrsa céanna i mBéarla ...... Sé an tríú deacracht ná an easpa téacsleabhra agus an costas a bhainfeadh len iad a chur ar fáil ...... Bíonn deacrachtaí maidir le téarmaí leis ......Má bhíonn éileamh ar léachtaí i nGaeilge is cóir dícheall a dhéanamh chun iad a chur ar fáil. Thuigeamar ón Uachtarán go mbeadh sé i bhfábhar léachtaí i nGaeilge a thabhairt do rang beag de dheichniúr, abair, ach an deichniúr féin a bheith go rialta gach bliain. Ní ceart bheith ag íoc tuarastail le léachtóir i nGaeilge ná bíonn aon obair le déanamh aige. Sé an réiteach atá ag an Uachtarán féin ar an fhadhb ná an dátheangachas: ba chóir a mholadh do na micléinn méid áirithe dá gcúrsaí a dhéanamh i nGaeilge. Bhain sé féin triail as an seift sin bliain amháin agus fuair sé tríocha duine le cuid den chúrsa a dhéanamh i nGaeilge. Dar leis is mó an tairfe a dhéanfadh sé roinnt de chúrsa a bheith á dhéanamh i nGaeilge ag fiche nó tríocha duine ná an cúrsa a bheith á dhéanamh i nGaeilge go hiomlán ag duine nó beirt.

An Ollscolaíocht agus an Ghaeilge sa Phríomhchathair: Quid pro Quo

Is ar éigean a bhí an t-airgead breise faighte ag 'Príomhscoil na Gaillimhe' sa bhliain 1929 nó bhí a chothrom á lorg ag Coláiste na hOllscoile, Baile Átha Cliath d'ainneoin na socruithe faoi bhreis ioncaim a deineadh sa bhliain 1926.

Thángthas ar chomhréiteach arbh fhiú £3,000 in aghaidh na bliana é ag deireadh na bliana 1931 le rialtas Chumann na nGaedheal. Ar theacht i gcumhacht dóibh ghlac Rialtas Fhianna Fáil leis an socrú ach is cosúil go raibh *quid pro quo* á lorg acu, nó d'fhógair an tAire Airgeadais: 'A certain conversation took place between the Minister for Education and the College authorities in consequence of which the authorities have agreed to make arrangements to bring the knowledge of spoken Irish to a satisfactory standard in the case of students of the College who desire to be admitted to degrees' (Debates of the Houses of the Oireachtas, 1934: Par. 1590). Is é deir an tAcht (Reachtanna an Oireachtais, 1934: 490):

> *[Tá] toilithe ag an gCólucht Rialúcháin socrú do dhéanamh chun a chur in áirithe ná leigfear do dhuine ar bith, ach amháin i gcásanna áirithe, dul isteach ar aon scrúdú céime bheidh ar siúl sa Choláiste mara n-eirighidh leis roimh ré i scrúdú i labhairt na Gaedhilge.*

Dhealródh gur fhoghlaim ollúna áirithe ar Ardán Phort an Iarla conas cluiche an *quid pro quo* a imirt. Sa bhliain 1943 cheap Comhairle Acadúil an Choláiste coiste 'chun na bearta is fearr a fhéadfadh an Coláiste a dhéanamh ar mhaithe leis an nGaeilge a bhreithniú': ba iad baill an choiste Micheál Ó Tighearnaigh, an tUrramach Francis Shaw, Dónall Ó Bínse, Gearóid Ó Murchú, Lughaí de Róiste agus Séamas Ó Duilearga. D'éirigh le *Comhar* breith ar thuarascáil an Choiste agus d'fhoilsigh an téacs (i mBéarla).

Bhí deich gcinn de mholtaí sa tuarascáil agus mion-chursíos orthu i naoi n-alt fichead. Mhaígh an Coiste go raibh díth spéise agus líofachta sa Ghaeilge ar an aos óg ar chríochnú a gcuid meánscolaíochta dóibh 'despite all official assurances to the contrary'. Pé tacaíocht a thabharfadh an Coláiste do pholasaí na hAthbheochana, chaithfeadh sí géilleadh do dhualgas an Choláiste i leith ardchaighdeán an ardoideachais (———, 1943a: 5):

> *In practice this reservation leads us (a) to exclude Irish under present conditions as a normal teaching medium in courses for a University degree and (b) to draw a distinction between the teaching of Modern Irish as a degree subject and the teaching of Irish in pursuance of national policy.*

An raibh dealramh na fírinne ar a ndúirt na hollúna faoi inniúlacht na mac léinn sa Ghaeilge? Shéan Eric Mac Fhinn go raibh: is é a bhí sna 'official assurances' úd, 'deimhnithe oifigeamhla atá bunuighthe ar fhianaise chruinn ó dhaoine onóracha, idir ughdaráis mheadhon-sgoile agus oifigigh riaghaltais, agus cuid den fhianuise le fágháil i gcló i bhfoilsiúcháin na Roinne Oideachais' (Mac Fhinn 1943: 11). Os a choinne sin dhearbhaigh Seán Mac Réamoinn 'go raibh locht ar na meánscoileanna sa mhéid ná raibh a lán aca ag comhlíonadh a ndualgaisí don Ghaedhilg agus go raibh mar sin a lán mac-léighinn á gcur uatha chun na hOllscoile gan iad eolach a ndóthain ar an nGaedhilg chun cúrsaí léighinn de dhéanamh tríthi' (——, 1943b: 5).

Mhol na hollúna scor den bhéalscrúdú éigeantach do gach mac léinn. Ina áit siúd dhéanfaí freastal ar mhic léinn ar mhian leo a gcuid Gaeilge labhartha a fheabhsú go suntasach agus cáilíocht ollscoile (Dioplóma) a bhaint amach dá bharr. D'fhéadfaí leanúint de chúrsaí deonacha i labhairt na Gaeilge ach tuilleadh ranganna agus líon mac léinn níos lú iontu a eagrú. Ba cheart Stiúrthóir na nGaeilge Labhartha a cheapadh arbh é ba phríomhchúram dó caidreamh na mac léinn leis an nGaeltacht a fheabhsú go mór. Chuige sin bheadh scéimeanna scoláireachtaí agus b'fhéidir brú ollscoile a thógaint sa Ghaeltacht ina gcuirfeadh cainteoirí dúchais dianoiliúint ar na mic léinn. Ar mhaithe le mic léinn a raibh sé i ndán dóibh teagasc meánscoile a thabhairt trí Ghaeilge, d'eagrófaí cúrsaí oiliúna lasmuigh de na gnáthchláir céime. Bheadh cúrsaí samhraidh ar an dul céanna do mhúinteoirí bunscoile agus meánscoile ar ghnách dóibh teagasc trí Ghaeilge.

Chuir an scéala seo Gaeilgeoirí arbh fhada col acu le lucht rialaithe an Choláiste le báiní. Cháin Tierney Earnán de Blaghd go binbeach agus go héagórach toisc rún an Choláiste a chraobhscaoileadh, dar leis. Bhí sé ina chlampar agus ina chorraíl. Tréigeadh moltaí a rachadh chun leasa na mac léinn a raibh dúil acu sa Ghaeilge.

Tharraing Ó Glaisne aird ar thuairisc Liam Gógan ar ar tharla dó mar mhac léinn i gColáiste na hOllscoile, Baile Átha Cliath (Ó Glaisne 1993: 385): 'Nuair a d'iarras ar Eoin Mac Néill agus ar Osborn Ó hAimhirgin …… na léachtaí a thabhairt dúinn i nGaeilge d'eitíodar araon'. Caithfidh nach bhfuil léargas is fearr ar fáil ar a mhéid is a loiceann an scolaíocht nuair a shantaíonn an foghlaimeoir *language shift* i réimse na mothúchán ná an sliocht seo as litir a scríobh Mac Néill, ach nár sheol sé de réir dealraimh, chuig an Ath. Peadar Ó Laoghaire sa bhliain 1903 (Tierney 1980: 38–39):

> *The fruit of all the anxious thought about saving the Irish language seems to be nothing but a cry for schools, schools, schools, teachers, teachers, teachers. Can a language be saved by schools? It means the way that people express themselves in happiness, in misery, in anger, in affection, in triumph, in anxiety, in resolve, in perplexity, in fear, in caution, in wisdom, in folly, in prayer, in rebuke, in remonstrance, in disgust, and in a thousand other moods and passions. I know*

how most of these uses would come to me in English. Would they come to me in Irish? Pshaw!

Tuige, mar sin, nár fhéach Mac Néill chuige, mar aon leis an Aimhirgíneach, de híde agus Tierney go gcuirfí caidreamh le cainteoirí dúchais, mar a mholadh i Scéim na bliana 1943, ar chumas na mac léinn, mar a dhéantar i gCorcaigh? Ag tagairt dó do leabhrán Mhic Néill, 'Irish in the National University of Ireland', dhearbhaigh Gearóid Ó Murchú (Murphy 1954: 134)

while demanding that for national reasons Irish should be a school and matriculation subject, he (Mac Néill) declared that the revival of Irish as a spoken language was not a task for the University.

Dhealródh nach raibh de stádas á lorg don Ghaeilge ag Mac Néill ach cáilíocht sa Ghaeilge a bheith mar choinníoll iontrála in Ollscoil na hÉireann. I saothar eile atá idir lámha agam breathnaím go criticiúil ar an gcaighdeán cáilíochta a nochtar sna páipéir scrúdaithe.

Dualgas Reachtúil an Achta 1997 a chur ar Chlár Oibre na gCeannairí Ollscoile

Má ghlactar leis gurb é forbairt an dátheangachais an dualgas ollscoile is tábhachtaí a chuireann Acht na nOllscoileanna 1997 ar ollscoileanna uile na tíre, conas is fearr cur chuige feasta?

Is ann do Chomhghairm Cheannairí Ollscoileanna Éireann, an Conference of Heads of Irish Universities (CHIU) le tríocha bliain anuas 'to provide a forum for joint action on matters of common concern'. Rannpháirteach ann tá an ollscoil ina bhfuilimid inniu, Coláiste na Tríonóide, Ollscoil Luimnigh, na ceithre chomhollscoileanna de chuid Ollscoil na hÉireann. Ar na tascanna oibre a gcaitear dua ar leith leo tá dearbhú caighdeáin agus maoiniú an taighde san earnáil ollscoile (féach www.chiu.ie).

Go praiticiúil, níor mhiste, dar liom, d'Fhoras na Gaeilge agus don Údarás um Ardoideachas áiteamh ar an CHIU coiste a bhunú chun cúram an dátheangachais a láimhseáil a bheadh ar aon dul leis na sainchoistí atá ann cheana féin. D'iarrfaí ar an gCoiste sin scáthfhoras a chur i mbun saothair ar mhaithe leis na forais (is é sin, na hollscoileanna) ar fad. Shamhlóinn an earnáil taighde agus an earnáil teagaisc faoi chaibidil ann agus iarchéimeanna a measfaí éileamh a bheith i ndán dóibh. Tionscnaimh theagaisc a bheadh iontu seo a mbeadh dhá ollscoil nó níos mó freagrach astu. Lena chois sin, bheadh de dhualgas ar an scáthfhoras sprioc a leagan síos i dtaca le lánghníomhaíocht choistí reachtúla i ngach ceann de na hollscoileanna agus a gcuid coláistí aitheanta ar nós na mBord Gaeilge atá ag feidhmiú i gcuid acu cheana féin. Cé déarfadh nach mithid an 'chríchdheighilt' a chleachtaíonn na hollscoileanna ó bunaíodh iad a dhíchoimisiúnú?

TAGAIRTÍ

——, 1943a, Scéim na nOllamhan do'n Ghaedhilge. *Comhar,* Lúnasa 1943, 5-6

——, 1943b, An Iolscoil Ghaedhealach. *Comhar,* Meán Fómhair, 1943, 5.

——, 1950. Dualgaisí Choláiste Ollscoile—Cúrsaí trí Ghaeilge. Tuairimí an Dr Ailfrid Ó Raithile. *Comhar.* Feabhra 1950, 3–4.

Buttimer, C. G. 1989. "Celtic and Irish in College 1849–1944", in *Journal of the Cork Historical and Archaeological Society,* XCIV (253), 88–112.

Commission on Higher Education 1960–67, 1967. *I I Report,* Volume II. Dublin.

Coolahan, J. 1979. *University Entrance Requirements and their Effect on Second Level Curricula.* Dublin.

Debates of the Houses of the Oireachtas, 1929: Dáil Éireann, Vol. 32, 24 October, 1929. Dublin.

Debates of the Houses of the Oireachtas, 1934: Dáil Éireann, Vol. 53, 05 July, 1934. Dublin.

Debates of the Houses of the Oireachtas, 1940: Seanad Éireann, Vol. 24, 22 May, 1940. Dublin.

Debates of the Houses of the Oireachtas, 1989: Seanad Éireann, Vol. 122, 01 June 1989. Dublin.

Debates of the Houses of the Oireachtas, 1991: Seanad Éireann, Vol. 129, 19 June 1991. Dublin.

de Brún, P. 1955. Iolscolaíocht trí Ghaeilge. *Feasta.* Nollaig 1955, 3–4, 34–36.

de Brún, P. 1950. Saothar Ollúna agus Léachtaithe i nGaillimh—Soláthairt Téarmaí i nGaeilge. *Comhar,* Márta 1950. 11 agus 29.

de Brún, P. 1954. "Fén gcomhartha so buafaidh Éire—Coláiste na hIolscoile, Gaillimh," in *Silver Jubilee Souvenir 1929–1954*. London, The National University of Ireland Club (London) Ltd., 14–15.

Donoghue, D. 1968. University Professor. *Studies*, LVII (227), 60–64.

Farrell, B. 1973. "MacNeill in Politics," in: Martin, F.X. and Byrne, F.J., *The Scholar Revolutionary: Eoin MacNeill, 1867–1945*.

Foley, T. 1999 (eag.) *From Queen's College to National University—Essays on the Academic History of QCG/UCG/NUI, Galway*. Dublin, Four Courts Press.

Hyde, D. 1902. "Irish in University Education," in *Gaelic Pamphlets*, No. 29. Dublin, The Gaelic League, 1–22.

Mac Fhinn, P. 1943. Scéim na nOllamhan. *Comhar*, Samhain 1943, 11.

MacNeill, E. Gan dáta. *Irish in the National University of Ireland—A Plea for Irish Education*. Dublin.

Murphy, G. 1954. "Celtic Studies in the University and the College," in: Tierney, M. (eag.) *Struggle with Fortune. A Miscellany for the Centenary of the Catholic University of Ireland 1854–1954*. 121–141.

National University of Ireland, 1909, Meeting of Senate, 27 July 1909 (Minutes)

National University of Ireland, 1910, Meeting of Senate, 23 June 1910 (Minutes)

National University of Ireland, 1939. *Summary of Progress for the Seven Years 1932–39—A Supplemental Issue to the University Handbook of 1932*. Dublin, Senate of the National University of Ireland.

Ó Glaisne, R. 1993. *Dúbhglas de hÍde (1860–1949). Iml. 2: Náisiúnach Neamhspleách (1910–1949)*. Baile Átha Cliath, Conradh na Gaeilge.

Ó Glaisne, R. 1988. "An Moinsíneoir Pádraig Eric Mac Fhinn," in *Irisleabhar Mhá Nuad*, 125–143.

Ó Glaisne, R. 1992. *Gaeilge i gColáiste na Tríonóide. Baile Átha Cliath*, Preas Choláiste na Tríonóide.

O'Connor, S. 1968. Post-Primary Education: Now and in the Future. *Studies*, LVII (227), 9–25)

Reachtanna an Oireachtais, 1934, Acht Choláiste Phríomh-Scoile Bhaile Átha Cliath, 1934. Baile Átha Cliath, Oifig an tSoláthair.

Tierney, M. 1980. *Eoin MacNeill, Scholar and Man of Action 1867–1945.* Oxford.

Tuarascáil an Chomhchoiste um Oideachas sa Ghaeltacht, gan dáta. Baile Átha Cliath, Oifig an tSoláthair.

BCL (Dlí agus Gaeilge) Ollscoil Chorcaí: cás-staidéar

AN DR NEIL BUTTIMER, COLÁISTE NA hOLLSCOILE, CORCAIGH

Achoimre

Tá an t-alt seo dírithe ar éabhlóid na céime BCL (Dlí agus Gaeilge) de chuid Ollscoil Chorcaí (UCC) a nochtadh. CK 304 códuimhir an chúrsa i dtéarmaíocht Lár-Oifig Iontrála chóras tríú leibhéal na tíre seo (http://www.cao.ie). Tugtar eolas ar an mbunchéim féin mar atá anois i suíomh idirlín Ollscoil Chorcaí (http://www.ucc.ie/academic/calendar/law/index.html). Is go dtí an tuairisc dheiridh sin a threoraítear an léitheoir chun tagairtí beachta a lorg d'aon mhír den BCL á luafar go hachomair i gcorp na haiste thíos. Scrúdófar an cúlra úd chun an áirithe sin tátal ginearálta is féidir a bhaint as maidir leis an nGaeilge agus an ollscolaíocht a léiriú. Tarraingeofar saincheisteanna acadúla agus cinn ar scála níos fairsinge a chlúdaíonn imeachtaí poiblí ar an mórgóir anuas sa phlé. Freagróidh na réimsí sin don líon pointí, seacht gcinn ar fad acu, ar chuir an Chomhdháil roimpi scagadh faoi leith a dhéanamh orthu.

AN CÁS

Seo mar a cuireadh tús leis an BCL (Dlí agus Gaeilge). Tamall de bhlianta ó shin, bhí cuntas á léamh agam ar dhá chúrsa dlí agus teanga eile san institiúid seo, ar thosnú ar fheidhmiú dóibh. Ba iad san na céimeanna sa Fhraincis nó sa Ghearmáinis agus sa dlí, dár códuimhreacha CK 302 agus CK 303 faoi seach (UCC Calendar/Féilire 1996–1997 Part I, 386–98). Leagadh amach ar an gcuma chéanna iad, chun go mbeadh ceithre bhun-eilimint ag roinnt leo. Ar an gcéad dul síos, chuirfí traenáil ar mhic léinn i bpríomhbhrainsí dhlí na hÉireann is na hEorpa. Roghnóidís dóthain ábhar sa dlí chun ligean dóibh bunriachtanais iontrála na gcúrsaí oiliúna gairmiúla d'aturnaethe is d'abhcóidithe a chomhlíonadh. Sa dara háit, gheobhadh na scoláirí oiliúint in urlabhra, i litríocht agus i saíocht na dtíortha úd. Bhí an tríú taobh leis orthu. Dhéanfadh na ranna teanga aonaid nó modúil a chruthú a mhúinfeadh cruinneas agus úsáid na Fraincise nó na Gearmáinise i réimse an dlí, nó cinn a thabharfadh éachtaint ar chomhthéacs polaitiúil is riaracháin na líomatáistí sin. Chun an fhoghlaim úd a neartú, d'iarrfaí ar mhic léinn Bhliain a Trí an seisiún acadúil sin a chaitheamh sa Fhrainc nó sa Ghearmáin, agus b'in é an ceathrú diminsean. Bheadh cúrsaí teanga agus dlí an dá stát ar leith le tógaint acu sna hollscoileanna a raibh nasc ag UCC leo faoina chuid scéimeanna malartuithe Eorpacha. Is é toradh a measadh a bheith ar na cláir léinn mic léinn a chur ar fáil a mbeadh bunús maith eolais fúthu, ní hamháin i ndlí na hÉireann ach i gcórais agus i nósmhaireachtaí dlithiúla na tíre a raibh a teanga agus a cultúr mar ábhar staidéir acu. Maitheas eile a leanfadh é ná an tslí ina ndeineann anailís ar theanga, ar litríocht agus ar an dlí in éineacht an tuiscint ar a chéile a shaibhriú. Féachaim orthu seo mar leaganacha éagsúla den iarracht a bhíonn ar siúl de shíor caidreamh daoine is a gcumarsáid le chéile a chur in iúl.

Níor léir dom cad ina thaobh nach bhféadfaí céim den saghas sin a chur ar fáil i bprionsabal sa Ghaeilge agus sa dlí. Bhí an múnla bunúsach oibrithe amach ag na ranna teanga eile i bpáirt le Roinn an Dlí. B'fhéidir an struchtúr is an treoir sin a leanúint chomh fada agus ba ghá nó a chinnfí a bheith indéanta. Bheimis ábalta sraith amháin ofrálacha a sholáthar láithreach. Ba iad san na cúrsaí teanga is litríochta a bhí á dtairiscint ag Roinn na Nua-Ghaeilge cheana mar pháirt den ghnáth-BA (http://www.ucc.ie/academic/modules/descriptions/index.html). Níor dhóigh liom é bheith ró-dheacair aonaid nó modúil nua a cheapadh ina bhfeicfí ceangal idir teanga agus cultúr na Gaeilge agus an dlí, ar aon dul leis an tríú eilimint thuasluaite dá raibh á chur ar fáil ag ár gcomhghleacaithe sa Fhraincis is sa Ghearmáinis agus ag teacht le traidisiún tionscantach taighde agus teagaisc Roinn na Nua-Ghaeilge (Buttimer 1989 agus 1995). Ba leor cuimhneamh ar sheasamh na Gaeilge i saol an stáit ó bunaíodh é (Ó Riain 1994). Níor chás labhairt ar an taithí fhairsing a bhí le sonrú sa traidisiún Gaelach roimhe sin ar an spleáchas idir cúrsaí teanga agus dlí, gaol a bhfuil stair breis mhaith agus míle bliain ag roinnt leis (Kelly 1988).

An t-aon áit amháin ina mbeadh fadhb ná le socruithe Bhliain a Trí, an ceann sin a chaitheann daltaí na nuatheangacha eile lasmuigh de UCC. Ní raibh nasc againne le hollscoileanna thar lear den saghas a cheadaigh mic léinn Fraincise nó Gearmáinise is dlí a scaoileadh go dtí institiúidí sna tíortha úd. Is in Éirinn leis atá an úsáid is fairsinge á dhéanamh den nGaeilge. Chomh maith le riachtanais teanga a chomhlíonadh, bheadh ar na scoláirí oiliúint a fháil i réimse an dlí féin. Bhí réiteach ar an deacracht seo, i mo thuairim. Ba é sin na mic léinn a threorú go dtí láithreacha oibre seachas go dtí ollscoileanna. An rud a chuidigh liom féin go pearsanta machnamh mar seo ná an taithí a bhí faighte agam ar shocrú dá leithéid dornán blianta roimhe sin. Bhunaigh mé cúrsa d'iarchéimithe, Diploma in Irish Heritage Management i 1989–90 (féach mo réamhrá i Buttimer et al. 2000 vii–xiv). Ba é aidhm an chláir acadúil seo scileanna gnó, bainistíochta is riaracháin a chur ar fáil dóibh siúd a raibh buncháilíocht acu i ngné éigin de léann na hÉireann. Is chun go bhféadfaidís poist a ghnóthú sa turasóireacht chultúrtha agus cur le forbairt na coda seo den eacnamaíocht a cheap mé é, tráth a raibh an-ghanntanas fostaíochta sa tír. Bhí ar mhic léinn an Dioplóma tréimhse trí mhí a thabhairt le raon fairsing eagras, cuirim i gcás i musaeim, in oifigí turasóireachta réigiúnda, in ionaid oidhreachta sa tír seo nó thar lear, mar pháirt dá gcúrsa. Thug eagraíochtaí fostaíochta stáit treoracha dúinn maidir le dualgais na scoláirí, i dteannta leis an monatóireacht is an stiúrthóireacht a dhéanfaí orthu. Léirigh siad go mba phróiseas tairbheach foghlama é seal a chaitheamh i láithreacha oibre ar an gcuma seo. Cuimhnigh leis gur ollscoil í UCC a bhfuil cleachtadh le fada riamh ag lucht leighis, fiaclóireachta, eolaíochta bia, innealtóireachta is oideachais inti ar theagmhálacha leis an saol gairmiúil lasmuigh a chothú mar mhaithe le hoiliúint a gcuid daltaí a chur chun cinn (Murphy 1995).

Is eol do mhuintir na Gaeilge suíomhanna a bheith ann ina bhfeictear ceangal nádúrtha idir oibriú na teanga agus an córas dlithiúil. Brainsí éagsúla den tseirbhís phoiblí atá i gceist go háirithe. Chuaigh mé i mbun comhfhreagrais is cainte le hionadaithe ó na heagraíochtaí ba lárnaí díobh sin faoi dhul i bpáirt linn i scéim a ligfeadh dár gcuid mac léinn seal a thabhairt i mbun traenála leo. Labhair mé le hoifigigh an Oireachtais is le foireann Rannóg an Aistriúcháin sa chéad áit, de bharr ról lárnach na Rannóige sin i soláthar reachtaíochta i nGaeilge ó 1922 i leith (Prút 1996–97). Léirigh Seán Ó Curraoin, Príomh-Aistritheoir ag an am, agus Richard Caffrey, Leas-Chléireach Dháil Éireann, spéis sa mholadh. B'amhlaidh leis do Ruán Ó Bric, Príomhfheidhmeannach Údarás na Gaeltachta, agus do Mhicheál Ó Gruagáin, Príomhfheidhmeannach Bhord na Gaeilge mar a bhí. Bhí an cineál sin suime riachtanach ar fad, ón uair nach nglacfadh UCC leis an gcéim gan aontú dá leithéid a bheith faighte roimh ré, fiú mura raibh sonraí na scéime oibrithe amach go hiomlán fós.

Fad a bhí an scéal á phlé le grúpaí lasmuigh, bhí ráitis níos cuimsithí á n-ullmhú faoi chodanna den gcúrsa a bhain lenár gcúram taobh istigh den Ollscoil. Toisc staidéar a bheith ar siúl agam ar ghnéithe áirithe de thraidisiún na Gaeilge san 20ú haois, chuimhnigh mé ar aonad a bhunú ar an leagan Gaeilge de Bhunreacht na hÉireann i mBliain a hAon (códuimhir an mhodúil anois GA 1030, mar a seasaíonn "GA" d'aon chúrsa Gaeilge). Bheadh sé de bhuntáiste aige seo go múintear cúrsa ar an taobh dlithiúil den gcáipéis sin i Roinn an Dlí sa bhliain tosaigh (LW 1152, le "LW" mar nod ag modúil an dlí), is go bhféadfadh an dá cheann teacht go maith le chéile. Thabharfaí na mic léinn isteach ar an téarmaíocht Ghaeilge sa dlí atá mar chúlra ag an doiciméad. D'fheidhmeodh an téacs mar sholaoid d'ionramháil cineál teanga a mbaineann dúshláin ar leith le máistreacht a fháil ar a comhréir is ar a foclóir (Ó Ruairc 1997, 91–110; Santaemilia, Coperías & Piqué 2000). Mhol an tOllamh Breandán Ó Conchúir modúl a thógaint timpeall ar na cásanna ina raibh cearta teanga agus an Ghaeilge os comhair na gcúirteanna ó 1922 ar aghaidh. Mheasamar a leithéid a chur ar fáil i mBliain a Dó (modúl GA 2030 anois), tar éis do mhic léinn dul amach ar chásanna a léamh agus nuair a bheadh an áirithe sin de thabhairt suas dhlithiúil orthu cheana. Bhí tairiscint i mo cheann agam chomh maith do Bhliain a Ceathair, litríocht na Nua-Ghaeilge agus an Dlí (GA 3030). D'fhan mé leis an mbliain sin chun go mbeadh blaiseadh faighte ag na scoláirí de na scríbhinní dúchais siar go dtí tosach an ré sin ama thart ar 1200 AD, tar éis dóibh freastal ar léachtaí eile na Nua-Ghaeilge. Fairis sin, is i mBliain a Ceathair a dhéantar an Dlí-eolaíocht a theagasc i Roinn an Dlí (LW 3351). Tugtar faoi anailís ar nádúr is ar rútaí an dlí sa chúrsa sin. Is minic údair ag tarraingt ar an litríocht mar léiriú ar na ceisteanna bunúsacha a mbíonn cur is cúiteamh fúthu (Freeman 2001, 1040–1121, 1261–64). Ba leathbhádóirí oiriúnacha dá chéile an péire sin ag an tráth úd, dar liom.

Seo é go hachomair, mar sin, an fráma a bhí i gceist nuair a chuir mé an moladh faoi bhráid mo chomhghleacaithe i Roinn na Nua-Ghaeilge (faoi cheannas agus le lántacaíocht Cheann na Roinne ag an am, an tOllamh Seán Ó Coileáin) sa chéad áit, agus ansin i láthair Roinn an Dlí, ar bhonn foirmeálta. Bheadh sé i gceist

- cúrsaí teanga is litríochta na Nua-Ghaeilge a thairiscint, fara

- an méid den dlí a bhí á sholáthar ag léachtóirí an Dlí do na céimeanna dlí is teanga a bhí tosnaithe cheana, móide

- na míreanna nuachóirithe thuasluaite, bunaithe ar an teagmháil idir an Ghaeilge agus an dlí, agus ansin

- an tuairim go raibh Bliain a Trí le caitheamh i láithreacha oibre.

Maidir leis an bpointe deiridh, ráineodh go mbeadh sé mealltach i súile scoláirí béim a leagadh ar an taobh praiticiúil den ghnó tar éis dóibh an chéad dá bhliain dá gcúrsa a bheith caite acu ag broic le teoiricí a mbrainsí léinn. Sa phlé a rinne mé le muintir Roinn an Dlí féin agus go háirithe leis an Ollamh David Gwynn Morgan, Ceann na Roinne ag an tráth sin, ba é a dtuairim siúd gur leor seisear a ligean isteach sa chúrsa in aghaidh na bliana. Bhí an figiúr sin bunaithe ar an líon a raibh slí acu féin dóibh. Rud eile, mheabhraigh siad go mbeadh deacracht ag leanúint ionaid oibre a lorg do bhuíon ollmhór, ag cuimhneamh ar staid réadúil na teanga is an dlí sa tír, comhairle thar na bearta. I ndiaidh na pleanála sin go léir is ea sheolamar an chéim tríd an bpróiseas measúnaithe acadúil i UCC i 1998–99, le cuidiú Dhéan an Dlí an uair úd, an tOllamh Caroline Fennell. Thoiligh an Ollscoil a leithéid a thosnú, agus fógraíodh i 1999 ar dtús í. Táimid i mbun oibre ó shin, an t-aon chúrsa dá leithéid ar an oileán seo ná in aon dúiche eile, go bhfios dom, is é sin murar féidir é a chur i gcomórtas leis an LLB nua i "Law and Celtic" in Ollscoil Dhún Éideann (códuimhir UCAS: MQ15).

Beachtú

Ainneoin go rabhamar tagtha ar an mbunstruchtúr is go raibh an cúrsa ar fáil, theastaigh cruth a chur ar eilimintí áirithe de go fóill. Ceann acu san ba ea nádúr agus riaradh Bhliain a Trí. Ón uair nach raibh na mic léinn le dul amach ach go dtí an Tríú Bliain, bhí am fós ann chun leagan amach an tseisiúin sin a phleanáil. Thionólamar cruinniú i UCC in Earrach 2000 ar a raibh toscairí ó na heagraíochtaí seachtracha a raibh an scéal luaite leo. Ina measc, tagraím go háirithe do Threasa Ní Bhrua, Príomh-Aistritheoir Rannóg an Aistriúcháin ag an am, agus do Ghearóid Ó Casaide, a comharba sa phost sin. Bhí Bríd Ní Shirín, Seirbhísí Oiliúna Údarás na Gaeltachta, Leachlain Ó Catháin thar ceann FASACH, eagraíocht na ndlíodóirí le Gaeilge, mar aon le mo chomhghleacaithe dlí is Gaeilge, i láthair chomh maith. (Tharla gur tréimhse eatramhach é do Bhord na Gaeilge, is gan Foras na Gaeilge a bheith tagtha in inmhe fós.) D'aontaíomar go n-oirfeadh sé taithí leathan a thabhairt do na mic léinn. D'fhág san nach mbeidís ag caitheamh iomlán na bliana san áit chéanna, ach an Chéad Téarma in ionad amháin agus an Dara Téarma in ionad eile. Bheadh riachtanais tinrimh a chomhlíonadh éigeantach (modúil GA 3010 agus GA 3012 don dá théarma faoi seach), agus cuntas i riocht dialann laethúil is seachtainiúil a líonadh riachtanach leis. Ba mhór an chabhair dúinn an treoir a thug mo chomhghleacaí, an Dr Pádraigín Riggs, dúinn sna cúrsaí seo, óna taithí ar thréimhsí oibre Bhliain a Trí ar an gcéim BComm (Euro) le Gaeilge (CK 209) a reáchtáil. I dteannta bheith rannpháirteach i ngnáthobair laethúil na n-ionad, cheanglófaí ar na scoláirí tionscnaimh Ghaeilge (modúil GA 3011 agus GA 3013) agus dlí (LW 3362 agus LW 3363) a scríobh chun an fhoghlaim acadúil a thástáil. Éilíodh go mbeadh réamhoiliúint faighte acu i scileanna ríomhaireachta a chuirfeadh ar a gcumas dualgais den chineál a bhíonn sa treis in oifig Rannóg an Aistriúcháin a chomhlíonadh. Soláthraítear a leithéid faoin mhodúl GA 2010 a cruthaíodh d'aonghnó chuige seo.

Is de thoradh ár gcomhrá a tháinig struchtúr modúlach Bhliain a Trí chun cinn, an chéad uair riamh i stair Dhámh an Dlí ar ceapadh córas dá leithéid do bhuíon mac léinn ag tabhairt bliana lasmuigh de UCC is iad ag gabháil do chéim faoi chúram na Dáimhe sin. Tá moladh mór ag dul dóibh siúd a chabhraigh linn maidir leis an ngné seo a fhorbairt agus a oibriú. Is cinnte nach dtógfaidh éinne dár lucht tacaíochta orm é má luaim foireann Rannóg an Aistriúcháin faoina bPríomh-Aistritheoir, Gearóid Ó Casaide, sa chéad áit. Caitheann na mic léinn uile an Chéad Téarma sa Rannóg, rud a chuireann tathag thar na bearta sa scéim. Tá bheith istigh tugtha dár ndaltaí i ngnóthaí príobháideacha is poiblí, sa Ghaeltacht is sa Ghalltacht. Ní bheadh deis agam labhairt ar an bhfoghlaim a dheinimid go léir, idir lucht acadúil, fhoireann stiúrtha na n-ionad sin agus mhic léinn, faoi conas na socruithe a ionramháil, ach is féidir a dheimhniú go mbíonn a leithéid ar siúl i gcónaí. Cuid nach beag de sin mo chomhphlé le Owen McIntyre, stiúrthóir chuid Roinn an Dlí abhus de na tréimhsí oibre seo.

Rithfeadh sé le duine go mbeadh deacrachtaí againn áiseanna teagaisc a aimsiú do chúrsa nuathosnaithe mar é seo i ngort chomh teicniúil leis. A mhalairt a tharla, áfach. Tagróidh mé do na modúil teanga agus dlí mar shampla dá bhfuil i gceist agam. Mise a bhí i mbun an ceann ar leagan Gaeilge Bhunreacht 1937 (GA 1030) a mhúineadh den gcéad uair sa bhliain 1999–2000. Cúpla mí sular thosnaigh mé air, cad a thiocfadh gan coinne ach mórshaothar Mhichíl Uí Chearúil ar an ábhar sin (Ó Cearúil 1999). Tá trí mhonaghraf bhreátha eisithe le fíordhéanaí ag an scríbhneoir céanna ar an ábhar céanna (Ó Cearúil 2002 agus 2003 a–b). Cad a ghluaisfeadh chugainn agus cúrsa Bhliain a Dó ar na cásanna dlí (GA 2030) á bheartú ach tiomsú de chásanna cúirte a bhaineann le pointí teanga a éistíodh thar tréimhse beagnach scór bliain ó 1980 i leith (Ó Tuathail 1999). D'fhoilsigh an t-abhcóide sinsearach iomráiteach úd cur síos agus anailís ar na cásanna tamall gearr ó shin (Ó

Tuathail 2002). Feictear eilimint bhreise d'oibriú na gcúirteanna i saothar nua eile le gairid, treoirleabhar i dtaobh éagóir oifigiúil nó reachtúil a cheansú (Mac Unfraidh 2002). Maidir leis na cúirteanna céanna, d'fhoilsigh an eagraíocht a bhfuil a gcomhordú faoina cúram ó thosnaigh sí i 1999 leagan Gaeilge thar a bheith críochnúil dá ráiteas ar a saothar chéad bhliana (An tSeirbhís Chúirteanna, 2000). Ní mór an mhoill a rinne Leachlain Ó Catháin ach an oiread le *Focal sa Chúirt* (2001), an liosta dátheangach de théarmaí dlí a bhíonn in úsáid go tráthrialta. Ba dheacair cuimhneamh ar aon ghort eile de chuid na teanga dúchais a mbeadh ocht lámhleabhar, gan trácht ar fhoilseacháin ilchineálacha nach iad, curtha i gcló ann laistigh d'achar ama chomh gairid leis. Agus is fiú a mheabhrú nach aon bhrainse úrnua ar fad é an scagadh ar an Ghaeilge agus an dlí, nuair a chuimhnítear ar shaothar ceannródúil Thomáis Uí Mháille (1990) nó ar scribhinní Niamh Nic Shuibhne ar ábhair ghaolmhara (Nic Shuibhne 2002)

Rinneamar scanadh ar chásanna nach bhfuil clúdaithe i saothar Uí Thuathail is cuireadh ar dhlúthdhiosca iad le cuidiú ón deontas taighde de chuid Chiste Spriocthionscnamh an Údaráis um Ard-Oideachas. Mo chomhghleacaí in Ionad na Gaeilge Labhartha, UCC, an Dr Ciarán Dawson, saineolaí ar úsáid na nuatheicneolaíochta i bhfoghlaim ríomhchuidithe teanga, a stiúraigh an obair úd le cabhair lucht teagaisc an ábhair, Máire Ní Shúilleabháin, Diarmuid Ó Catháin, Dáithí de Cléatún agus Lia Ní Éigeartaigh. Tá teicneolaíocht na faisnéise ag fónamh don ghort seo i slite eile leis. Is féidir teacht anois ar na leaganacha Gaeilge de reachtaíocht an stáit ó 1997 i leith ar shuíomh idirlín an rialtais, ceann chomh proifisiúnta sin go bhfuil dornán craobh idirnáisiúnta i gcomhair láithreán parlaiminte buaite aige (http://www.irlgov.ie). Beidh fáil gan mhoill i bhfoirm leictreonach ar chóipeanna Gaeilge de na statúidí uile siar go dtí 1922. Tá súil agam gurb í an nuatheicneolaíocht a chuirfidh ar mo chumas féin teannadh le saothar ar litríocht na Gaeilge agus an dlí a thabhairt chun críche, tionscnamh eile ar thug deontas an HEA lámh chúnta dó.

Tá ceist phráinneach curtha i gcomhthéacs na hollscolaíochta agus na Gaeilge, is é sin dlús phobal na teanga sin go ginearálta. Is áitithe i gcás ár gcúrsana nach bhfuil aon easnamh sa treo seo maidir le líon na ndaoine a raibh ar a gcumas fóirithint orainn, nó a chuir de dhua orthu féin a leithéid a dhéanamh. Tá comharthaí dóchais eile leis le brath ó thaobh na Gaeilge agus an dlí féin de i mbreithiúnais ón gCúirt Uachtarach le gairid i gcás Uí Bheoláin (2001) faoi dhualgas na tíre i leith soláthar acmhainní do lucht na hurlabhra seo a úsáid. Tuigtear go forleathan nach ndearnadh leas na Gaeilge nuair a bhí a stádas á shocrú di ar dhul isteach i gComhphobal Eacnamaíochta na hEorpa dúinn sna 1970í luatha (Ó Murchú 2002, 9). B'fhéidir gur fearrde a seasamh feasta, agus suíomh cúrsaí cultúrtha tríd is tríd, an t-aitheantas dearfa a mholtar a thabhairt don eilimint seo de chearta an tsaoránaigh sa dréachtcháipéis ar an mbunreacht Eorpach nua (Airteagal a 16, agus Cuid a Dó, A3 IV; féach http://www.eu/int/futurum).

Mic Léinn

Seisear scoláire an cuóta bliantúil, mar atá inste cheana. Tharla go raibh naonúr i mBliain a Dó i 2002–03, rud eisceachtúil, agus gan ach cúigear againn i mBliain a Trí, rud annamh leis. Fágann san gur seisear ar fhichid atá ar na rollaí, ar mná seachtar déag acu fara naonúr fear. Tháinig scoláirí chugainn ó gach cearn den tír, ón nGaeltacht is ón nGalltacht. Ba i nGaelscoileanna (nó i nGaelcholáistí) agus i ngnáthscoileanna a oileadh iad agus seo thíos próifíl na bpointí a theastaigh chun áit a ghnóthú ar an gcúrsa ó thosnaigh sé:

	Babhta 1	An Tairiscint Dheiridh
1999	505	505
2000	470	465
2001	485	485
2002	510	500/495

Eolas ó Anne Mills, Oifigeach Iontrála, UCC

An cheathrú bliain den chéim a fhógairt tríd an Lár-Oifig Iontrála, i gcomhair 2002–03, theastaigh scóráil níos airde i mBabhta a hAon d'fhonn an BCL (Dlí agus Gaeilge) a dhéanamh ná mar ba ghá chun áit a fháil ar an ngnáthBCL féin i UCC (CK 301, 505 pointe). Bhíomar an áirithe sin chun tosaigh ar an nGearmáinis (CK 303, 475 pointe), is gan a bheith i bhfad in aon chor chun deiridh ar an bhFraincis (CK 302, 520 pointe), an cúrsa dá shórt is mó a bhfuil tóir air díobh go léir. Is deacair léamh roimh ré ar na patrúin a bhraithfear sna blianta atá chugainn, go háirithe nuair a chuimhnítear air gur cosúil go dtitfidh líon na ndaltaí a bheidh ag gabháil don Ardteistiméireacht go suntasach idir an t-am i láthair agus 2007, ísliú thart ar 16,000 i gcomparáid le figiúr 2000–01 (Flynn 2003). Is cor cinniúnach sa chóras oideachais trí chéile é an claochló seo (gan trácht ar a bhfuiltear a rá i dtaobh táillí is maoinithe). Tabharfaidh sé dúshlán lucht pleanála i gcoitinne seachas a ndúshlán siúd amháin atá ag gabháil do riaradh na céime seo. Bheinn i ndóchas go mbeidh éileamh leanúnach sásúil ar an BCL (Dlí agus Gaeilge), ámh. Táim ag súil lena leithéid ó scoláirí a thuigeann na spriocanna atá ag an gclár léinn seo, na deiseanna a chuireann sé ar fáil is na caighdeáin nach foláir a shroichint chun an earraíocht is fearr is féidir a bhaint as. Is céim anois leis í atá tar éis dul chun socrachta i ndiaidh thréimhse phromhaidh na mblianta luatha.

Bíodh is nach bhfuilim ábalta a rá cad tá os comhair ár gcéimithe amach ar shroichint ceann scríbe dóibh, is féidir go rachaidh roinnt acu ag teagasc. Tá an cúrsa aitheanta anois mar cheann de na cáilíochtaí a cheadóidh dá cuid céimithe clárú ina meánmhúinteoirí. Más é conair an dlí féin a gheobhaidh siad, measaim go mba mhaith na heiseamláirí dóibh leithéid na mbreithiún sinsearach Cearbhall Ó Dálaigh (Ó Glaisne 2001) nó Séamus Ó hInnse is go leor eile a raibh an dá chúlra laistiar díobh, ceann na Gaeilge i gcás Uí Dhálaigh nó an léann dúchais i gcás Uí Innse (Ó hInnse 1947) agus an dlí. Pé rud a tharlóidh, ba dheas a cheapadh gurb é leas na teanga is an chultúir a dhéanfaidh siad, go háirithe i gcomhthéacs dlithiúil. Aon ní amháin a bhfuilim suite de. Nuair a chuaigh mé i mbun cainte le mo chomhghleacaithe i Roinn na Nua-Ghaeilge agus i Roinn an Dlí, is mé ag iarraidh áiteamh orthu a mbeannacht a chur leis an gcúrsa, an argóint ba threise a bhí agam agus an t-aon cheann a dtabharfadh dreamanna chomh scoláiriúil leo siúd éisteacht di ná go raibh bonn maith acadúil le bheith faoin gcéim. Na mic léinn féin is fearr a inseoidh an raibh nó nach raibh. Ón méid atá tugtha le fios agam nó atá déanta, is í mo thuairim mheáite féin ná go bhfuil.

AN STAIDÉAR

Ní ar an nGaeilge agus an ollscolaíocht a bhí mé ag cuimhneamh nuair a tosnaíodh an chéim a bhfuil a tuairisc tugtha anois. Is ar an nGaeilge féin go príomha a mhachnaigh mé. Ní fhéadfadh an BCL seo teacht ar an saol gan an acmhainn iontach atá againn laistigh den teanga í féin i ngort an dlí go háirithe agus ar bhonn níos leithne chomh maith. Acmhainn í a bhfuil taifead againn uirthi thar breis is míle bliain. Cuirtear in iúl i raon fairsing téacsanna í, tá an caidreamh le tíortha lasmuigh mar pháirt di mar aon le pé radharc ar shocheolaíocht is ar shíceolaíocht na hÉireann féin a ghabhann léi, gan trácht ar stair is ar shaol daoine aonair. Níl aon nochtadh déanta ar an gcuid is mó di. Tá sásamh thar na bearta ag baint le bheith ag déanamh staidéir ar an traidisiún atá laistiar di. Is é a bhí sa chúrsa dlí agus Gaeilge go bunúsach straitéis chun teacht ar shnáithín amháin den saibhreas sin trí aithris a dhéanamh ar struchtúr oideachasúil a chum daoine eile romhainn. Ba cheann é a mheas mé a bheith oiriúnach agus fónta, is inniúil ar dheiseanna traenála (is fostaíochta) a sholáthar san am céanna. Níor shamhlaigh mé go mba aon chonstaic ach an oiread é gur cúrsa dátheangach go bunúsach a bheadh ann.

Más mian linn an ollscolaíocht agus an Ghaeilge a chur chun cinn, creidim gurb é an bealach is rathúla chuige ná dul i muinín saíochta na teanga í féin sa chéad áit. Ní féidir liom labhairt ach ar réimsí a bhfuil tuiscint éigin agam orthu agus a shamhlaím ab fhéidir a fhorbairt mar seo. Is ionadh liom, cuirim i gcás, gan clár iomlán léinn tríú leibhéal a bheith á thairscint in aon institiúid in Éirinn, ar feadh m'eolais, atá bunaithe ar an nGaeilge agus an reiligiún, nuair a chuirtear san áireamh a bhfuil d'fhianaise faoin gceist seo i gcultúr na teanga. Tuigtear leis gur saoldearcadh é nach le haon aicme amháin creidimh a bhaineann. Ceist mhór gan dabht í cad ina thaobh nach bhfuil ar ár gcumas teacht i dtír ar na hacmhainní den uile shórt atá againn mar phobal. Ní hé ár leas a dheineann sé seansanna a chur amú i gcás mórán gnéithe dár sócmhainní aiceanta agus cultúrtha.

Cúis misnigh ar a laghad é plé a bheith tosnaithe ar na pointí seo. Tagraím don gcomhdháil a reáchtáil Conradh na Gaeilge ar an 11 Samhain 2002 faoin teideal "Ardoideachas tré Ghaeilge: An Ród seo Romhainn", a bhfuil fáil ar a cuid imeachtaí ar dhlúthdhiosca. Is fiú téama Scoil Geimhridh Mherriman 2003 a lua sa chomhthéacs seo leis, "'Scéal Liom Daoibh'—Léann na Gaeilge agus an Pobal'" (http://www.merriman.ie/scoil/preas.html). Tá sé le brath ar na seisiúin sin go bhfuiltear ag iniúchadh cad is oideachas tríú leibhéal ann i dtéarmaí na sciathán éagsúla atá air, ó na bunchéimeanna go dtí na hiarchéimeanna, is gan brainse de atá ag dul i dtreise i gcónaí, an t-oideachas aosach, a dhearmad, agus ag scrúdú pé teagmháil a bhíonn ag an aos léinn le hearnálacha éagsúla sa chóras sin. Nílimse i mbun aon ní a mholadh i dtaobh struchtúr ná comhordú na Gaeilge agus na hollscolaíochta go fóill nó go mbeidh an fráma ina bhfuiltear ag saothrú oibrithe amach, is go dtuigtear an comhthéacs leathan ar bhealach níos fearr (féach mo chuidse de Buttimer and Ní Annracháin 2003). Is air is mó is féidir liom labhairt an taithí atá agam ar an chéim BCL a leagadh amach agus a chur ag feidhmiú, agus ar pé tuairimí eile a rith liom le tamall roimhe sin siar go dtí deireadh na 1980í. Is é ceann is mó orthu an t-am agus an fuinneamh is gá a chaitheamh le forbairtí oideachasúla nua a thabhairt i gcrích agus an caighdeán cuí a shroichint san am céanna. Níorbh fholáir sé bliana chun ár gcúrsa a cheapadh is a chur ar a bhonnaibh. Ba ghá an oiread sin ama ainneoin eiliminti de a bheith ar an bhfód cheana, míreanna Roinn na Nua-Ghaeilge féin is Roinn an Dlí nach ndearna mé aon anailís puinn orthu. Cuimhním ar a leithéid is mé ag léamh na moltaí a cuireadh faoi bhráid an HEA maidir le tograí Gaeilge feasta ar an tríú leibhéal (http:///www.hea.ie). Guím gach rath ar an uile cheann acu. Na cinn a mheasfar a bheith fadraonach, fadfhulangach, seiftiúil, tá súil agam go dtabharfar cúnamh dá réir dóibh.

Focal scoir anois ar tháscairí na rathúlachta i gcomhthéacs na hollscolaíochta is na Gaeilge. Measaim go bhfuil an áirithe sin ráite agam fúthu chomh fada lenár gcúrsa féin de. Ba chéim í an BCL (Dlí agus Gaeilge) a tharraing aird na mac léinn i ngach cearn den tír. Scoláirí iad siúd a bhí ard-ábalta. Castar orthu foireann a bhfuil spéis acu sa chúram is iad oilte dá réir. Tá eagraíochtaí náisiúnta sásta dul i bpáirt linn, ón tseirbhís phoiblí anonn go dtí an earnáil phríobháideach. Cuirtear áiseanna agus deiseanna foghlama suas chun dáta ar fáil, oiread agus is féidir. Tá an chuma ar an scéal go bhfuil na mic léinn ag teacht slán tríd an gcóras, gan ach triúr as 29 dalta ar lár.

Ní le táscairí dá leithéid ba mhaith liom críochnú suas, áfach. An ceann is suntasaí díobh ar fad, b'fhéidir, ná go bhfuilimid ann in aon chor. Is é sin le rá, go bhfuil comhthéacs ar fáil inar féidir cúrsa den saghas seo a chruthú. Is é cúlra é an tacaíocht a fuair an Ghaeilge san fhichiú haois i mbrainsí difriúla den saol, ó shlánú na Gaeltachta go dtí imeachtaí oideachasúla is cearta pearsanta. Comhthéacs é sin a chuir go mór le féiniúlacht na tíre seo, le tuiscint ár muintire orthu féin is leis an éagsúlacht go ginearálta. Tá páirt éigin imeartha is le himirt againn maidir le saibhreas cultúrtha a chinntiú is a chur ar aghaidh, gan trácht ar shaibhreas teanga (McCloskey 2001). Fágann sin nach é amháin go bhfuil seasamh réigiúnda is oileánda ag leithéid na gcúrsaí tríú leibhéal Gaeilge, ach tábhacht idirnáisiúnta leis, dá ndéarfainn é. Comhartha beag de sin, b'fhéidir, cuairt phríomh-chomhairleora dlí Chomhthionól Náisiúnta na Breataine Bige, Winston Roddick, QC, orainn ar an 10–11 Márta 2003 chun a chuid eolais is a smaointe a roinnt linn i dtaobh soláthar reachtúil is parlaiminte a dhéanamh do mhionteangacha, agus chun gurbh fhéidir linne an sórt cuntais atá breactha síos san aiste seo a thabhairt dó.

BUÍOCHAS

De bhreis orthu siúd atá luaite cheana, chuir na daoine a leanas comaoin mhór orainn: Frank Buttimer, Veronica Calnan, P. J. Fitzpatrick, Valerie Fletcher, Dáithí Mac Carthaigh, Diarmaid Mac Diarmada, Bernadette McGonigle, Áine Ní Chonghaile, Rós Ní Dhubhda, Maressa Ní Rinn, Seán Ó Ceallaigh, Seán Ó Cearbhaill, Antaine Ó Coileáin, Benedict Ó Floinn, Donnchadh Ó hAodha, Pól Ruiséal, Brian Sheridan agus oifigigh Choiste Uile-Pháirtí an Oireachtais ar an mBunreacht. Gabhaim pardún éinne a bhfuil a ainm nó a hainm ar lár tré dhearmad.

TAGAIRTÍ

Buttimer, C. G., 1989. Celtic and Irish in College. *Journal of the Cork Historical and Archaeological Society*, 94, 88–112.

Buttimer, N., 1995. An Ghaeilge i gColáiste na hOllscoile, Corcaigh, 1845–1995. *The Irish Review*, 17/18, 51–65.

Buttimer, N., Rynne, C. and Guerin, H., 2000. *The Heritage of Ireland*. Cork.

Buttimer, C. G. and Ní Annracháin, M., 2003. Irish Language and Literature, 1921–84. In: Hill, J. R. (ed.), *New History of Ireland Vol. VII*. Dublin: Royal Irish Academy, 538–73.

Flynn, S., 2003. Leaving Cert numbers to fall by 16,000. *The Irish Times*, 28 Feb., 11.

Freeman, M. D. A., 2001. *Lloyd's Introduction to Jurisprudence*, Seventh Edition. London.

Kelly, F., 1988. *A Guide to Early Irish Law*. Dublin.

Murphy, J. A., 1995. *The College: A History of Queen's/University College Cork, 1845–1995*. Cork.

Mac Unfraidh, G., 2002. *Athbhreithniú Breithiúnach*. Baile Átha Cliath.

McCloskey, J., 2001. *Guthanna in Éag. An Mairfidh an Ghaeilge Beo? Voices Silenced. Has Irish a Future?* Baile Átha Cliath/Dublin.

Nic Shuibhne, N., 2002. *EC Law and Minority Language Policy: Culture, Citizenship and Fundamental Rights*. The Hague.

Ó Catháin, L., 2001. *Focal sa Chúirt*. Baile Átha Cliath.

Ó Cearúil, M., 1999. *Bunreacht na hÉireann: A Study of the Irish Text*. Dublin.

Ó Cearúil, M., 2002. *Bunreacht na hÉireann: Two Texts or Two Constitutions?* Dublin.

Ó Cearúil, M., 2003a. *Bunreacht na hÉireann: Divergences and Inconsistencies? Neamhréireachtaí agus Easpa Leanúnachais?* Baile Átha Cliath/Dublin.

Ó Cearúil, M. 2003b. *Bunreacht na hÉireann: An Téacs Gaeilge arna Chaighdeánú*. Baile Átha Cliath.

Ó Glaisne, R., 2001. *Cearbhall Ó Dálaigh*. Maigh Nuad.

Ó hInnse, S. (ed. and trans.), 1947. *Miscellaneous Irish Annals: AD 1114–1457*. Dublin.

Ó Máille, T., 1990. *Stádas na Gaeilge: Dearcadh Dlithiúil / The Status of the Irish Language: A Legal Perspective*. Baile Átha Cliath: Bord na Gaeilge, Páipéar Ócáideach Uim. 1 / Dublin: Bord na Gaeilge, Occasional Paper, No. 1.

Ó Murchú, M., 2002. *Ag Dul ó Chion?* Baile Átha Cliath.

Ó Riain, S., 1994. *Pleanáil Teanga in Éirinn*. Baile Átha Cliath.

Ó Ruairc, M., 1997. *Aistrigh go Gaeilge: Treoirleabhar*. Baile Átha Cliath.

Ó Tuathail, S. (eag.), 1999. *Tuairiscí Éireann The Irish Reports Tuairiscí Speisialta Special Reports 1980–1998*. Baile Átha Cliath: Comhairle Chorpraithe de Thuairisceoireacht Dlí d'Éirinn/Dublin: The Incorporated Council of Law Reporting for Ireland.

Ó Tuathail, S., 2002. *Gaeilge agus Bunreacht*. Baile Átha Cliath.

Prút, L., 1996–97. Cúrsaí aistriúcháin an stáit. *Irisleabhar Mhá Nuad*, 226–59.

Santaemilia, J., Coperías, M. J. & Piqué, J., 2000. Lexical cohesion in legal language: several US Supreme Court abortion decisions. *Teanga: the Irish Yearbook of Applied Linguistics/Bliainiris na Teangeolaíochta Feidhmí in Éirinn*, 19, 13–21.

Seirbhís Chúirteanna, An t. 2000. *An tSeirbhís Chúirteanna: Tuarascáil Bhliantúil 2000*. Baile Átha Cliath.

Nótaí Beathaisnéise

MIQUEL STRUBELL

Rugadh Miquel Strubell in Oxford in 1949. Tá MA aige ó Ollscoil Oxford agus MSc ó Ollscoil Londan. Ó 1980 go 1990, bhí sé i gceannas an Servei de Normalització Lingüística (Seirbhís um Normalú Teanga) atá ag rialtas na Catalóine. Ó 1990 go 1999, bhí sé ina stiúrthóir ar an Institut de Sociolingüística (Institiúid Sochtheangeolaíochta), rialtas na Catalóine. Tá sé ag obair leis an Universitat Oberta de Catalunya (Ollscoil Oscailte na Catalóine) ó 1999 i leith, ar dtús mar Leas-Stiúrthóir Roinn na nDaonnachtaí agus na Nua-Theangacha, agus ó 2001 i leith mar Stiúrthóir ar chlár na nDaonnachtaí. Bhí sé ina chomhordaitheoir ar *Euromosaic* (1995), mórthaighde faoi mhionteangacha a ndearna an tAontas Eorpach urraíocht air. Bhí sé ina chomhairleoir chomh maith ag Comhairle na hEorpa agus ag an Eagraíocht um Shlándáil agus Chomhoibriú san Eoraip.

I measc na bhfoilseachán uaidh le déanaí tá: "La dynamisation sociale dans l'aménagement de la langue catalane", in Emili Boix & Antoni Milian (eag.) san eagrán ar Aménagement Linguistique dans les pays de langue catalane, Terminogramme, uimh.103–4 (2002); The European Union and Lesser-Used Languages. Education & Culture Series, Directorate-General for Research, European Parliament (2002); "Sociolinguistic stakes and linguistic practices: Catalonia as a testing-ground", *Kolor, International Journal on Moving Communities*, (2002).

AN tOLLAMH MICHEÁL Ó SÚILLEABHÁIN

Cumadóir, seinnteoir ceoil agus fear léinn is ea Micheál Ó Súilleabháin. Bhí dlúthbhaint aige leis an mbealach inar nascadh ceol traidisiúnta na hÉireann leis an gcóras ardoideachais le tríocha bliain anuas, ar dtús in Ollscoil Chorcaí agus ina dhiaidh sin in Ollscoil Luimnigh mar ar bhunaigh sé Ionad Cheol Cruinne Éireann in 1994. Cuireann an tIonad seo cláir acadúla agus léirithe ar fáil sa cheol agus sa rince i réimsí éagsúla, idir thraidisiúnta agus chomhaimseartha. Bhí sé ina Eagarthóir Cúnta ar *Fleischmann's Sources of Irish Traditional Music* (1998), an bailiúchán is fairsinge go dtí seo i réimse an staidéir ar an gceol traidisiúnta Éireannach. Bhí sé ina eochairchainteoir ag comhdhálacha in áiteanna éagsúla ar fud an domhain: thug sé caint le déanaí don Chumann um Oideachas Ceoil in Bergen na hIorua agus ba é a bhí i mbun léacht bliantúil Shabhal Mòr Ostaig in 2002, a craoladh ar theilifís na hAlban. Sa Mhárta 2003 bhí sé ina eochairchainteoir in Beijing ag comhdháil Chumann na hÁise-na hEorpa ar an gceol traidisiúnta sa domhan comhaimseartha. Sa Mheitheamh 2003 bhí cuireadh aige chun labhairt sa Chéinia ag PASMAE (Pan African Society for Music and Arts Education). I 2003 thug sé ceolchoirmeacha sa Cheoláras Náisiúnta leis an Irish Chamber Orchestra; sa Skirball Centre for Performing Arts in Washington Square, Nua-Eabhrac; sa Shanghai Conservatory of Music; in University of Newcastle, an Bhreatain, leis an Newcastle String Orchestra; agus i Sabhal Mòr Ostaig leis an Scottish Ensemble.

DR WILSON McLEOD

Tá Wilson McLeod ina Léachtóir le Ceiltis agus le Léann na hAlban in Ollscoil Dhún Éideann. Roimhe seo, bhí sé ina Stiúrthóir ar an gcúrsa Gàidhlig na hAlban agus Léann an Atlantaigh Thuaidh i Sabhal Mòr Ostaig, coláiste na Gàidhlig ar Eilean Sgitheanach. Baineann a réimse taighde le polasaí teanga, pleanáil teanga agus le polaitíocht chultúrtha litríocht na meánaoiseanna agus na nualitríochta i nGàidhlig na hAlban. I measc na bhfoilseachán is déanaí uaidh tá: 'Gaelic medium education in the international context', in *Gaelic Medium Education*, eag. M. Nicholson agus M. MacIver (Edinburgh 2003), 'Language Planning as Regional Development? The Growth of the Gaelic Economy', *Scottish Affairs*, 38 (2002); 'Gaelic in the New Scotland: Politics, Rhetoric and Public Discourse', *Journal on Ethnopolitics and Minority Issues in Europe* (2001); 'Official Gaelic: Problems in the Translation of Public Documents', *Scottish Language*, 19 (2000).

ELSIE REYNOLDS

Tá BA sa Bhreatnais agus sa Drámaíocht agus MA in Oideachas agus Oiliúint ó Ollscoil na Breataine Bige, Aberystwyth, ag Elsie Reynolds. Tá deich mbliana caite aici ag traenáil foirne dá dTeastas Iarchéime in Oideachas, a thugann cáilíocht dóibh le múineadh san Oideachas Aosach, sa Bhreisoideachas agus san Ardoideachas. Bhí baint aici chomh maith le hoiliúint traenálaithe d'fhorais phroifisiúnta agus phoiblí agus don earnáil dheonach. Le tamall de bhlianta bhí sí ina Bainisteoir Forbartha Dátheangachais ag coláiste áitiúil breisoideachais, mar a raibh baint aici le pleanáil teanga agus cláir forbartha foirne. Ceapadh í le déanaí ina Stiúrthóir ar an Ionad um Chur chun Cinn an Dátheangachais i gColáiste na Tríonóide, Caerfyrddin/Carmarthen. Tá sé mar phríomhdhualgas ar an Ionad urraíocht a dhéanamh ar chomhaltachtaí agus scoláireachtaí d'fhonn modheolaíocht an dátheangachais a thabhairt isteach san fhoghlaim. Tá sí i mbun taighde PhD faoi láthair ar

Mhodheolaíochtaí Teagaisc agus Measúnaithe sa seomra ranga dátheangach, agus ar na riachtanais forbartha foirne a ghabhann leis sin.

DR KEPA KORTA

Rugadh Kepa Korta in Ordizia/Gipuzkoa, Tír na mBascach in 1965. Tá céimeanna BA agus PhD aige ó Ollscoil Thír na mBascach, Donostia/San Sebastián. Ó 2000 i leith, tá sé ina Stiúrthóir ar an Institiúid um Loighic, Chognaíocht, Theanga agus Eolas san ollscoil sin agus ó 2001 i leith, tá sé ina eagarthóir ar *GOGOA*, iris idirdhisciplíneach taighde sa Bhascais a phléann teanga agus cumarsáid. Roimhe seo, d'oibrigh sé mar Léachtóir Loighce agus Fealsúnachta in Ollscoil Thír na mBascach. I measc a réimsí taighde tá fealsúnacht teanga, séimeantaic agus eolaíocht chognaíoch. Tá iliomad foilseachán faoi na hábhair seo aige i mBascais, i Spáinnis agus i mBéarla: in 2002, foilsíodh alt leis "On Collective Intentions" in J.M. Larrazabal & L.A. Pérez Miranda (eag.), *Language, Knowledge, and Representation*. Tá sé ina eagarthóir ar an saothar *Meaning, Intentions and Argumentation* a fhoilseofar go luath.

AN DR CAOILFHIONN NIC PHÁIDÍN

Tá Caoilfhionn Nic Pháidín ina Stiúrthóir ar Fiontar, Ollscoil Chathair Bhaile Átha Cliath, ó 1999. Tá céimeanna aici i léann na Gaeilge ó Ollscoil na Éireann. Chaith sí tréimhsí i mbun taighde, eagarthóireachta agus foclóireachta in Acadamh Ríoga na hÉireann, *The Irish Times*, *Comhar* agus An Roinn Oideachais. Chomhbhunaigh sí an comhlacht foilsitheoireachta Cois Life i 1995. Bhí sí ina ball de Choimisiún na Gaeltachta (2000–02) agus den Choimisiún chun Ról na nEagras Deonach a Scrúdú (1996–7) a d'fhoilsigh an tuarascáil *Treo 2000* . Tá leabhair agus ailt foilsithe aici ar fhorbairt chomhaimseartha na Gaeilge, na meáin chlóite go háirithe. In 1998 foilsíodh a saothar *Fáinne an Lae agus an Athbheochan 1898–1900*. Tá sí ina heagarthóir ar an tsraith monagraf acadúla *Lúb ar Phár* agus d'fhoilsigh Acadamh Ríoga na hÉireann a saothar *Cnuasach Focal ó Uíbh Ráthach* i 1987. Bhí sí ina Comhairleoir Gaeilge ar an *Oxford English Dictionary, Second Edition (1989–97)*.

AN DR TADHG Ó hIFEARNÁIN

Tá Tadhg Ó hIfearnáin ina léachtóir sinsearach le Gaeilge in Ollscoil Luimnigh. Is sochtheangeolaí é a bhfuil suim faoi leith aige in éagsúlú agus i malartú teanga. Tá go leor taighde curtha i gcrích aige sa ghort, in Éirinn agus thar lear, agus díríonn a phríomhshaothar faoi láthair ar éifeacht na gcumhachtaí polaitiúla agus idé-eolaíochtúla sa tsochaí ar dhearcadh agus ar chleachtadh teanga sa phobal urlabhra. Foilseofar toradh trí bliana oibre i gceantair laga Gaeltachta na tíre ina leabhar *The Gaeltacht: Irish language ideology, power and society*. I measc na n-alt is deireanaí uaidh ar cheisteanna sochaí agus teanga tá: 'Cumas agus cleachtas na litearthachta i measc daoine fásta sa Ghaeltacht.' in Ní Mhianáin, R. eag. *Idir Lúibíní* (2003), Cois Life; 'Doimhne an Dúchais: Éagsúlacht san aistriú teanga i gCeap Breatainn na hAlban Nua.' in *Taighde agus Teagasc 2* (2002), 62–91; 'Irish Language Broadcast Media: The Interaction of State Language Policy, Broadcasters and their Audiences.' in *Current Issues in Language and Society* 7:2, 92–116. Tá sé ina stiúrthóir ar an MA sa tSochtheangeolaíocht trí Ghaeilge in Ollscoil Luimnigh. Saothraíonn sé, leis, i Léann na Gaeilge ón 17ú–19ú haois agus tá sé ina chomheagarthóir ar *Eighteenth Century Ireland*.

AN tOLLAMH MICHEÁL Ó CINNÉIDE

Rugadh agus tógadh Micheál Ó Cinnéide i gCorca Dhuibhne, i gCo. Chiarraí. Bhain sé céimeanna BA agus MA amach in Ollscoil na hÉireann, Gaillimh agus PhD sa tíreolaíocht in Ollscoil Mhichigan. Tá sealanna caite aige in ollscoileanna agus in institiúidí eile léinn i Stáit Aontaithe Mheiriceá, san Astráil agus in Éirinn. Tá sé ar an bhfoireann in Ollscoil na hÉireann, Gaillimh le cúig bliana ar fhichid agus ina chomhollamh le tíreolaíocht ansin ó 1992. Idir leabhair, ailt agus thuarascálacha, tá isteach is amach le 100 foilseachán, ar ábhair iomadúla, i gcló aige. Tá sé ag ullmhú tuarascála don Eagraíocht um Chomhar agus Fhorbairt Eacnamaíochta (OECD) faoi láthair ar fhorbairt áitiúil i Meicsiceo. Tá béim mhór ina chuid taighde ar fhorbairt na Gaeltachta. I gcomhar le Seosamh Mac Donnacha agus Sorcha Ní Chonghaile, d'ullmhaigh sé tuarascáil chuimsitheach dar teideal 'Polasaithe agus Cleachtais Eagraíochtaí Éagsúla le Feidhm sa Ghaeltacht,' do Choimisiún na Gaeltachta in 2001.

AN DR ARTHUR JOHN HUGHES

Rugadh Art Hughes i mBéal Feirste in 1960. Tá céimeanna aige sa Cheiltis ó Ollscoil na Ríona agus sa Nualitríocht ó Université Rennes 2 Haute Bretagne. Ó 1999 i leith is léachtóir le teanga agus litríocht na Gaeilge é in Ollscoil Uladh, Sráid Eabhrac, Béal Feirste. Roimhe seo, ba léachtóir é le Gaeilge agus le Léann na hÉireann in Ollscoil na Ríona, in Ollscoil Uladh, Cúil Raithin agus in Université Rennes 2. Tá iliomad leabhar agus alt foilsithe aige faoi chanúineolaíocht, nualitríocht na Gaeilge, logainmneacha, stair áitiúil agus béaloideas. In 2001, foilsíodh *When I was Young*, aistriúchán Béarla a rinne sé ar *Nuair a Bhí Mé Óg* by 'Máire', Séamus Ó Grianna. Tá saothar nua uaidh le foilsiú go luath: *The Gaelic of Tangaveane and Commenn, Co. Donegal.*

AN DR MICHEÁL Ó SÚILLEABHÁIN

Tá céim BComm trí Ghaeilge agus BA sa Ghaeilge agus sa Ghearmáinis ó Choláiste na hOllscoile Gaillimh ag Micheál Ó Súilleabháin agus céim Bac.Sc.Oec aige ón Institiut für Weltwirtschaft (Institiúid um Eacnamaíocht Dhomhanda), Universitit Kiel, An Ghearmáin. Tá Dr Sc.Pol. san Eacnamaíocht aige ón ollscoil chéanna. Chaith sé tréimhse ag obair mar chúntóir taighde san Institut für Agrarpolitik (Institiúid um Pholasaí Talmhaíochta), Univeristät Kiel ó 1965–67 agus mar Léachtóir san Eacnamaíocht i gColáiste na hOllscoile, Corcaigh ó 1967–98. Tá trí théarma caite aige ina bhall de Choiste Rialaithe an Choláiste sin agus trí théarma ina bhall de Sheanad Ollscoil na hÉireann. Tá ailt foilsithe aige i nGaeilge agus i nGearmáinis agus tá sé ina Eagarthóir Comhairleach ar an tsraith *Research on Cases and Theories* (Rainer Hampp Verlag, München und Mering) ó 1992 i leith.

AN DR NEIL BUTTIMER

Léachtóir i Roinn na Nua-Ghaeilge, Coláiste na hOllscoile, Corcaigh, é Neil Buttimer. Oileadh in Ollscoil Chorcaí, in Institiúid Ard-Léinn Bhaile Átha Cliath agus in Ollscoil Harvard é, mar ar bhain sé céim dochtúireachta amach sa Léann Ceilteach. Chuir sé taighde i gcló ar thraidisiún na Gaeilge sna meánaoiseanna agus sa tréimhse iarchlasaiceach roimh an Ghorta. Tá spéis ar leith aige i gceist na pleanála agus i réimse an chultúir san am i láthair. Is é Eagarthóir Oirigh *Iris Chumann Staire agus Ársaíochta Chorcaí* é. Ar a shaothar eagarthóireachta eile áirítear (fara Colin Ryne agus Helen Guerin) *The heritage of Ireland* (2000), (fara Patrick O'Flanagan) *Cork: history and society* (1993), *Catalogue of Irish manuscripts in the University of Madison-Wisconsin* (1989) agus (fara James Doan) *Proceedings of the Harvard Celtic Colloquium 1* (1981).

University Education in Irish: Challenges and Perspectives

CONFERENCE PAPERS

University Education in Irish: Challenges and Perspectives

CONFERENCE PAPERS

Editors:
Caoilfhionn Nic Pháidín
Donla uí Bhraonáin

FIONTAR

DUBLIN CITY UNIVERSITY

2004

First published 2004

by Fiontar, Dublin City University, Glasnevin, Dublin 9, Ireland

for 3D/Fiontar Teanga Project, INTERREG IIIA, Ireland-Wales

© Contributors

ISBN 1 87232 741 9

Cover and design: Eoin Stephens

Printing: Criterion Press

Copies may be ordered directly by post from the publisher or by e-mail

fiontar@dcu.ie

Phone: 353-1-7005614

Contents

University support for Irish: why and how?

BCL (Law and Irish) in University College Cork—a case study

University Education in Irish: Challenges and Perspectives

7–8 FEBRUARY 2003

Fiontar, Dublin City University

CONFERENCE CO-ORDINATOR: JOHN WALSH, FIONTAR

102 DELEGATES IN ATTENDANCE

Foreword

The proceedings of this conference are an exploration of one aspect of university education in Ireland. Whatever our perception of university education in Irish, it reveals in microcosm how we think, feel and deal with the larger issues of higher education in this country. Our capacity to respond creatively to the development of the Irish-medium sector is a statement about ourselves, and the real or token value we place on our ability to offer a distinctive, creative, entrepreneurial vision for higher education in Ireland. We must decide whether we see ourselves as leaders or as reluctant participants in the development of a higher-education system which nurtures and values regional, linguistic and cultural diversity on which the future of Europe arguably depends.

Higher education in Ireland is facing monumental change. The economics, demographics and technologies are changing rapidly and campus-based institutions as we know them must transform themselves or face decline. The funding agencies and mechanisms are also poised for change and development when the OECD analysis of higher education in Ireland is completed next summer. Successful universities, and departments within them, must be dynamic engines of economic, social and cultural progress, to ensure their financial viability and social relevance. Inspired leadership and partnerships could potentially place the Irish-medium sector at the forefront of this development, but this can only be achieved if institutional self-interest and agendas can be subordinated in the creation of new student-centred, high-quality, technology-based initiatives, with realistic resources. This challenge of partnership and cooperation and the perceived loss of local autonomy may well prove too great for some key players in this and other areas of the higher-education sector, but real and sustainable progress is unlikely without it.

Higher education through Irish is not primarily a peripheral, regional or even a minority issue. The theme of cultural diversity and the resourcing challenges faced in its development will be increasingly relevant in an enlarged Europe, where 50 million citizens speak languages that are not 'official languages'. The debate is only beginning and this conference is a contribution to one aspect of it. The international context was particularly important to Fiontar in organising this conference, and we were greatly encouraged by the enthusiasm and calibre of the European contributions.

Both the conference and publication of proceedings were made possible by the generous support of the European Union (through ERDF funding Interreg IIIA), the Higher Education Authority in Ireland (through its Targeted Initiatives Scheme) and Foras na Gaeilge.

The over-arching themes which emerge in these papers are primarily those of resourcing, quality assurance and partnerships. Dublin City University and the National University of Ireland Galway, in particular, have made unique and valuable contributions to Irish-medium provision. The energy, enthusiasm and enormous economic and cultural value of these initiatives is indisputable. Sectoral development is seriously challenged, however, by resourcing issues of which finance is only one. Student recruitment is difficult, and availability of highly qualified academics is even more problematic. The lack of a national supra-institutional partnership or forum, affiliated to the Conference of Heads of Irish Universities or otherwise, was noted by contributors to the conference as a factor inhibiting strategic progress and perpetuating a fragmented competitive approach.

International frames of reference are essential to validate these initiatives and provide a forum for individual academics, departments and institutions involved in educational provision through lesser-used languages. This is invaluable in supporting research, quality assurance and staff development. The contributions published here are the first concerted attempt to discuss and analyse Irish and European achievements in this area. Contributions were invited, not on a representative institutional basis but from individuals whose experience might yield an imaginative or fresh dimension, and stimulate inquiry and innovation. Contributors in the main treated their topic with objectivity and avoided special pleading for their own regions and institutions. Most Irish universities are represented here as well as our colleagues from Catalonia, the Basque Country, Wales and Scotland. They bring very different perspectives and offer valuable insights which will hopefully contribute to the development of higher education both in Ireland and in Europe, and their arguments may inspire funders and promoters of Irish-medium initiatives to take a long-term strategic cooperative view. Although challenges to this sector frequently appear insurmountable the principal message emerging from the conference and from these papers is a positive one of hope, enthusiasm and a great deal of goodwill.

This publication is bilingual. Papers originally presented in Irish have been translated into English. Content of these versions may differ slightly in presentation as some contributors took the view that they were effectively addressing two audiences and adapted their comments accordingly.

Caoilfhionn Nic Pháidín
Fiontar
Dublin City University
January 2004

Acknowledgements

Both the Conference itself and this publication received enthusiastic support and positive responses from a number of sources in Ireland and in Europe. On behalf of Fiontar and Dublin City University, the editors express their gratitude to the following and to all those others, not listed below, who contributed to its success:

- The Higher Education Authority, which partially funded the Conference through its Targeted Initiatives Scheme

- The ERDF programme, INTERREG IIIA, Ireland-Wales, 3D/Fiontar Teanga project, which contributed a substantial portion of the publication costs

- Foras na Gaeilge, which contributed to translation costs

- Prof Michael Cronin, Dean, Faculty of Humanities, DCU, who supported this initiative wholeheartedly

- John Walsh, Conference Co-ordinator, and all on the Fiontar team who assisted him

- Bairbre Ní Chonghaile, Fiontar administrator, who among other things, liaised with contributors during publication process

- Speakers at the conference, all included in this publication, who promptly submitted their papers for publication, and responded very courteously to editorial issues raised

- Chairpersons of sessions and all those who attended the Conference itself and contributed by their enthusiastic participation to the success of the event

- Interpreters and translators who worked at the Conference and on papers for publication.

Conference themes for discussion

Speakers were asked to consider the following specific questions, referring as appropriate to their own language contexts:

- which structural models of university education would best suit the Irish-language community, given its dispersed geographical nature?

- what are the specfic questions relating to the development of academic programmes?

- how can high-standard academic staff be recruited? What linguistic or training support is required to ensure high teaching and learning standards?

- how can new teaching and learning technologies best be used?

- what are the best funding opportunities (national, EU, partnerships)?

- how can university education in Irish best promote the socio-economic development of the language communities, both locally and nationally?

- what are the indices of success for university education in Irish (number of students, innovative nature of programmes)?

Welcoming Address

PROF MICHAEL CRONIN, DEAN, FACULTY OF
HUMANITIES, DUBLIN CITY UNIVERSITY

As I stand here at this podium the memory of my first academic paper comes back to me. The venue was Newman House, an elegant, period house overlooking St. Stephen's Green in the centre of Dublin. The occasion of my initial foray into academic research, unfortunately as it turned out, was the first International Conference in honour of Brian Ó Nualláin or Myles na gCopaleen. The then Dean of the Faculty of Arts in University College Dublin gave a fine, inspirational talk and I felt that nothing could go wrong from then on. In fact, that fateful speech by the Dean was the beginning of two days of general debauchery and mayhem and I did my level best to give a lecture on the connections between Ó Nualláin and French literary movements to a group in Newman House, some of whom had arrived fresh (or rather 'mouldy' as Ó Nualláin might have said) from a pub crawl of 'Flann O'Brien's Dublin literary hostelries'. Ó Nualláin himself had been in the habit of frequenting many such hostelries in the course of his writing, so my audience was in fine fettle, roaring encouragement as I invited them to wrestle with the mysteries of post-structuralism. I don't think that my little oration here will have the same effect as the Dean of Arts speech; indeed, I sincerely hope that it does not, as there is much to be done between now and tomorrow evening.

Writing of *Annála Ríoghachta Éireann*, the *Annals of the Four Masters*, the compendium of writings on Irish history compiled by a group of 17th century Franciscan scholars, Breandán Ó Buachalla has the following to say:

> *Whatever the Four Masters pursuit of ancient heritage and antiquity, their aim was to make a statement on behalf of their own people in their own era. This work was not simply in memory of the past, of the olden days as today's historians often imply, but a document intended to be the basis of knowledge, the authoritative source for the nation which was Ireland and for whatever would come after that. (Translated from Ó Buachalla 1996: 97).*

Ó Buachalla does not subscribe to the romanticism so prevalent among certain commentators when writing of the history and position of Irish. He simply doesn't believe in the metaphor of death, as a badge of bravery worn by the heroes of olden times, as appropriate. Similarly, when there is an acute need for original thinking in this country, I think it is incumbent on those in

universities and others to reconfigure the position of Irish in the university system. Any language is, after all, a powerful tool for linking the political potential and historical ecology of a community.

It is a truism to observe that geography has, in a sense, become history for Ireland. The emergence of the network-based or reticular economy in the 1980s and 1990s with its reliance on informatics and telecommunications delivered the island from the purgatory of distance and brought us into contact with businesses, customers and communities from all over the globe. Time-space compression meant that spatial location was less important than temporal advantage. It was not where you were but how quickly you could get there that mattered. The spectacular Irish embrace of the mobile phone seemed to be a part of that dream of instant connectedness, that romance of ubiquitous communication which sustained the country in the euphoric years of growth and expansion. In the delirium of the brave, however, a fundamental distinction was lost sight of, a distinction that arguably lies at the heart of what will be discussed here this evening and tomorrow and hints at why debates about Irish-language education are of such importance for the future development of Irish society. The distinction is between communication and transmission or between what Régis Debray has called a communicative society and a transmissive society. If communication is primarily about conveying information across space in the same spatio-temporal sphere, transmission is about transporting information through time between different spatio-temporal spheres. The horizon of transmission is historical and it needs a medium of transmission (stone, paper, magnetic disk) to make its action effective. However, in addition to a medium of transmission, there is a need for a social vector or more formally, a materialised organisation. The social vector is a body such as a school, university, church, state or family which provides the context for the transmission of ideas, beliefs or values across time (Debray 2000: 15). The temptation is to confuse communication and transmission, to confuse a physical transfer of information with a social transfer of knowledge. It is the social transfer which causes communication to become transmission and therefore to be enduring in its effects. For this to happen, of course, a society has got to believe that transmission is a necessary or a good thing, and that it will support the institutions whose duty it is to transmit culture and knowledge from one generation to the next.

It is in this context that one might argue that in Ireland there is not so much a breakdown in communication—we are communicating more than we ever did with all the electronic means at our disposal—but a crisis of transmission.

One of the recurrent difficulties at present now that the tiger has been brought back into captivity is to how to envision an Irish future. Do we want to be consumers armed with charters or citizens endowed with rights? What kind of Republic do we want and who should belong to it? What should Ireland be doing in the world and what should the world be doing in Ireland? To ask these questions, and more importantly, to try and answer them, it is crucial for communities to know where they have been, what is there in their past that can be used to construct a version of a new life.

Irish, by virtue of having expressed the fears, hopes, experiences, and ideas of people on this island for millennia, must be at the centre of any durable transformation of the society as it alone possesses the enormous transmissive potential which through re-activating the past can enliven the present and transform the future. To realize that potential, it needs the social vectors or materialised organisations that I mentioned earlier, in particular, as this is the object of our discussion this weekend, the universities. Transmission and institutions get a predictably bad press. Handing on seems always like a form of staying put. Irish is poverty and the past and *Peig* in the parlour. Institutions are cumbersome, reactionary and inflexible. The young and not so young post-modernist is all for the explosion of mobility and the implosion of continuity. But revolutions are never what they seem and the predictable tyranny of present platitudes is rarely a good guide to the unpredictable challenges of tomorrow. Whether it is the renewed importance of identity in a period of globalization, the centrality of the aesthetic to added value in the production of goods or the reappropriation of the places we live through their rootedness in the names and stories that are delivered to us through language, the Irish language will be at the forefront of social, cultural and economic renewal in Ireland. The noted English biographer of Goethe, Nicholas Boyle, had the following to say about educational institutions in a collection suggestively entitled *Who are we now?*

> *The concern of an educational institution is not with society as it is at present but with its future, with the standards and ideals by which it will seek to change into something better and with its very capacity for change at all—that is with the people who are being educated, at all levels, including the educators themselves. Universities do not exist to pass on and reinforce the prevailing attitudes of the world they belong to but to preserve its potential for becoming something different. (Boyle 1998: 64)*

Irish-language education at third level is undoubtedly one of the most effective ways of ensuring that the potential for becoming something different is both preserved and realized on the island of Ireland.

It is both an honour and a pleasure for me to declare this Conference officially open and I heartily welcome everyone here to Dublin City University, particularly our colleagues and guests from every corner of Ireland, from Scotland, Wales, the Basque country and Catalonia. On behalf of the Faculty of Humanities, I would like to thank John Walsh for his work in organizing this Conference and on his behalf I salute the staff of Fiontar for their unfailing support. I began with Myles na gCopaleen and of course in chapter seven of *An Béal Bocht* Bónapart Ó Cúnasa tells Sitric and the old, grey man ' Never forget that you are a Gael and that comfort is not your fate' (Myles na gCopaleen 1975: 81). There can be no doubt but that this grim prophecy will remain unfulfilled and that this weekend will provide both comfort and food for thought for us all—both 'Gael and Gall'—for some time to come. I wish the Conference every success and hope that these discussions result in real, concrete initiatives which will develop a Gaelic university sector in Ireland.

REFERENCES

Boyle, Nicholas, 2000. *Who are we now? Christian Humanism from the Global Market to Heaney.* Edinburgh : T& Clark.

Debray, Régis, 2000. *Introduction à la médiologie.* Paris : Presses Universitaires de France.

Myles na gCopaleen. 1975. *An Béal Bocht.* Dublin : Dolmen Press.

Ó Buachalla, Breandán, 1996. *Aisling Ghéar.* Dublin : An Clóchomhar.

SECTION ONE
Papers Delivered in English

KEYNOTE ADDRESS

Bringing higher education closer to the people

MIQUEL STRUBELL, UNIVERSITAT OBERTA DE
CATALUNYA (OPEN UNIVERSITY OF CATALONIA)

Abstract

In most of Europe, since the end of World War 2, higher education
has become accessible to a much greater segment of the population.
Furthermore, university education is no longer restricted in practice
(and excluding those pursuing an academic career) to the immediate
post-secondary age-groups. Lifelong learning is the call of the day.
The reasons for the emergence of this change are briefly discussed.

Lifelong education can offer people a second chance to achieve a
university degree. This, and a growing concern to meet ever more
specific markets, is the context for this Conference. In this paper,
relevant issues of general interest are extracted from one particular
venture: the Open University of Catalonia (UOC). This totally
digital university owes its very existence to the Catalan language,
through whom over 15,000 students are enrolled on undergraduate
degree courses. Structural and organizational features make it
unique, but hopefully a useful reference for other initiatives in the
same field.

I am privileged to have been invited to address this gathering and
hope to contribute to the debate on how best to develop third-level
education through the medium of Irish.

Two years ago I was invited to a radio programme, to discuss whether new technologies dehumanise society or not. The marketing manager of a new Internet café explained that they had decided to open for a while on Christmas Day, though doubting anyone would turn up on such a sit-around-the-hearth family day. They were amazed at the response, and stayed open all day. They had more customers than on an ordinary day. Many were foreigners chatting with their loved ones back home.

I shall approach the subject in three distinct sections. Firstly, some consideration about higher education at the start of the 21st century, and the societal changes it has to cope with. Secondly, some features of my own web-based University. And finally, a conclusion.

HIGHER EDUCATION AT THE START OF THE 21ST CENTURY

Higher education for all

University education has boomed since the end of World War 2. Take Norway for instance: in 1950, only 3% of the population had obtained a university level degree. By 1990, this figure had increased to 15%. By 1997, 40% of the students who have completed upper secondary school embark on a higher education. (Norwegian Council of Universities 1997)

Between 1959–1960 and 1998–1999, the number of undergraduates in Spain increased nine-fold, from 170,602 to 1,583,297 (CRUE, website http://www.crue.org/cap1.pdf). In 1992, 41% of boys and 46% of girls of university-entering age actually did so, though in the same year, only 20% of men and 29% of women of the appropriate age actually completed a degree course. In Latin America figures increased over tenfold, from 573,000 in 1960, to 6,978,000 in 1988 (CEPAL 1992, quoted in Baena 1999). Over the 1960–1975 period, in the OECD, whereas the average annual growth of those attending lower levels of education was 2·1%, university enrolment of students increased at 7·2% per annum over the same period. In Catalonia the figure reached 185,217 undergraduates in the 2000–2001 year (CRUE 2001).

Not everywhere was there enthusiasm to build new universities in order to cater for this increase in demand. Thus in Ireland, the Limerick University Project Committee struggled against the state's reluctance in the 1960s to establish more universities in Ireland. Instead the state preferred to create a second tier of regional technical colleges across the country to meet the expected demand for skilled third level graduates. (Bouche 2002)

As we shall see later, however, not everything points to future increases in enrolment figures, at least in Europe. Compulsory schooling has gradually pushed up the school-leaving age (it is 16 in most countries now) and more and more acquire the qualifications necessary to continue their education at university or colleges of higher education, which have increased in both number and specialisation. Dublin City University is an excellent indicator of this growth: it was established as recently as 1980, with a new approach to university education, which attaches great importance to continuous assessment (see DCU prospectus):

DCU's focus is unique in Ireland: it sets out to develop high quality, high value learning within the wider setting of Ireland's economic and social needs. It ensures that students gain direct experience of industry and other workplaces, and it offers the very latest technology and facilities to ensure that all are equipped to become leaders in their chosen fields. (Von Prondzynski, DCU website)

What changes can we detect in university education, other than catering for a much wider segment of the school-leaving population?

Changes in student profiles

Higher education has ceased to be the almost exclusive domain of 18–22 year-old students. Initiatives like the Open University (www.open.ac.uk) were aimed at a different population.

The Open University admitted its first students in 1971. It is the UK's largest university, with over 200,000 students and customers. The OU represents 22% of all part time higher education students in the UK. Two thirds of students are aged between 25 and 44, but students can enter at the age of 18. (http://www.open.ac.uk/about/)

In the case of my University, Universitat Oberta de Catalunya, which is also a distance learning university, fully 71% of our students are aged 25–40, and 19% are over 40. So scarcely 10% are under 25. Few have just left school:

though eligible (we would not otherwise be an "oberta" university!) they are a marginal target-group.

But it isn't simply age. We give many of our students a second chance. They are either new to higher education, or fell by the wayside, or want a second degree in a new field. Thirty years ago, such prospective students had nowhere to go! Now, not only do they believe in lifelong learning: they actually engage in it. 60% of our students already hold a degree or have some higher education.

Nevertheless, things are not that easy. Virtually all our students are part timers: nearly all our undergraduates (92%) have a full time job, and many have a family to raise as well.

The speed of social and technical change

We all have to face and try and cope with a much greater rate of social, technical and economic change. Mitchell (1999) spoke of 'the acceleration of new research and new thought that surely is creating a major paradigm shift for the 21st century just as surely as relativity and quantum mechanics did for the 20th.'

The paradigm shift has been called the Information Society, or the Knowledge Society, which is forcing a major rethink in many areas, including that of teaching strategies: why learn parrot-fashion, if much of what we learn will be obsolete, or meaningless, well within our lifetime? As we advance towards a knowledge society, constructivist methodologies of learning are likely to become more important. These focus on deep understanding of knowledge rather than on reproduction and recall and require the development of meta-cognitive skills to 'work' successfully with knowledge. (Department of Education, Australia, 2002)

This means a thorough overhaul of the Spanish university, still influenced by the traditional image of lecturers casting pearls before swine (please excuse the caricature). For other reasons, though, the arrival of the knowledge society is a mixed blessing for universities:

> On the one hand, the knowledge society needs what universities traditionally are best at: the production and dissemination of knowledge. On the other hand, the university is no longer the only or even the main producer of knowledge. Many competitors have entered the knowledge and research market ... Institutions of higher learning ... find themselves at the mercy of intangible market trends. (http://www.concorde-publisher.com/PHE-1.htm)

This paradigm shift calls for constant respecialisation, for new training courses, postgraduate degrees and courses. Some universities have been faster than others to see the potential here. In 1993, the project of a distance university in Catalan, built around something called the Internet, raised a few eyebrows of curiosity in existing Catalan universities. Yet no-one then felt threatened by the prospect of a university built around a virtual campus: the internet was regarded as quite elitist! But things are changing fast in this field too, as Castells and de Isla have found (2002): in most countries education level is a much better predictor of Internet use than is income. Thus in Catalonia (2001 figures), over 60% of graduates are Internet users, compared to only 10.8% of those with primary education, and only 5.3% of the population without primary education. They claim that '[the] digital divide is not between people with and without money, because nowadays the Internet is an affordable technology for most people: the divide would be between educated and non-educated people' (Castells & de Isla 2002)[1]

Demographic changes

But other changes have worsened the general context of universities. The declining birth rate in Catalonia[2] (and throughout Spain) since 1976 has changed the shape of the population pyramid, which now tapers at the base. Universities have thus broadened both the subjects and courses they offer, to appeal to a wider public, and to diversify the media through which they are taught, including the use of the internet and even, in some cases, virtual campuses. UOC has thus come to be regarded as a competitor in a shrinking market.

In our case, this expansion into new markets has largely been in Spanish: our postgraduate courses appeal to a growing number of Spaniards and South Americans.

My own university

INTRODUCTION

Why was my university founded in the first place? Basically on linguistic grounds: the Spanish UNED (Universidad Nacional de Educación a Distancia, http://www.uned.es), established in the lifetime of Franco (1974), used Catalan in virtually no courses in Catalonia, so the Catalan government decided to establish its own distance university.

The project was spearheaded by Dr Gabriel Ferraté, who was then (1993) concluding his final term of office as Vice-Chancellor of the Universitat Politècnica de Catalunya. His only condition was a free rein. His small initial team designed a university whose only campus would be virtual, with sufficient permanent academic staff to supervise the work of part time outsiders, some of whom would design the educational material under their guidance and supervision, while others were to become lecturers or personal tutors.

Catalan was to be the medium of instruction. This meant basically that the educational material had to be written in Catalan or translated from another language, though students were to be free to raise questions, write essays and assignments, and take examinations, in Spanish if they so chose.

A group of educationalists laid down the technical requirements for the material. What was not required were tidy notes, or a manual, or far less a transcript of an oral class.

Thus leading academics in each field can be approached as potential authors or co-authors of the material, in whatever language and format, without having a teaching commitment. Before publishing it passes through our permanent academic staff, who vet the content; educationalists, who ensure the material is structured and presented in such a way as to facilitate learning; and linguists, who correct the text or translate it into Catalan. Some of the material is in multimedia format, but in the main students prefer having the course material in printed format, as the backbone of each subject, and digital material just as complementary back-ups and updates. For more information see, for instance, Borges (1998), Sangrà (2002).

OUR LANGUAGE SERVICES

Our language service ensures the correct use of Catalan in all the texts produced by UOC, both academic and institutional. Its website (http://cv.uoc.es/UOC/a/varis/web_llengua/intro2.html), open to the whole community, links to many valuable on-line language resources: the main Catalan dictionaries and encyclopædias, language services at other universities and institutions, and language organisations. With the support of the language services, each set of authors of course material develops a glossary for each module, including technical definitions. Having developed about 500 subject courses to date, for 15 degree courses, it would be interesting to feed all these glossaries into a single terminology bank, perhaps connected to the Centre for Catalan Terminology Termcat (http://www.termcat.org).

A 99% VIRTUAL MODEL

A big advantage of starting from scratch as a university built round a virtual campus is that all academic and bureaucratic procedures—from enrolment to requesting the official degree diploma—have been designed to function solely through the internet. Other universities generally adapt their procedures, with parallel either-or systems of choice. Many of these have apparently had problems, as traditionalists resist innovation. But for our students the choice is made when they decide to enrol for the first time through http://www.uoc.edu.

To be true, face-to-face contact does take place:

- the interview with the personal tutor, before starting the first term

- the two voluntary academic Saturdays at each end of the term, when the campus of another university is literally overrun, and strict timetabling allows students to meet their (transient) subject lecturers and their (permanent) personal tutors

- exams at the end of each semester, on three successive Saturdays and two Wednesdays, at over ten locations. We have to watch out for plagiarism in evaluation exercises, of course. We are also experimenting with virtual tests for students living permanently or temporarily abroad.

- the degree-awarding ceremony.

Cramming for exams has little place in the model, apart perhaps from some highly specialised or technical courses. But in their daily work professionals use notes, have access to information, can work with others. There is no longer a need to commit much material to memory, especially in this age of rapid change. Examinations are wonderful as hurdles, but professional life does not involve constantly leaping in the air. This explains why our university, like DCU, believes firmly in continuous assessment, including exercises, assignments and essays, and contributions to debates within the (virtual) classroom.

OTHER RELEVANT FEATURES OF MY UNIVERSITY AND ITS STUDENTS

Three other features of our student experience merit our attention because they are in my view relevant to this conference: location, success and dropout, and social life. I will close this section with a reference to one particular feature of distance education which merits attention: the planning aspect.

LOCATION

Our students live all over Catalonia, including rural areas far from existing universities. For a dispersed clientele, the virtual campus is ideal. Furthermore, hundreds of students are from the Balearic Islands and Valencia, Catalan-speaking regions outside Catalonia proper, or Andorra. In over a dozen places (not just regionally, but also in Madrid, Brussels and even Alguero, the Catalan-speaking town in Sardinia), students have resource centres, with the basic bibliography, PCs and information services. Some centres also organise our examinations locally.

SUCCESS RATES AND DROPOUT

You may well ask if our model is successful. Though not all the remainder will actually complete the course, for about 15% it most certainly is not. These are students who do not get beyond (or even complete) their first semester: very few, incidentally, blame the University. In general, they say they grossly underestimated the time and effort needed to study for a Bachelor's degree, or that they changed jobs. Our Marketing Department does insist that it is easier to study with us than at a brick-and-mortar university: students don't miss fixed-time classes or broadcasts, or spend hours in rush-hour traffic getting to the university from home. But the central task, learning, cannot be substantially reduced: and many simply don't have the time, the self-discipline, or the stamina. External specialists regard our drop-out rate as being much as expected for a distance education establishment: certainly no higher, and lower than many.

Nevertheless, we are very customer-oriented, and very sensitive to comments. Ours is a student-centred model. Our undergraduates are far from typical, and definitely keep us on our toes. At the end of every term the students and the part time lecturers are asked to fill in an on-line questionnaire on aspects of university life, and students give their opinion on each subject. This data can be used to detect weaker points.

SOCIAL LIFE: WHERE'S THE BAR?

Studying at home, with the aid of a computer, seems a lonely affair, yet it is striking how often this impression is shown to be untrue. In Ros' words (2001):

> I can agree with the statement that the process loses something in isolation, but I wouldn't agree that online education actually means isolation. In fact, in many ways it can mean a lot more interaction between student and professor.

Firstly, quite apart from the excellence of the teaching material, students can pinpoint the "good" lecturers, who love their subject and research, and convey this enthusiasm in the virtual classroom. Students really appreciate being in a classroom: they can read the questions raised by their companions and the lecturer's replies. Debates are often channelled in a group-learning direction, students being asked to pool their knowledge and help one another, instead of relying on the top-down, spoon-feeding system. After all, many students are highly qualified in their own specialist field.

The colleague just quoted, Dr Adela Ros, has also pointed out another advantage of our model:

> Gender-linked differences such as shyness lessen in the virtual classroom. People who would probably sit unobtrusively at the back of the brick-and-mortar classroom participate more in virtual classroom forums. This makes sense: people who are unsure of being able to clearly express their opinion orally can write and rewrite a draft, reading it thoroughly to themselves, before sending their contribution. Virtual silence, like virtual voices, may come from students who, in a traditional system, would act in a very different way. A very active student in a virtual classroom can be a shy person. By contrast, a very talkative person may remain quite silent in virtual classrooms. In bilingual contexts like Catalonia, where the command of two languages (Catalan and Spanish) is not equal for everybody... non-native speakers of a language may experience a less stressful experience in virtual than in real contexts. Gender differences also seem to be reduced in virtual participation. (Ros 2001)

Finally, our cooperative club and shop, our students' associations and campus-based NGOs attest to the social life of the university and would merit a special section.

PLANNING

There is no room for hasty improvisation in this model. Degree courses have been carefully chosen, with societal needs in mind, and are negotiated with the Catalan government (the annual grant is essential for the model to work). Practical degrees such as Medicine cannot be offered, though virtual simulations function in several courses. Furthermore, our material has to be virtually at the printers before a subject course can even be advertised. A lazy lecturer can photocopy some illustrations for students just before entering the lecture theatre, but in distance learning publishers' rights have to be negotiated well in advance. Students need to know their full exam timetable before they decide which subjects to take in any given semester. And a battery

of on-line programmes has to be at the ready: for enrolment, for marking, for general notices, for timetables, and for sending in queries.

A WILL TO WORK IN PARTNERSHIP

From the outset the project was intended for pooling resources. If other universities can share our virtual campus, offering more students access to knowledge, all can benefit. Such partnerships, rather than purely commercial deals, feature in the University's strategy. It is reflected in the composition of the Council of the University Foundation, which has representatives of the Catalan government, the main employers' organisations and trade unions, the main Catalan bank, several vice-chancellors (Rectors) of other Catalan universities and others. The Board (Patronat) of the Foundation has representatives of the Spanish telephone company Telefonica, Chambers of Commerce, Catalan savings banks, leading publishers, and Catalan Television.

Here are several examples:

- the Catalan government, to improve the standard of English among young graduates, commissioned the UOC to develop a virtual language school. It has just started offering all undergraduates in Catalonia a website with learning resources, to be worked on under the guidance of each university's language teaching staff on a partly face-to-face basis

- the Metacampus project, http://www.metacampus-project.com, aims to provide an international platform for offering on-line courses through the Internet and for facilitating course availability from one university to another. It is one of our strategic priorities. Two South American universities have already adopted our platform: Quilmes (Argentina; http://www.unq.edu.ar/), and CEIPA (Medellín, Colombia; http://www.ceipa.edu.co/)

- the International Council for Open and Distance Education (http://www.icde.org) is a global organisation of educational institutions, national and regional associations, corporations, educational authorities and agencies in the fields of open learning, distance education, and flexible, lifelong learning. Founded in 1938, with its headquarters in Oslo, Norway, it is present in 142 countries, and its Office for Online Operations and Services is based at the UOC in Barcelona

- I would strongly recommend another project-related consortium, the Benchmarking of Virtual Campuses Project (BenViC; http://www.benvic.odl.org). Among the partners, alongside UOC, are the Tavistock Institute and

University College London. Funded for several years under the Socrates Minerva Action, it aims to (a) develop, test and establish an educational approach to evaluation of "virtual campuses" throughout Europe; (b) promote a collaborative network to implement evaluation through comparison and benchmarking; (c) develop a skills map related to the design and implementation of "virtual campuses"; and (d) promote the new knowledge approach throughout the European academic community. Its reports and case studies, once downloaded, offer many helpful suggestions and guidelines.

Cooperation also takes place at the grass-roots level. Over half our part-time lecturers are employed at other universities. Through signed agreements, the UOC pays a canon for contracted lecturers, to cover their employers' overheads. The part-time lecturer receives special training, and a fee for his/her services each semester, which depends on the number of students enrolled on the course (up to 75, above which an additional classroom is opened). Furthermore, most lecturers acknowledge openly that they learn greatly from the use of web-based technology.

However, they are in this section on partnerships for another reason: many part-timers gain valuable insight into learning as a process; they come to see education not as a one-way process in which the student is regarded as a passive recipient or, at best, digester of incoming information supplied by the teacher. Instead, the lecturer has to facilitate, encourage and guide the active conversion, by the student, of data into (meaningful and retrievable) knowledge.

> *A necessary element of quality that I believe we need to emphasise is the more active role of the student in the process of learning. Knowledge, in virtual learning, is more creative, active, less absolute and authoritarian ..., more relative, egalitarian and democratic. In virtual learning the stress is on learning, not on teaching. However, [... to] undervalue the role of the virtual professor would be a mistake. At the UOC, we have learned that the strength of professor-student interactions is a key aspect in the process of learning. (Ros 2001)*

Thanks to our model, lecturers gain other insights, which often feed back into their regular work routine elsewhere:

* students appreciate a clear statement at the start of term, of what will be expected of them, of what tangible objectives are to be pursued, of how the course is structured, timed and evaluated

- students value the availability of the recommended bibliography attached to each subject course: there is nothing more infuriating than to find that an important reference book is out of print, and missing from the library. Our virtual library sees that course-related documents are available in electronic form, negotiating rights with publishers, as already said.

- students rate highly lecturers' approachability: rather than rushing out of the classroom at the end of the lecture, they are open to (written) queries, which will receive a (written) response reasonably soon.

Closing remarks

Before ending, I must mention our portal (http://www.uoc.edu). Over 140,000 different people use it every month[3] (its 6 million visits sounds more impressive, but of course our 25,000-strong community uses the website regularly). This makes it a veritable springboard for disseminating research and keeping our visitors updated. Moreover, it introduces several electronic resources that we are particularly proud of. Lletra (http://www.uoc.edu/lletra), our Catalan literature website, is widely used by schoolteachers. The digital Journal of Catalan Studies, JOCS (http://www.uoc.edu/jocs/), published jointly with Cambridge University, has articles in Catalan and English. Would this cooperative venture have been possible in a pre-internet world? A third example is our Humanities journal, Digit·HVM (http://www.uoc.edu/humfil/digithum/).

A rich virtual community can spring up round such a campus. Second-hand cars and puppies are put up for sale. Our "Campus for Peace" supports NGOs working in international cooperation, third world development and conflict prevention. The University is becoming a focus, and a technological laboratory, for the Catalan-speaking community, in some aspects surpassing the visionary foresight of the founder, Dr Ferraté.

In conclusion, it is well worth studying the feasibility of a university based on an Irish-language virtual campus. It could serve both its primary academic purpose and help weave a rich network for Irish-speakers, hopefully strengthening the language and better equipping the community for the new century. Internet is here to stay, and even lets us wish the family a merry Christmas. Let's use it to the full!

FOOTNOTES

[1] I found the extract thanks to Danny Butt (Waikato Institute of Technology, New Zealand). Personal communication, 20/1/2003.

[2] See 1996 Pyramid on Institut d'Estadística de Catalunya website: http://www.idescat.es/scripts/perform.dll?TC=JAV&VN=1&V0=517&V1=200 1&V2=0&V3=0&TF=1 Accessed 6/2/2003.

[3] That is, different PCs, identified using cookies. Latest figures: November 2002, 136,809; December 2002, 128,408; and January 2003, 145,151. (Sergi Berbel, personal communication).

REFERENCES

Baena, M.D. 1999. "El Papel de la Educación Superior en el Crecimiento y Desarrollo de los Países Iberoamericanos", *Scripta Nova, Revista Electrónica de Geografía y Ciencias Sociales.* Universidad de Barcelona, Nº 45 (39). See Table 1. http://www.ub.es/geocrit/sn-45-39.htm. Accessed 6/2/2003.

Borges, F. 1998. UOC and its 'Campus Virtual': A Model for Online University Education. North American Web Developers' Conference. http://naweb.unb.ca/proceedings/1998/borges/borges.html. Accessed 6/2/2003.

Bouche, G. W. 2002. Detached and Attached Universities: Developing the Dublin and Shannon Regions. Seminar at Employment Research Centre, Trinity College Dublin. http://www.tcd.ie/erc/activ/lmo/Graduates.PDF. Accessed 6/2/2003.

Castells, M., & M. I. Díaz de Isla 2002. Diffusion and Uses of Internet in Catalonia and in Spain. PICWP/1201. 2001. Project Internet Catalonia Working Paper Series. http://www.uoc.es/in3/wp/picwp1201. Accessed 6/2/2003.

CEPAL report 1992. See Baena 1999.

CRUE (Consejo de Rectores de Universidades Españolas) website. http://www.crue.org/cap1.pdf, p. 11.

CRUE 2001. Información Académica, Productiva y Financiera de las Universidades Públicas Españolas. Año 2000. Indicadores Universitarios (Curso Académico 2000–2001). Observatorio Universitario. Conferencia de Rectores de las Universidades Españolas (CRUE): http://www.crue.org/cdOBSERVATORIO/cms/CA.I.2.1.xls

Department of Education, Science and Training, Commonwealth of Australia (2002) SCHOOL INNOVATION. Pathway to the knowledge society. Executive summary. ABN 51 452 193 160.

http://www.detya.gov.au/schools/Publications/2001/innovation/sum mary.htm. Accessed 6/2/2003.

Dublin City University. Prospectus. http://www.dcu.ie/prospects/prospectus/prview.php?section=02. Accessed 6/2/2003.

Mitchell, E. 1999. http://www.nidsci.org/articles/liege1999.html: Synopsis and comments on Computing Anticipatory Systems Conference '99, Liege, Belgium. Accessed 6/2/2003.

Norwegian Council of Universities (1997). Higher Education in Norway. The University System., http://www.uib.no/siu/ur/bros-eng.htm. Accessed 6/2/2003.

Ros, A. 2001. Risks and opportunities of virtual learning: the experience of UOC. Digit-HVM Revista digital d'Humanitats, 3. http://www.uoc.edu/humfil/articles/eng/ros/ros.html. Accessed 6/2/2003.

Sangrà, A. 2002. A New Learning Model for the Information and Knowledge Society: The Case of the UOC. International Review of Research in Open and Distance Learning, ISSN: 1492-3831. http://www.irrodl.org/content/v2.2/sangra.html

Von Prondzynski, F., DCU website: http://www.dcu.ie/pres_welcome/index.html. Accessed 6/2/2003.

OTHER SOURCES

http://www.concorde-publisher.com/PHE-1.htm: website presentation of Baggen, P., Tellings, A., & van Haaften, H. (Eds.) *The University and the Knowledge Society*. Concorde Publishing House (The Netherlands), 1998.

Islands of sound— towards higher education in Irish

PROF MICHEÁL Ó SÚILLEABHÁIN
UNIVERSITY OF LIMERICK

Abstract

My intention in this brief paper is to outline the ethos and structure of the Irish World Music Centre (IWMC) at the University of Limerick with a view to suggesting a model for initiatives in Irish language-based higher education. It is my belief that higher education in Irish could be significantly encouraged through this model—which I am calling 'Islands of Sound'—in an efficient and cost-effective manner.

The Irish World Music Centre: cultural strengths and contemporary issues

The Irish World Music Centre was set up in 1994 at the University of Limerick as a postgraduate research centre with primary interests in Irish and Irish-related music worldwide. Within a year a dramatic five year plan had emerged which envisaged the extension of the interests of the Centre into a central ring of nine taught MA programmes in a wide range of disciplines, and with doctoral programmes in all of the areas. Since two of the MA programmes have twin disciplines (MA in Dance Performance has a Contemporary Dance Performance and an Irish Traditional Dance Performance stream, and the MA in Chant Performance and Ritual Song also has its two streams) the disciplines covered numbered eleven.

In 2002, the first undergraduate programme, a BA in Irish Music and Dance (essentially a BA in Irish Studies for music and dance performers) was set up.

The areas concerned are as follows: Ethnochoreology, Chant and Ritual Song, Music Education, Contemporary Dance Performance, Irish Traditional Music Performance, Classical String Performance, Ethnomusicology, Music Therapy, Irish Traditional Dance Performance, Classical String Performance.

The reason for the selection of these programme areas was directly related to local strengths as far as learning environments were concerned. For example, Irish traditional music and dance performance studies had the Irish location as a backdrop; Chant and Ritual Song programmes are linked into Glenstal Abbey—a Benedictine Abbey proximate to the University of Limerick; Ethnomusicology and Ethnochoreology (the academic study of dance cross-culturally) were perfect academic partners to the performance studies in Irish traditional music and dance; Classical String Performance was set up because of the relocation of the Irish Chamber Orchestra to the IWMC in 1995—a 20 piece professional string orchestra funded by the Irish Arts Council; Contemporary Dance Performance was set up because of the location of Daghdha Dance Company on the campus—a professional contemporary dance company again funded by the Irish Arts Council; Music Therapy was set up in the context of the presence of a hospice and of a special needs school located directly beside the campus; and Music Education was responding to a local need for the training of music teachers for Irish schools.

The mix of disciplines is defined by the inclusion of reflective academic programmes and performance programmes on the one hand, and by the willingness to cover more than one genre of music and dance on the other. Within an Irish context, the inclusion of classical music performance and traditional music performance within the same Centre was highly significant, as was the willingness to include both contemporary and traditional dance performance within the same environment.

In addition to the combination of academic programmes and performance programmes, the IWMC is characterised by two additional energies—that of Artists-in-Residence on the one hand, and that of Community Outreach on the other. Artists-in-residence include the Irish Chamber Orchestra and Daghdha Dance Company as well as a host of additional musicians, dancers, composers, singers, choreographers and others who change from year to year.

The community Outreach energy (entitled BEALACH—Cultural Community Pathways) is of special interest in that it was set up to link the taught programmes, and their related doctoral research energies, into appropriate communities locally, nationally, and internationally. This aspect of IWMC

activities has attracted significant funding and adds special richness to the learning environment and research relevance of the activities of the Centre. For example, the NOMAD project is funded by the Higher Education Authority and concerns itself with creating links between the Irish traveller community and the campus; the SANCTUARY project, again funded by the Higher Education Authority, creates similar links with the growing community of asylum seekers and refugees in Ireland.

Ionad na nAmhrán is another BEALACH programme which encourages the performance of sean-nós ('old style') Irish traditional singing through the invitation of performers onto the campus and through the hosting of sean-nós singers-in-residence funded by Foras na Gaeilge. Additional BEALACH programmes link Music Education to Boston College allowing Irish students to complete their teacher training in schools in the Boston area. Special active links also exist with Sabhal Mòr Ostaig on the Isle of Skye, Boston College Irish Studies Programme, Ithaca College Music Programme, and New York University Irish Studies programme through Ireland House in New York City. There are many additional examples of this aspect of IWMC activities, which are listed in the current brochures available from the Centre. Additional detailed information is available on the website (www.iwmc.ie)

Islands of Sound

The IWMC (comprising about 100 postgraduate students from about 20 different countries with one in three from outside the European Union) operates out of an English-language base, but uses Irish language branding in many of its programme listings. While this use of Irish is minimal, it indicates a positive attitude towards Irish, which can be built upon. The IWMC is built in such a manner as to be able to respond to any request to offer one or more of its programmes through the medium of Irish. While the provision of relevant additional resources would of course be essential in any such development, the ethos and structure of the Centre would not in any fundamental way need to change to accommodate such a development.

I believe there are a significant number of University Departments or Colleges who might be in a similar position with regard to a willingness to develop appropriate new programmes or versions of existing programmes in Irish. There is already also in existence several key programmes in Irish on Irish university campuses, and additional ones have just come on stream or are about to do so. The BCL in Law and Irish at University College Cork outlined

at the Fiontar conference is a case in point, as is the new MA in Sociolinguistics in Irish at the College of Humanities at the University of Limerick.

If such singular initiatives were to be linked up and additional ones carefully identified and encouraged, and if these were treated as 'Islands of Sound' linking the living use of Irish within a Higher Educational context through the establishment of a central Virtual Network (borrowing perhaps from some of the initiatives championed by the Catalonian examples outlined at the Fiontar conference), then a University of Studies through Irish would come into being rapidly. This would be a University within Universities, operating each within its own campus in the usual manner but with the additional support of a Virtual Network, which could provide a special identity and quality control. While virtual students could be enrolled through distance learning systems, essentially the students following any of these programmes would be present on each campus fulltime. This system would also work against any attempt to ghettoise Irish-medium higher education initiatives.

Furthermore, by encouraging these Islands of Sound within the already operating English-language structure of Irish Higher Education, their effect upon the wider English-language community might well be of special significance. Such a mixing of linguistic locations would encourage a natural bilingualism, which could draw in such a bilingual involvement from the primarily English speaking academic community in Ireland.

There are many possible ways of developing this idea to reveal additional creative ways—for example, given the special Virtual Network (which might well be located in a Gaeltacht area or in several such areas) linking all of this together, students might be encouraged to move between different campuses to pick up related modules over the period of a degree programme. The elective system in operation at the IWMC might well be a model for such a development. This is a system of electives, which are student led, and which are each specially designed for individual students.

The IWMC is poised to make its contribution to any such initiative if requested to do so. It is my belief that the Centre could respond to such a challenge with imagination and creativity which could in itself assist in creating new environments where issues around Irish could be re-examined and recreated— especially within the context of artistic creativity in the non-verbal arts of music and dance performance and their attendant academic disciplines.

Lessons from Gaelic-medium higher education in Scotland

DR WILSON MCLEOD
UNIVERSITY OF EDINBURGH

Abstract

Although still in its infancy and extremely peripheral to the Scottish university system as a whole, Gaelic-medium higher education in Scotland has now taken root and begun to flourish. Given that the situation of Irish in Ireland is substantially more favourable than that of Gaelic in Scotland by almost any measure, the success of the Scottish experience must suggest that the expansion and intensification of Irish-medium higher education are both feasible and viable.

This paper will give a brief overview of existing Gaelic-medium provision in Scotland before discussing some of the issues and challenges that have arisen in Scotland which might be relevant for those planning the development of Irish-medium higher education in Ireland.

Gaelic-medium higher education: an overview

In sharp contrast to Ireland, Gaelic-medium education of any kind in Scotland is a relatively new phenomenon. Only since the late 1970s has Gaelic-medium education developed in the schools, even in the Gaelic-speaking areas; today about 2,000 primary school pupils (less than 0.5% of the national total) and about 375 secondary school pupils (some 0.1% of the total) are undergoing

Gaelic-medium education (McLeod 2003a; Nicolson & MacIver 2003). Scotland also differs markedly from Ireland in that Gaelic is not widely taught as a subject in schools; only about 1.5% of secondary pupils study Gaelic, and the overwhelming majority of Scottish school children have no contact whatsoever with the language at any point in their education (a reflection of the language's distinctly ambiguous status in Scotland: see McLeod 2001, McLeod forthcoming). The low profile of Gaelic in the schools means that the potential pool of students for any Gaelic-medium higher education programmes is tiny, both now and for the foreseeable future. However, numbers are supplemented by a small but committed group of students that emerges from the Gaelic language immersion courses for adults (cùrsaichean bogaidh) that have developed in recent years (see Robertson 2001).

Current provision of Gaelic-medium higher education is of two kinds. First, the Celtic departments of the 'ancient' universities of Aberdeen, Edinburgh, and Glasgow do much of their teaching through the medium of Gaelic, particularly in the upper years, and Gaelic-medium teaching has become a greater priority in recent years. In addition, Glasgow launched a Gaelic-medium M.Phil. course in Gaelic Literature and Language in autumn 2003. Provision in these universities is essentially confined to teaching topics directly related to Gaelic (language, literature and culture), however, and the number of students being taught through the medium of Gaelic (not including those enrolled in ab initio language courses) is small, rather less than 100 students between the three institutions. In general, it would be fair to say that both the scale and breadth of Gaelic-medium teaching in these departments lag well behind Irish-medium teaching in Irish departments in Irish universities (Titley 2002); as such, there may be relatively little for Irish educationalists to take from this aspect of the Scottish experience. There is no Gaelic-medium provision outside the Celtic departments at these three universities, or in any courses at Scotland's remaining ten universities (other than limited provision on teacher training courses, notably at the University of Strathclyde).

Second, and more importantly, there have been exciting initiatives at Sabhal Mòr Ostaig (SMO), the Gaelic college in the Isle of Skye, and at Lews Castle College (LCC) in Stornoway, Isle of Lewis. Both these colleges are part of the 'UHI Millennium Institute', an increasingly integrated network of colleges which has now been formally designated as a higher education institution and which will, it is hoped, achieve full university status as the University of the Highlands and Islands within the next few years.

Unusually in the context of minority language higher education, SMO was established (in 1974, with the first full time courses running from 1984) as a free-standing, all-Gaelic institution, in which all teaching, assessment and administration are conducted through the medium of Gaelic. While still very small in comparison to a mainstream further or higher education institution, SMO has grown rapidly and had over 100 students enrolled in 2002-03, the first time the 'three figure' barrier has been cracked; the college has become a crucial 'power centre' for Gaelic development in general. LCC is a more conventional further education institution, much larger and more diverse in terms of its offerings, in which the great majority of courses are delivered through English (even though the college serves a largely Gaelic-speaking area), with Gaelic-medium provision being confined to one small part of the curriculum.

Since 1999, there have been two BA degrees offered at SMO and at LCC. In 2002, a third degree course was added at SMO, together with the option of doing a fourth year on the two existing courses offered there. (In the Scottish system a three-year degree is designated an 'Ordinary' degree, a four-year one an 'Honours' degree).

The three courses are:

- BA Cànan agus Cultar na Gàidhlig (Gaelic Language and Culture)

- BA Gàidhlig le Iomall a' Chuain Siar (Gaelic with North Atlantic Studies)

- BA Gàidhlig agus na Meadhanan (Gaelic and Media Studies)

One of the key strategic decisions in the course development process was to offer Gaelic-medium courses that are not confined to the study of Gaelic itself (although Gaelic Language and Culture was, of course, an obvious choice). It is important to break out of this box. The choice of these courses reflects academic need, practical utility, and the strategic priorities of Gaelic development with regard to the economic development of the Highlands and Islands and the increasingly professionalised Gaelic media/cultural infrastructure.

These courses are still being consolidated (2002-03 was the first year in which a fourth year has been offered) and numbers remain small, with between 10 and 20 students earning degrees on these courses each year. The student group is diverse, taking in both native speakers from island communities and learners of Gaelic from different parts of Scotland (and indeed other countries).

Both SMO and LCC have made information and communication technology (ICT) a key feature of the teaching and learning process. Videoconferenced lectures are common (thus allowing shared teaching between these two sites, and indeed other locations both within and beyond the UHI network). From an early stage in the course considerable emphasis is placed on training students to develop a range of computer and ICT skills, so that facilities like intranets are a key feature of course delivery, again facilitating data transfer over distance.

Difficulties and challenges in Gaelic-medium higher education

The developments outlined above are remarkable, indeed not much short of miraculous, given the very serious constraints on the use of Gaelic in the academic setting. Some key difficulties should be highlighted here.

First, because Gaelic-medium education is so underdeveloped at secondary level, few students embarking on Gaelic-medium higher education courses have high-order literacy skills in Gaelic, and their general command of the language is not what it should be. (Of course, such difficulties are hardly unknown in Ireland (Titley 2002; Ó hIfearnáin, this volume), but the situation is qualitatively more challenging in Scotland). An increasing number of students undertaking Gaelic-medium degrees come up through immersion courses and are effectively still at an intermediate language learning stage until they are well along in their degree course. These limitations inevitably create real challenges in terms of both academic rigour and competitiveness with English-medium courses: if students cannot process dense material that is presented in Gaelic, or express themselves effectively on complex or abstract topics, there is a danger that Gaelic-medium course content will be 'stripped down' relative to what could be (or would be, elsewhere) presented through English.

Second, the resources of the language in general, and for academic work in particular, are highly underdeveloped. Orthographic and grammatical standardisation are not fully complete: there is no *caighdeán* (McLeod 2001; McLeod forthcoming). Compared to Irish, Scottish Gaelic has heretofore been very little used in academic and scholarly work. Even writing on Gaelic language and literature is—and has always been—presented overwhelmingly through English; for example, only some nine articles in the twenty-one issues of *Scottish Gaelic Studies*, the principal academic journal, have been

written in Gaelic, and postgraduate theses written in Gaelic are very much the exception.

There has, however, been a perceptible shift towards more Gaelic-medium scholarship in recent years, notably at the 'Rannsachadh na Gàidhlig' ['Researching Gaelic'] conferences held in 2000 and 2002. This historic neglect means that academic terminology, phraseology and other linguistic/academic resources (even tools as basic as dictionaries) are seriously underdeveloped. There is no scholarly literature at all written in Gaelic in many fields, most crucially in the social sciences, which makes lecturing on such matters somewhat awkward: for example, highly specific terms like *cion-fala gabhaltach a' bhradain* 'infectious salmon anemia' must be created, more or less spontaneously, in order to discuss the strategic role of the fish-farming industry in the contemporary Highland economy. The lack of Gaelic texts on most topics means that a degree taught and assessed through Gaelic may actually depend almost exclusively on reading and reference materials written in English.

There are also significant staff recruitment problems: given the size of the language community (59,000 speakers according to the 2001 census), the number of Gaelic-speaking academics with the necessary specialist expertise is limited in the extreme, and it can be tempting to cut corners in terms of assuring that instructors are properly qualified to deliver all parts of the courses for which they are responsible (or that external examiners are properly qualified to assess them).

Lessons and challenges for Ireland?

Gaelic-medium higher education is succeeding in Scotland, against very long odds. This success has been achieved by virtue of vision and commitment, an insistence on thinking positively and imaginatively, and making sure that things promised or sketched actually come to fruition. Educational authorities have become increasingly bureaucratic in their mentality in recent decades, and it is all too easy to get bogged down in bureaucratic quagmires of one kind or another. The most basic lesson from Scotland, then, must be that vision and commitment can pay off, and that eyes must always be kept on the prize.

Other possible lessons and challenges include the following:

- The choice of courses chosen for any Irish-medium institution is a crucial initial decision. The approach in Scotland has been to endeavour to fill gaps, achieve synergies, and move in new directions, not merely duplicate what is being done successfully elsewhere (e.g. mimicking the traditional Scottish Gaelic studies courses in the university Celtic departments). One of the perverse advantages of the Scottish situation has been that given the low level of Gaelic development there has been no shortage of gaps to fill. The decision to offer Gaelic with North Atlantic Studies at SMO/LCC was a highly innovative one, for example, as no such course is available elsewhere in Scotland. In general, it is especially valuable to develop courses that derive 'added value' from being taught through a minority language, i.e. that the minority language perspective creates a particular prism for interpreting and understanding the subject matter. A course on theoretical mathematics might be effectively 'culture neutral', but a course on regional economics taught in Gaelic from a Hebridean perspective would probably look quite different, certainly in terms of its emphasis, from a course taught through English from a 'metropolitan' or 'central Scotland' perspective. Courses dealing with the political and institutional contexts of lesser-used languages in Europe (such as the new MA course in Applied Sociolinguistics in Limerick) might be particularly valuable. These contexts are evolving rapidly (most obviously, perhaps, due to the impact of the European Charter for Regional or Minority Languages and the developing 'jurisprudence' relating to its implementation and evaluation) but is unlikely to receive much priority in mainstream, English-medium linguistics or politics departments.

- ICT (videoconferencing, intranets etc.) clearly can make distance delivery a viable option, and allow the possibility of multiple sites being effectively involved in the educational process. Above and beyond the campuses of its member institutions the UHI has a number of 'learning centres' scattered around the Highlands and Islands. In the Irish context the reach of ICT means that urban HE institutions might be successfully connected to one or more Gaeltacht centres. It must be emphasised that technology is not a panacea; technology can be presented in over-reverential terms in minority language contexts, not least because the image of technological sophistication and progressiveness can sometimes be used for rhetorical purposes, an attempted refutation of lingering ideas of minority languages as 'anti-modern' (Fishman 2001: 6–9). Careful and ongoing attention should also be given to best practice in teaching methods; some academics' experience is that rather less material can be

effectively presented by video-conference than could be conveyed in a 'live' lecture of the same duration.

- There must be an unapologetic insistence on academic rigour and excellence, and vigorous resistance to any culture of special pleading. That is to say, there should be no room at all for excuses for things being second-best because they are done through Gaelic or Irish, or treating Gaelic- or Irish-medium academic projects as sacred cows of some kind that cannot be judged by general standards of quality. Delivering courses through Gaelic or Irish cannot be seen as an end in itself, a project effectively immune to criticism with regard to its conceptualisation, management, or academic quality.

- Of course, no one should be allowed to pretend that the playing field is a level one. It is more expensive, and much more difficult, to develop Gaelic/Irish-medium higher education initiatives, certainly in the first instance and very likely on a continuing basis, and such initiatives will not succeed with half-hearted backing or with falsely neutral application of the 'normal' rules. In the Scottish context, SMO has succeeded as it has because the backing for imaginative new endeavours has consistently been present, and because it has had the right leadership to take advantage of the opportunities that this support has created.

- The principles of independent inquiry and academic freedom must always be emphasised, and not just the need to serve and assist the language community. A Gaelic- or Irish-medium higher education institution must not be viewed as just one more branch of the language movement (or of regional/Gaeltacht development agencies for that matter). A common metaphor in Gaelic is *a' tarraing air an aon ràmh*, pulling on the same oar; although solidarity and cooperation are crucial, there must be limits. Academics need to be able to pursue their own agenda, to break bad news, to tell the emperor he has no clothes, and not be accused of 'letting the side down'.

- Further, it is crucial that academics working in the Gaelic-medium or Irish-medium sector continue actively to maintain relations with the larger English-medium sector (nationally and internationally), participating in wider academic debates and other professional activity. A failure to encourage such interaction will result in sterility and stagnation, the special-pleading culture that Gaelic-medium or Irish-medium teaching is its own reward and need not be evaluated in the same way as

49

'mainstream' activity. Given its tiny size and the very limited scope of Gaelic-medium scholarship, the Gaelic higher educational community in Scotland has not yet had to confront the questions that have arisen in the context of Irish and indeed languages as 'large' as Norwegian and Swedish, e.g. how to achieve professional and public recognition and reward for, or bring influence to bear through, scholarly activity conducted through the minority language. Such challenges are nevertheless of immense importance, particularly if there is an insistence that minority language scholarship benefits from new theories and paradigms and ideas developed in other disciplines and is not simply to be a conversation (becoming increasingly dull and stale over time) involving only those within the minority language circle.

Conclusion

Gaelic-medium higher education has been a small-scale but meaningful success, a success that bodes well for Irish initiatives, given the significantly greater resources available to the Irish language community. To achieve positive results, committed action is necessary, without excessive compromising to institutional interests of different kinds. However, 'thinking positive' should not be allowed to become an exercise in spin, or still worse believing one's own press releases. Academic integrity must always be the paramount value for higher education initiatives, irrespective of the language of delivery.

REFERENCES

Fishman, J. A., ed. 2001. *Can Threatened Languages Be Saved? Reversing Language Shift, Revisited: A 21st Century Perspective.* Clevedon, Avon: Multilingual Matters.

McLeod, W. 2001. 'A' Ghàidhlig anns an 21mh Linn: Sùil air Adhart', in *Léachtaí Cholm Cille* XXXI, 90–109.

McLeod, W. 2003a. 'Foghlam tro Mheadhan na Gàidhlig ann an Alba / Gaelic-Medium Education in Scotland', in *Gaelic-medium Education: Provision in Northern Ireland, Scotland, the Republic of Ireland and the Isle of Man*, M. Scott & R. Ní Bhaoill, eds. Belfast: Cló Ollscoil na Banríona, 104–32.

McLeod, W. 2003b. 'Gaelic Medium Education in the International Context', in Nicolson & MacIver 2003, 15–34.

McLeod, W. (forthcoming). 'The challenges of corpus planning in Gaelic development'. *Scottish Language* 23.

Nicolson, M. & M. MacIver, eds. 2003. *Gaelic Medium Education.* Edinburgh: Dunedin Academic Press.

Robertson, B. 2001. Aithisg air Solarachadh Chùrsaichean Bogaidh Gàidhlig an Alba / Report on Gaelic Immersion Course Provision in Scotland. Edinburgh: Scottish Qualifications Authority.

Titley, A. 2002. 'Curaclam na hOllscoile: Arán nó Fíon?' in *Léachtaí Cholm Cille* XXXII, 48–63.

WEBSITES

Department of Celtic, University of Aberdeen: http://www.abdn.ac.uk/celtic/

Department of Celtic and Scottish Studies, University of Edinburgh: www.celtscot.ed.ac.uk

Department of Celtic, University of Glasgow: http://www.gla.ac.uk/departments/celtic/

Lews Castle College: http://www.lews.uhi.ac.uk

Sabhal Mòr Ostaig: http://www.smo.uhi.ac.uk

UHI Millennium Institute: http://www.uhi.ac.uk

Resource management and bilingual education

ELSIE REYNOLDS
TRINITY COLLEGE, CARMARTHEN

Abstract

The main focus of this paper will be on the post-compulsory sector in Wales, however Welsh-medium and bilingual educational development in the statutory sectors is also relevant. There can be little, or no, increase in bilingual higher education without linguistic learning and consolidation at statutory levels; although there has been evidence of effective language immersion experiences leading to language-medium courses being developed at both secondary and post-compulsory levels.

The examples given, the research which I have undertaken, and the suggestions made can easily be adapted both to the Irish language and to other minority languages. Questions and concerns continue to abound but there is also evidence of successes and good practice, and the planning for future developments is becoming more strategic within institutions.

Welsh in higher education

According to the 1991 census the population of Wales was 2,903,085. Of these between 500,000 and 530,000, (c.19%), were Welsh speakers. It was predicted that the figures for 2001 would show a marked increase, if at varying levels of ability in the four skills of reading, writing, speaking and listening. This has been confirmed in figures being published by the Wales Assembly Government. (Ref: http://www.statistics.gov.uk/census2001/default.asp) In a similar census the population of Ireland (2000) showed a population of 3.7 million, 1.3 million who spoke Irish (41.1% of those aged 3+), and this figure included new learners at all levels of competency. It is understood that

only some 100,000 actually use the Irish language in their daily lives. This factor of language ability is a major issue in linguistic and educational planning and we will return to it later.

Baker (2002: 150) maintains that

> *Bilingual education in Wales and Ireland can only be properly understood by the rise of nationalism and language rights movements ... Bilingual education ... is one component inside a wider, social economic, cultural and political framework ... unless we try in some way to account for the socio-historical cultural and economic-political factors which lead to certain forms of bilingual education, we will never understand the consequences of that education.*

Interesting though the historical aspects of the campaigns for Welsh-medium education are, sadly there is no time here to discuss it. Suffice to say that without the campaigns there would be little or no Welsh-medium provision, and the campaigning continues.

Statutory education in Wales is provided from ages 5 to 16 inclusive, and includes:

- Welsh-medium schools

- Bilingual schools

- Schools where Welsh is taught as a subject.

However it is the nursery school movement, the Mudiad Ysgolion Meithrin which has given Wales its strong foundation in bilingual education. According to Stevens (1996: 189)

> *MYM (the nursery school movement) can be proud of its achievements ... it has the energy and vision to survive ... With 645 cylchoedd meithrin [Nursery Centres] and 407 cylchoedd Ti a Fi, [Parent and Toddler Groups] a total of 1052 in the autumn of 1995, voluntary nursery education is certainly no mere adjunct of statutory Welsh-medium provision. It is its very foundation. ... Recent figures show that there are in the region of 14,000 children attending.*

In its 1996 strategy the Welsh Language Board maintained that:

> *...an effective and accessible nursery provision through the medium of Welsh is essential in order to give children who speak Welsh and children who are learning to speak Welsh a solid foundation. Arguably, this is the most important and effective period as regards laying foundations ensuring that children will be bilingual and willing to use the Welsh language throughout their lives.*

This was supported by Jane Davidson, the Minister for Education and Lifelong Learning in the Wales Assembly Government who also recognised the importance of bilingual foundation education. In a Press Statement in November 2002 she announced

An additional £7 million in support of bilingual nursery education in 2004–06. This will produce additional training practitioners capable of delivering Welsh-medium nursery provision to additional children by September 2006.

It was the success of the nursery school movement which led to the development of Welsh-medium primary and then secondary schools thus ensuring continuation and progression in Welsh-medium education. The main statistics are shown in tables 1 and 2 on the following page.

A variety of bilingual programmes are delivered in the statutory sector and Welsh-medium secondary schools have been very successful in areas which are traditionally non-Welsh speaking. The important factor is that all 16 year olds who leave statutory education have either been learning Welsh or undertaking Welsh as a subject and/or Welsh-medium education for 11 years. The question related to the standard of the achievement is yet to be answered, suffice to say that a very small minority of young people undertake post-16 education through the medium of Welsh.

Further Education colleges deliver a variety of programmes in post-16 education, including vocational and higher education. The Welsh-medium outcomes account for c.2% of the total. This is mainly in the areas of Business and Administration and Health and Social Care although other vocational subjects, such as Hairdressing and Beauty Therapy, Engineering and Construction, are developing Welsh-medium programmes.

The Higher Education Institutes, affiliated to the University of Wales and soon to become constituent Colleges, the University of Wales itself and the University of Glamorgan make up the institutions at the higher level. The University of Wales was founded as a federal university in 1893. Previously the colleges awarded the University of London degrees. The Federal University awards the University of Wales degrees. This framework enables academic co-operation which includes shared research, teaching and resources between institutions. Without such a structure such co-operation might be more difficult. Within the university there are currently 80,000 registrations, 70,000 of which study within Wales. Others are on validated courses within the UK and 20 other countries overseas.

Primary schools	440	27%	Where Welsh is sole or main medium of instruction
	87	5.3%	Schools having classes where Welsh is used as a medium of teaching for part of the curriculum.
	1104	67%	Where Welsh is taught as a second language only

Table 1

Secondary Schools Data 2000/2001	
Number of Welsh-medium/bilingual secondary schools	52
Total number of secondary schools in Wales	229
Number of Welsh-medium/bilingual secondary school pupils	36.289
Total number of secondary school pupils in Wales	204.158
Number of secondary school pupils taught Welsh as a first language	25.072
Number of secondary schools where Welsh is taught as a first language	20
Number of secondary schools where Welsh is taught both as a first and second language	51
Number of secondary school pupils taught Welsh as a second language	122.112
Number of secondary schools where Welsh is taught as a second language	158
Number of secondary teachers teaching through the medium of Welsh (excluding 305 teachers of Welsh as a first language)	1.549
Number of secondary teachers teaching Welsh as a second language	694
Teachers considered qualified to teach Welsh but not doing so	274

Table 2

Ref: Statistics for Wales www.wales.gov.uk

In 1980 in order to improve the quality and range of courses available the University Board for Welsh-medium Teaching was established. This Board's remit was to decide how best to spend the extra funding which became available for Welsh-medium teaching. When the Higher Education Funding Council for Wales was founded in 1992, much of this Board's power in making funding decisions was lost. During the mid 1990s a premium was paid to HE establishments for increasing their Welsh-medium provision. In real terms however there was very little progress as only two establishments were able to demonstrate an increase in provision. Following a period of discussion on ways to progress and regarding which colleges should be represented on the new University Board for Welsh-medium Teaching, it was relaunched in 1997 and now represents not only the University of Wales but also the University of Glamorgan and other HE Colleges in Wales. The new Board recognised the need to act as a catalyst for change. It concentrated its efforts initially on persuading the Higher Education Council Wales and the individual HE institutions to contribute a sum of money to establish a new post which would have the remit of developing bilingualism in the sector. In 2000 an officer was appointed to undertake this task. http://www.wales.ac.uk/newpages

Higher Education institutions and Further Education colleges, are required to agree Welsh Language Schemes with the Welsh Language Board. The development of these schemes has been a considerable challenge for the HE institutions and the quality and range of Welsh-medium/ bilingual provision has been very varied.

Bilingualism

Defining the term 'bilingualism' has proved perplexing and there are a number of definitions used which depend on the context discussed. They range from bilingualism being a balanced ability in two languages, two languages which are treated equally in law, the use of a second learnt language, at different levels of ability, and the use of languages in education, as a medium, partly as a medium or the second language being taught as a subject only. As Lindholm-Leary (2001:3) explains :

> ...[the] variety of programs that call themselves bilingual seems limitless, including programmes in which the primary language is used for 1% of the day as well as those in which it is used for the entire instructional day. Bilingual education is also used to refer both to classrooms in which teaching is carried out by a certified

bilingual teacher in that language and also to classrooms in which a volunteer with no professional training provides the student(s) with instruction or translation.

Such is the experience in Wales. In addition another difficulty again appreciated by Lindholm-Leary (2001:3) is the

... problem of using the term bilingual education so loosely does not result in any lack of understanding among bilingual educators, but rather is because definitions have not been carefully used in implementation. Thus there is no operational definition that is stringently used to clarify whether or not a classroom is following a bilingual education model.

Different bilingual programmes and methodologies have been introduced successfully. The choice of language of instruction is often dependent on a variety of issues, and pragmatism has necessarily prevailed in the development of programmes of study. Attitude has also played a part and expansion has often been dependent on parental campaign, learners' needs, resource limitations, and the language ability of both staff and learners. Not all courses can be delivered through the medium of Welsh for a variety of sound, usually practical, reasons and in order to expand Welsh-medium provision into areas where it is not currently available or accessible we have to be challenging and innovative.

Separate language-medium classes have always been considered the ideal, giving the learners the opportunity to undertake their study in the language of their choice, whether this is Welsh or English. However at the higher education levels the number of Welsh-medium students is limited and it is not always possible, financially or educationally, to offer language choice in all programme areas. In addition there are factors such as staffing and resourcing which compound the difficulties, and these will be addressed later.

Immersion programmes have been introduced, which have been very popular in Canada, where both English and French are used as the medium of instruction. In immersion programmes children and/or students/adults are taught the language and use it for educational purposes at the same time. According to Baker and Hornberger (2001) the most common form of bilingual education 'for majority students ... in that students are immersed in a second language classroom, initially with little or no instruction through their first language'. Baker (2002) notes the aims as enabling learners to 'speak, read and write and to reach normal achievement throughout the curriculum and to appreciate the traditions and culture of French-speaking Canadians as

well as English-speaking Canadians. The intention is for learners to become bilingual and bicultural without loss of achievement'.

Another method widely used in Wales and clarified by Baker (2002) occurs 'where language minority children use their native ethnic, home or heritage language in the school as a medium of instruction and the goal is full bilingualism'. This fosters the minority language and strengthens the sense of cultural identity. Many believe that bilingual education is particularly related to second language learning, that is learning the language in isolation and separate from the subject education. Language learning is a factor in bilingual education but it is not the essence of it. All schools in Wales teach Welsh as a core subject in the statutory sector. Transferring this language knowledge to use as a medium has not been tested within these schools. Neither has the ability of these young people, who have had at least eleven years of language learning, to undertake higher level courses through the medium of Welsh in the non-statutory sector. Therefore the application of the language is an important factor in enhancing and expanding education through that language.

Two way or dual language education as discussed by Lindholm-Leary (2001) encourages the use of two languages. The use of the two languages on, for example, alternate days. This can also mean that the two languages are used within the one classroom situation adopting a variety of strategies and methodologies. Much of this has been advocated by Williams (1997) and is being developed further by myself, related to specific strategies and staff development needs. The issue of language support along the educational continuum is important as, in my experience, a number of staff and students continue to require this support until they become confident and fluent in all the four skills of language use (reading, writing, speaking and listening).

In order to ensure some bilingual development the minimalist method can be adopted quite simply, where the delivery is in the wider used language and resources, e.g. acetates, handouts, etc. are provided in both languages. This will enable some support for learners and they can be given the choice of undertaking their work in the language of choice. However this is far from ideal as resources are generally limited and staff need to be very committed to undertake this method. If bilingualism is to be developed at the higher level, however, similar methods will have to be piloted.

In the research of Williams (1997) the use of two languages within one classroom, through for example group work and multi-tasking, has been

advocated and there has been much debate and controversy over this strategy. It has, however, been very successfully applied more specifically in more vocational areas. This minimalist method can also be adopted by monolinguals ensuring that learners have at least some resources and essential glossaries to support their learning in the minority language. I firmly believe that use of language and bilingual support is not the exclusive prerogative of bilingual educationalists, and that every member of staff can share the responsibility.

Even with higher level academic courses, resources such as handouts, acetates and presentations, which will encourage language use, can be provided. This will ensure some parity and help with understanding in conjunction with supporting students to improve their language skills and undertake assessment or further subject study in the minority language. Students who wish to undertake additional courses/modules through the minority language can also be thus supported.

In order to endeavour to ensure that students are given some support, teaching can also be through the medium of one language e.g. English, whilst it is possible to be assessed through the medium of another e.g. Welsh. This also occurs, and even though it is far from an ideal situation, it does give the students the opportunity to further advance their bilingual skills in their study area and ensuring that the minority language becomes less marginalised. In these circumstances students are systematically provided with Welsh-medium tutorial support.

If assessment opportunities are not available, due to awarding bodies, external assessment etc. it is also possible for the subject to be taught through the medium of Welsh whilst the assessment is undertaken through the medium of English. In all these circumstances subject terminology should be provided as a minimum support.

Resource management

Resource material in any minority language is limited. Therefore support material is restricted to a small number of published sources. Questions have also been asked regarding not only the quality of the actual resource but also quality of content and appropriateness, both to the subject area and to use in Welsh and in Wales. The statutory education sector have adopted the 'Welsh Curriculum' since 1988 which ensures that Wales needs to provide a curriculum which reflects its languages, culture and heritage. This includes the teaching of Welsh, either as a first or as a second language, and/or using

the language as a medium of instruction in other areas of the curriculum. The question of translation of material is one which needs to be addressed in relation to this issue. Can translated material be appropriate for bilingual use or should material used thus be also culturally appropriate? Obviously in many instances the translation of material, with permission regarding copyright laws, will be appropriate, but this will not add to the pool of resources available. Original material would be advantageous and a positive supplement to that which is already available.

There are also questions related to who owns the resource material devised, particularly, as often happens in Wales, it has derived from projects funded through project money. Are the resources accessible and available to the sector? The obvious argument is that if resources emanate from project-funded activities they should be available to the sector. However in the past this has not always been the case. We need to ensure that resources thus supported are made known and available, as financial resources have been spent in the past which has not evidenced in a substantial quantity of available resources.

Another issue which needs resolving is that of sharing resources, especially when they emanate from personal research. Higher education teaching is often the result of personal research and the related teaching material is original to the deliverer. Staff are not always prepared to share these resources unless they have been published, or are again the result of project funding. Before this issue is resolved there are numerous other methods of progressing bilingual education and resource material.

Firstly we need to identify resources which can be widely used, e.g. core texts. These can often be appropriate for a variety of fields within a subject area. Web resources are being continuously devised and they ensure commensurate quality and availability in both languages.

Staff development needs to be part of any bilingual education development in order that staff in particular, and students, are appreciative of the various strategies which can be adopted in order that both languages can be practised. For example there is a belief that all material used needs to be provided in both languages but students (and staff) do not need to translate all source material. Quotes can be from original text e.g. in English even though the work is in Welsh or Irish.

Funding is obviously essential in order to support the development of resources, the base of the pyramid needs to be strengthened and this is

fundamental in order to support and encourage staff to undertake teaching through a minority language.

It is unlikely that we will be on a par with English-medium resources as they are developed and practised worldwide. However we can, and should, supply sufficient for essential needs. The quality of the resources must also be addressed and further collaboration is recommended in increasing the pool of resources.

At the beginning of the 21st century we are blessed with a resource which can provide us with much immediate and effective material, and even though the initial language used may be English, bilingualising the material can be a modest undertaking through the inter- and intra-nets. In addition to books and paper-based material it is currently possible to create information and interactive CD-ROM material bilingually, using different colours and formats; the interactive whiteboard can also be used as a resource and e-learning, distance learning and video-conferencing are also facilities which need to be refined to expand bilingual provision and thus give students maximum opportunities in diverse venues and with different patterns of study.

The human resource aspect of bilingual education is the essence of the planned implementation and development. Staff attitude has been an area of concern in terms of delivery (it has been perceived in the past that staff are expected to double their workload in the provision of bilingual material). Bilingual development has often depended on those willing and committed to deliver and it has also depended on the goodwill of staff to go that extra mile in order to accommodate their students to the best of their ability. Bilingual education can be a negative experience for those who have undertaken it and this has very much depended on staff attitude and support. Staff have inevitably found it to be hard work due to the lack of resources and the additional preparation required.

Linguistic ability has also been an issue of concern, with staff who have not undertaken Welsh-medium education themselves lacking in confidence in terms of delivery and, more especially written work and assessment. The four language skills, reading, writing, speaking and listening need to be cultivated and any staff development needs to include language support applicable and appropriate to the subject taught. Staff are usually more comfortable in the more passive skills of listening and reading than in the more active skills of speaking and writing. Perceived difficulties very often do not materialise and staff need to be encouraged to develop further through

the support of a mentor, who might or might not be subject specific or a language coach who can provide support until the staff member is ready to practice alone. Language support needs to be subject relevant and supportive, even more especially at higher levels. Staff have been more ready to undertake verbal than written work, which can often be a good way to start developing and this is particularly possible in the vocational subject areas. An essential aspect of any development is to ensure that the support services are strengthened, particularly the translation services.

From my experience in developing Language Schemes and managing the development of bilingual education I have identified a number of specific areas of support required by staff in order to develop and expand bilingual education opportunities. A number of these have been piloted successfully at Trinity College. Essentially staff need to be confident in the delivery of their programmes and 'Teaching and Learning in the Bilingual Classroom' addresses this issue, introducing staff to the different bilingual methodologies and theories and applying and evaluating them realistically. There are a variety of strategies which can be adopted to ensure an effective educational experience, as should be the norm in all learning. The 'Principles of Assessment, Equality and Bilingualism' addresses the principles of assessment in general and assessment and bilingualism in particular. Again much of the learning is based on practical situations and actual resources will be devised which can be used by participants in their work environment. These two areas are fundamental to any development. There are also modules designed to develop staff ability with information and communication technology and 'Bilingual Teaching in the Digital Age' includes practical experience and application using appropriate programmes. 'Bilingualism and Continuous Professional Development' is personal to individuals and can be negotiated, but constitutes reference to national and legal requirements both in the field of study and in the wider related profession. Staff development issues related to language sensitivity and consciousness need to be organised for all staff, irrespective of their language use. All staff have a responsibility when it comes to ensuring that students have the best information and choice and this knowledge should be available from all staff. I have ensured that each module includes a language development programme related to the need of participants and which can be individually negotiated.

Funding on its own has not achieved a remarkable increase in Welsh-medium Higher Education. There have been a number of difficulties. There continues to be a very limited choice of Welsh-medium higher education courses available. Some students have already changed language mode whilst in

school—they can choose language medium after Key Stage 3 (Age 14), even in Welsh-medium schools, and there is an element of peer pressure when young people choose their pathways and friends choose similar routes. The resource needs are a major difficulty and there are also traditional and historical reasons for courses being undertaken, or not, as the case may be.

Success has generally been transparent and statistics are published by the Funding Council and Wales Assembly Government. However there continues to be a limited number of fully biliterate employees in all sectors and the education sector is not unique. Many qualified people choose the media over academia, for a number of reasons, salary being only one of them. Although we are achieving an increase in numbers, there is also a substantial increase in demand, across not only the public sectors, but also the private sector who are beginning to appreciate that bilingualism gives an added value to their business.

In the future, the Welsh Language Act 1993 requires all Public Bodies to develop and implement a Welsh Language Scheme. Educational institutions are required to identify areas (programmes in education) and plan for future development. These Language Schemes are monitored by the Welsh Language Board and the Official Languages Act (2003) in Ireland is similar in scope. Bilingualism needs to be strategically included in policies with a structured programme of expansion within institutions which can be subject-based or, in collaboration with partnerships, according to a specialised area or subject expertise. It can also be developed regionally and across sectors e.g. University/Higher and Further Education. With modular degree systems modules can be offered bilingually which can be undertaken at other than the home institution.

In order to be successful there are a number of needs to be addressed. There are a limited number of students, across a wide number of provisions/programmes. There are also a limited number of bilingual staff who are able to deliver programmes and the resources are sparse. Premium/advantageous funding, in operation, needs to be used to develop staff and resources and regional co-operation, needs to be strategic and funded centrally.

It is a satisfying if consistent challenge to ensure that bilingual education is available across all the sectors and in planning for growth positive and supportive planning for resource management is essential.

REFERENCES

Baker, C., 2002. 3rd ed. *Foundations of Bilingual Education and Bilingualism*, Clevedon: Multilingual Matters.

Stevens, C. T. B., 1996. *Meithrin: Hanes Mudiad Ysgolion Meithrin 1971–1996*, Gomer Press.

Welsh Language Board. 1996. *A Strategy for the Welsh Language*, Cardiff.

William, C., 1997. *Pwyso a Mesur Addysgu Dwyieithog: Addysg Bellach*, Canolfan Bedwyr, Bangor.

WEBSITES

Wales Assembly Government at http://www.wales.ac.uk

Welsh Language Board at http://www.bwrdd-yr-iaith.org.uk/

University of Wales Board for Welsh-medium Teaching at http://www.wales.ac.uk/newpages

Statistics for Wales at www.wales.gov.uk

In defence of a Basque university

DR KEPA KORTA, UNIVERSITY OF THE BASQUE
COUNTRY, DONOSTIA/SAN SEBASTIÁN

Abstract

This paper argues in favour of the creation of a Basque University,
that is, a University with Basque as its sole working language. Its
necessity, its real possibilities and its most desirable characteristics
have been the issue of a long debate among Basques: a long debate
with almost no effects regarding its creation. According to the
author, the non-existence of a sufficient critical mass of students
demanding university studies, the lack of a fair number of high-
standard scholars, and the difficulties in developing an adequate
technical-scientific-philosophical language, have been the main
arguments used for justifying the paralysis of the project of a Basque
University. But these structural difficulties are not real any more.
The demand for university studies in Basque is very high, and the
existent Basque University System is acting as the cork of the Basque
Education System, as far as it is not able to respond properly to
such a demand. After discussing several possibilities, the author
opts for a real university—as opposed to a virtual one—financed
by public funds, and of an integral nature, that is, focused on
teaching as well as in research, answering for all the different duties
of university towards society.

Background

Firstly, I would like to express my gratitude to the organisers, in particular
to John Walsh, for their kind invitation to participate in this conference. I am
sure I learnt here much more than I can teach you about the issue of creating
a university in a so-called "lesser-used" language. I should warn you that

67

the view I'll defend here is only mine (and hopefully some of my closer friends). That is, it is not the view of my institute, or my university, or, unfortunately, of some significant lobby, as far as I can tell. I hope it is worth half an hour of your time, anyway. I must also tell you that I am not a specialist in sociology or politics about lesser-used languages. My training was in Philosophy, and my research interests are in the Philosophy of Language and the Semantics and Pragmatics of Natural Language (not any language in particular, but Language with a capital L). But don't worry; I'm not here to talk to you as a philosopher, but only as a Basque speaker, whose first and secondary studies began at a then illegal *ikastola* (privately and clandestinely created schools during Franco's last decade more or less). My university studies were mostly done in Basque, mostly thanks to the pressure of the students and some few professors. I have some experience in promoting university studies and particularly, postgraduate studies and research in Basque in the Public University of the Basque Autonomous Community (BAC) called "The University of the Basque Country".

In a nutshell, for better or worse, my general view on the issue is not derived from more or less scientific studies on my mother tongue, but the product of induction or analytic generalisation on my personal experience.

After these caveats, maybe it is convenient to begin with some basic facts about the Basque Country, the Basque language, and our universities. We are a small country, which few people have heard about, and, moreover, most of what is heard by those few people is incorrect.

- The Basque land belongs now to two European states: France and Spain, with three different types of administrative status, and five different types of legal status for Basque. In France the Basque Country is included in a bigger department. French is the only official language in France. It doesn't have a university of its own. The studies in Baiona are part of the University of Pau. (The creation of a Basque department, the declaration of Basque language as official, and the creation of one public university, are now very popular demands on the French government).

- France administratively dissolves the North Basque Country in a bigger department. Spain divides the South into two separate autonomies: Navarre and the Basque Autonomous Community (BAC). In Navarre Basque language is co-official only in some areas. Or, we should say, it was. Navarre now has a government which legislates against the promotion of the Basque language. It has one important private university (a religious

one, owned by the Opus Dei), and a public one (where Basque language is being cleansed from the few areas where it was present).

- In the BAC (not to be taken, then, for the Basque Country) Basque and Spanish are co-official. But this does not mean they are treated as equals. All Spanish citizens have the right and the obligation to know Spanish; the inhabitants in the BAC have the right—not the obligation—to know Basque. As happens with other rights, it is not guaranteed by the administration; and, as we know, political parties, labour unions or even humanitarian organisations are not very prone to defend linguistic rights. We have one public university in the BAC, my present university. It is very big: around 60,000 students, 3,800 academic staff and 1,400 administrative staff, in three campuses. Its size makes it the most important university in the Basque Country, but also the most difficult to manage not only in economic terms, but also with respect to linguistic planning. All of these can be called Basque Universities, but hereafter by "Basque University" I mean the University entirely in Basque Language, that is, a concept without extension, reference or denotation (yet).

There are other private universities in the BAC: the Jesuits have one in Bilbao and a small branch in San Sebastian, the University of Navarre has a branch in San Sebastian, and the recently created Mondragon University, linked to the cooperative movement of that town. There are also three branches of the Spanish Open University.

From the linguistic perspective it is worth mentioning the case of UEU (the Basque Summer University). It is a movement, created in 1977, for promoting Basque university studies. Every year since then it organises summer courses in various disciplines. It has decisively contributed to the normalisation of terminology, and the publication of university texts, but it has failed, until now, to reach its foundational main goal: to create a Basque University. We have seen a great deal of effort and debate about the necessity, the possibilities, and the most desirable characteristics of such a university. The last big debate was in December 2002, and they didn't finish. A personal view: the UEU and all people concerned with Basque University, myself included, suffer from what we could call the Chronic Disease of Philosophy: 25 years, 26 years… 28 centuries of debate… no real progress: not a single practical step.

This conference outline states that "The aim of this conference is to look to the future, rather than concentrating on past achievements". So, thanks to the gods of the Olympus, I should not talk to you about those 28 centuries

of debate. I will not analyse the present situation. I will concentrate on the future. But, before that, I would like to examine the present time and to mention, very briefly, some evident differences about the situation in the Basque Country and in Ireland.

- Ireland has a state and this gives you the power to legislate, take action and administrate your university system and the linguistic policy. This is not the case in the Basque Country.

A widespread belief, at least in the Basque Country, is that the Irish language is a dead language. The call for this conference taught me that the diagnosis of our linguistic doctors was premature (not because they wanted to see the Irish language dead, but because they wanted evidence proving that we could not wait till having a Basque state for worrying about Basque language.) You will tell me what you think. In our country, during the last 30 years Basque language has shown significant progress reaching almost all areas of public life: literature, mass media, education, technologies, research. This could have enforced the false impression that linguistic recuperation is on the right track, that it is not in need of decided and renovated impulse at least in the BAC. The truth is that the situation is getting worse clearly in the North and in Navarre as well. For each small step taken by the Basque language, there are a dozen big steps made by Spanish. The case of mass-media clearly illustrates this, with dozens of journals, papers, radio stations and TV channels in Spanish and French for one newspaper, one TV channel and a couple of radio stations in Basque. Twelve days after this talk, on February 20, 2003, Euskaldunon Egunkaria, the only newspaper entirely edited in Basque language, was closed down by the Spanish National Court. Since June 21 we now have BERRIA (www.berria.info) with an internet English edition as well (www.berria.info/english). Let us hope that we still keep one newspaper in Basque when you read this paper.

A real university

Let us leave this discussion here and stick to the topic of the conference. The sort of University that I want is the following one:

- Basque Language will be its sole working language, with the exception of research, whose international character imposes the knowledge of English as a requisite.

- It should be public, financed now by the Basque Autonomous Government.

- It should have one integral campus, not only with teaching facilities, but equipped also with research facilities, library, accommodation, and sports.

In a nutshell, I want a real university; a real university where Basque will not be "lesser-used" any more, where the use of Basque will not be an issue any more, because it will be only a background condition, a presupposition. Basque will be the language used in teaching, managing, and also in research. (Well, the linguistic practice in research needs a special treatment. And here there is also an important difference between Basque and Irish. In the Basque Country in general, Basque is a lesser-used language with respect to Spanish and French. But, admittedly or not, in research all the three are lesser-used with respect to English. The limits of Basque as a communicative tool in research are (qualitatively) the same as the limits of French and Spanish. As a consequence, Spanish and French monolinguals are beginning to feel what is it like to be a lesser-used language speaker. This is not the case for English-only speakers.)

Some of the structural difficulties alleged during those long years of debate for the project of a Basque University are not real any more:

- there is a sufficient critical mass of students demanding university studies in Basque (the demand of Spanish studies is constantly decreasing in many fields and curricula)

- there is a good number of high-standard scholars

- the technical-scientific-philosophical Basque is sufficiently developed.

Some data regarding the critical mass is important here. As you see, almost 30% of the total teaching staff in the Basque Country know Basque, but only 20% teach something in Basque. As for the students, almost 50% know Basque but only 25% study in Basque. So there are around 23,000 Basque speaking university students who cannot follow their courses in Basque.

	Teaching staff	Students
Teaches/studies in Basque	1,233 (20%)	24,916 (26%)
Knows Basque	1,802 (29%)	47,421 (49%)

Table 1—The situation of Basque in all universities in the Basque Country (except the branches of the Spanish Open University) in 2000–2001. Source: Zabaleta et al. 2002.

However, there are other important difficulties still present:

- The impediments of the Spanish law to a Basque Public University. A recent Spanish law dismisses Basque language as a requisite for administrators in the University

- The lack of interest or decision of the political parties and the Basque Autonomous Government to promote the creation of a Basque University, either public or private with a public support. No Basque political party has ever introduced in its government program the issue of a Basque University. This is particularly serious, taking into account that one Basque nationalist party has been in power in the BAC government for the last 22 years (since its creation after Franco).

- The lack of economic resources, and the incapacity to get them from private investors, by the few people with sufficient motivation. (Maybe, another symptom of the Chronic Disease of Philosophy).

Now I'll try to define some immediate, necessary (and realistic) options. Coming from a philosopher, you could consider that a hopeless effort, but I'll try to sound convincing enough for the BAC government or some Basque healthy individuals as well as for some Basque scholars, probably young, that could have courage enough for embarking on such a project:

- We should opt for either a real (conventional) university or a virtual (internet/long distance) one. The real difference between the two resides, in my view, in the kind of students: one takes them when they are 18, and prepares them from the major studies to the doctorate (forming them for the labour market or for research); the other takes them from 30+, for complementary studies (lifelong learning). I see the second one only as a complement to the first. Sociolinguistic factors in the Basque Country favour, I think, the first. Economic factors, maybe, are the main ones for the second.

- In any case, we should choose the best studies to begin with, according to at least these two factors: the students' demand and the social impact of the studies. For a clear case, put philosophy and classical letters, on one side (few students, a socially intangible effect concerning language of a philosopher or a Greek scholar); put engineering, business, medicine or nursing (lots of students, the importance of entering in the business world, or for attending patients in their own language, respectively). We should choose the best options; we cannot start with all at once.

- We can begin organising the studies bottom-up (from major studies to doctorate and research) or top-down (from post-graduate and doctorate studies, as what is called in French École des Hautes Études). The second option could be a good option, from the economic point of view, and also for focusing on research from the very beginning.

It is time to consider now one by one, though very briefly, the questions posed by the organisers:

Which structural models of university education would best suit the Basque language community, given its dispersed geographical nature?

A real university: one campus (the Basque Country is small) big enough to admit progressive extensions. The virtual university has only a complementary character.

What are the specific questions relating to the development of academic programmes?

Top-down or bottom-up?

Student demand and sociolinguistic impact.

Availability of high-standard Basque academics.

How can high-standard academic staff be recruited?

Surely, not only with economic incentives. First, there is the chance to participate in building up a young university, fulfilling the dreams of a good number of people in different generations. Moreover, there is the advantage of starting up everything from the ground, in contrast with big, established, quite rigidly institutionalised universities. To sum up, the initial appointees should be equipped with a big dose of enthusiasm apart from their high-ranking academic standards. A special plan (20–30 years) for the formation of new Basque professors with a high-ranking research profile would be essential for those aims.

What linguistic or training support is required to ensure high teaching and learning standards?

Academic training is not achieved following clear recipes: it's basically practice, practice, practice, under the supervision of very good professors. Fortunately, during the last 30 years lots of people have been trained in Basque, first as students, later as scholars (mostly in the public university of the BAC). The Basque University would do that naturally and systematically.

How can new teaching and learning technologies best be used?

In this respect, I don't see any difference teaching and learning in any language. Technologies can help those processes, but they do nothing by themselves.

What are the best funding opportunities (national, EU, partnerships)?

I'm not the best person to answer this question (I was trained as a philosopher, do you remember?) Anyway, in our case, public funding can be expected only from the BAC administration and, in research, from the EU (once integrated in European networks). We should also promote partnerships with private companies. And we can hope for some aid coming from the Basque diaspora.

How can university education in Basque best promote the socio-economic development of the language communities, both locally and nationally?

The University is the missing chain link in the Basque education system and its connection with society. Basque schools are constantly growing (Spanish-only schools decreasing). Basque-speaking students are now half of the total, but only half of them can study in Basque at the University. The University is the cork of the Basque Education bottle. It is not able to form them in Basque, in their most critically formative years before entering in the market-labour at the highest level.

What are the indices of success for university education in Basque?

The big success now would be to overcome the Chronic Disease of Philosophy and finally open the bottle: to create the Basque University.

Finally, just one last remark especially for sensitive philosophers: I know that humour can provoke big misunderstandings, especially in intercultural communication. Do not take seriously the term "Chronic Disease of Philosophy". It is just a joke. Isn't it?

Eskerrik asko.
Thank you very much.
Go raibh míle maith agaibh!

REFERENCE

Zabaleta, I. et al. 2002. "Euskal Unibertsitatearen egoera gaur egun, 2000–2001 ikasturtean". In I. Zabaleta et al. (eds.), *Euskal Unibertsitatea 2021. Egiten ari garen euskarazko.*

SECTION TWO
TRANSLATION OF PAPERS DELIVERED IN IRISH

University education through Irish— place or space?

DR CAOILFHIONN NIC PHÁIDÍN
DUBLIN CITY UNIVERSITY

Abstract

This paper outlines the broader context for most of the Irish contributions, beginning with an overview of Fiontar, the current position of the Irish language and the Gaeltacht. The critical issues for development of Irish-medium higher education are examined, and the particular challenge of establishing a high-quality framework. It explores resourcing and strategic direction alongside current trends in the development of higher education. International themes of cultural diversity and endangered languages are also considered.

Ten years of Fiontar

The establishment of Fiontar by Dublin City University in 1993 was an imaginative and pioneering move. Fiontar is a dedicated, interdisciplinary centre for entrepreneurship education through the medium of the Irish language. 1994 saw the establishment of a four-year primary degree—BSc in Finance, Computing and Enterprise. This degree was restructured in 2002, and from 2003 onwards Fiontar offers a BSc in Entrepreneurship with specialisms in Computing or Applied Irish. A postgraduate degree was established in 2000, a taught programme of one year's duration, MSc in Business and Information Technology. Fiontar teaches 65 modules through Irish and has a student body of approximately 70. There are ten full-time and six part-time staff.

Dublin City University itself is a young institution. It was founded as the National Institute for Higher Education (NIHE) in Glasnevin in 1980 and achieved university status in 1989. The distinctive values of Fiontar: entrepreneurship, technology, interdisciplinarity and intercultural innovation formed an intrinsic part of the university's mission since its foundation.

Fiontar's reputation is built on innovation and the quality of its work. Teaching and learning have always been core activities but its overall contribution is more significant and far-reaching. Fiontar has carved out an international role for itself as a resource centre with capacity for research and expertise in the Irish language, which is interdisciplinary, developmental and modern. Fiontar's participation in linguistic technological projects at home and in Europe demonstrates this clearly. Looking out at the world from our campus on the north side of Dublin, Fiontar draws inspiration from, and collaborates with, the European mainland, Wales, Northern Ireland and the Irish-speaking regions, known as Gaeltachtaí.

New high-standard initiatives are vital for the sustainability of minority languages, especially those developments at the cutting edge of modern life. Languages are enriched and expanded by the challenge of articulating new concepts in technical and professional domains—for example, in the area of higher education itself, in the arts, the media and public life. There is no better instance of Fiontar's comprehensive commitment to this than its work in the area of computing terminology development in Irish over the past ten years. These materials are now in use at second level and in universities all over the island of Ireland. These high-level activities are invaluable in normalizing the language and in enhancing its social prestige in a most important way. They associate the language with progress, with the future, with development. Sociolinguists such as May (2001: 153) emphasise the importance of this aspect: "For language to survive and develop it must be used for new emerging functions."

The Irish language and the Gaeltacht today

Planning for educational provision must take account of the sociolinguistic realities of the Irish language. The home and the community will always be the main agents of producing and transmitting language. It is now recognised— perhaps 'admitted' is a more apposite term—by the major authors that the Irish-language community within the Gaeltacht consists of approximately 20,000 people; this excludes children who are required to speak it in school. Ó Murchú (2003: 5) says:

...we must recognise that the societal basis of the language is in great danger, in that its most concentrated community of speakers is rapidly diminishing. The relative density of Irish-speakers in the Gaeltacht is now very sparse and there barely exists any longer the critical communal mass to sustain them as a living language community. [Translation]

International studies support this view, as we see in the analysis in the *Euromosaic* report produced by Nelde, Strubell and Williams for the European Commission (1996: 30):

...where community support is negligible it can be argued that a language group is not constituted as a social group and that it is effectively a private language. As many as 15% of the cases could be thus classified, among them being Irish as a state language.

The scores for Irish under the headings of 'home' and 'community' are worryingly weak in the tables which accompany this report—scores of 1 out of 4 in both cases. Appropriately targeted supports for the language communities which still exist in the Gaeltacht are needed urgently and their importance cannot be overemphasised. These are language communities whom the education system has never adequately served in their mother tongue. The evidence of the Gaeltacht Commission (2002) augments existing doubts regarding the sustainability of Irish as the primary community language and normal medium of communication in any geographical region, irrespective of the criteria applied. The abolition of the Irish-speaking Scheme ('Scéim Labhairt na Gaeilge' which is administered by the Department of Community, Rural and Gaeltacht Affairs) has been mooted. This scheme is undoubtedly the most blunt annual public reckoning of the incremental breakdown of intergenerational transmission in the Gaeltacht. The percentage of households in the Gaeltacht in receipt of the full grant was 24.9% in 2001–02.

The table below shows comparative statistics for Gaeltacht regions from Census 1996 and preliminary figures from Census 2002. The trend is clearly marked.

Year	Total Gaeltacht pop	Irish-speakers	%	Daily speakers	%
1996	82,715	61,035	74%	35,275	42.6%
2002	86,517	62,157	73%	33,789	39%

Trends for daily usage of Irish in the Gaeltacht are clearly a cause for concern, a decline in actual numbers despite an increase in population. If schoolchildren,

required to use the language for their studies are subtracted from the total, it is evident that the total pool of adult daily speakers is below 20,000. Interestingly, preliminary figures from Census 2002 indicate 73,131 daily speakers of Irish in Dublin city and county, more than double the entire Gaeltacht area combined.

A unique Revival

Irish has developed in an unusual manner since the Revival began at the end of the nineteenth century. A certain level of imagination and creativity are therefore required to fuse the two main strands—the community of speakers in the Gaeltacht areas on the one hand and the new, urban communities, which are not territorially defined in this way, on the other. This type of development is by no means atypical. May (2001: 177–8) speaks of the tension between the two approaches which he characterises as (i) "personality language principle" and (ii) "territorial language principle". The balance between them is shifting rapidly in the case of Irish, as has happened in other languages, particularly with the arrival of new technology. These trends have been noted by linguistic economists such as Grin (1996: 3): "technology weakens the commonly assumed correspondence between language and territory". It is imperative that these strands be drawn together in partnership (east-west and north-south) to provide a critical mass for university education for target populations as expressed in both geographical and virtual terms.

Although much of the energy and enthusiasm of the language Revival was based on unattainable ambitions and inappropriate methods, the Irish experience produced many impressive results. While the Gaeltacht has diminished as a vibrant language community, a small, highly active minority of learners—the L2 group, as linguists call them—has established Irish as a means of communication in contemporary life, in the home, and in community initiatives in cities, especially in Northern Ireland. The Revival experience can proudly claim to have established and maintained literacy in the Irish language over new generations of Irish people, for a full century. Irish has an impressive presence on the world-wide web, for example, and most of the web visitors to the electronic magazine www.beo.ie are based far from the island of Ireland. The Gaelscoileanna (schools which teach through the medium of Irish) are mainly populated by families acquiring Irish as a second language. Ó Murchú (2003: 6) states:

"... the extent to which the Irish language has been 'repossessed' in Ireland is remarkable, with 353,663 people claiming to use the language daily..."

McCloskey too sees cause for celebration (2001: 46–51):

What is remarkable about [the Irish situation] and what is unique as far as I know, has been the creation of a community of people who have learned Irish as a second language, who speak and write with a degree of fluency, and who use the language regularly and seriously. Some have produced fine literature ...It is possible to write about and to teach technical linguistics in Irish ... [to] live a full and intellectually challenging life exclusively through Irish ... It is something to be celebrated. ... From the perspective of people ... who are involved in work with other endangered languages, this all seems utterly extraordinary.

Challenges to literacy

The Revival legacy poses a huge challenge. Those endeavouring to develop third level education through Irish must address complex philosophical and quality issues. These are fundamental questions which will influence not just the future sustainability of education through Irish, but the future of the language itself and of is literature. This is problematic, despite the obvious vibrancy of oral-based initiatives.

New models and ways of thinking are called for which will seriously challenge the old-guard preservationists. As Crystal notes in *Language Death* (2000: 10): "Creation of creoles and pidgins provide evidence of fresh linguistic life" and he recognises the need for flexibility in matters of jargon and new discourses and the need to refrain from "condemnatory pessimism" (2000: 117). McCloskey too refers to this creative linguistic vortex (2001: 47–9):

... we cannot be too fussy about what kind of language might emerge at the end ... It is impossible to know at this point what (if anything) will ultimately emerge from this froth of linguistic creativity. We can be reasonably sure that it will not much resemble anything that early revivalists such as An tAthair Peadar Ó Laoghaire[1] would have recognised or approved of. [My footnote reference]

but, he says:

... it is not rational to disapprove of the systems that are produced by the available engines of language-creation (pidginization and creolization). The English of Chaucer was in all probability the bastard offspring of just such a bastard.

Despite all this, it is difficult for providers of higher education through Irish to strike a balance between the innovation and vitality of the living language and the requirements for rigourous educational standards essential for academic, high-level discourse suitable for university communication in any language. No frame of reference exists for establishing acceptable levels of literacy appropriate for academic programmes through Irish at third level, particularly in relation to written work. However, the wider context must also be considered. A reasonably accurate standard of written Irish is now a rare and extremely valuable qualification, even among those working with the language in a professional capacity. The implications of this decline in literacy in the last decade has been well documented by language commentators[2] and interestingly less so by academics, and I do not intend to explore it further here.

The fall in standards of literacy generally and the new Gaelscoil registers present a challenge to teaching and learning. The interplay of the two languages in Ireland has inspired much national wit and humour in the past. A recent example is the answer a student gave to the following question:

> *"An labhraíonn sibh Gaeilge riamh?"* *['Do you ever speak Irish?']*

> *"Idir ár féin, no way!"* *['Between us-selves, no way!']*

At best, this presents a stimulating challenge to educators, an intrinsic part of the linguistic vortex in which those of us endeavouring to further higher education through Irish daily find ourselves. It is part of the life of the language and must be engaged with in an open and imaginative way. This is certainly a more healthy approach than the preoccupation with philologies of a bygone era which all too frequently characterises the study of the Irish language itself within academic institutions.

"Those halcyon days"

Any future comprehensive analysis of the range of programme content in Irish Language and Literature in Irish universities at the start of this new century will show incontrovertibly that these disciplines are still largely bound by antiquarianism, and fond reminiscing of bygone days.

The distinguished Cork scholar, Seán Ó Coileáin, eminent in his field, the language and literature of the Blasket Islands, recently published the definitive edition of the classic text *An tOileánach*, (i.e. Tomás Ó Criomhthain's *The Islandman*) and wrote the following in his preface (Ó Coileáin 2002: xx):

An tOileánach is a hugely important part of the history of the Irish language and of the history of the State, and of their mutual hope for each other. From thence we came; it was here we learned about ourselves in a way that we never again shall, for those halcyon days have now passed and we can never again recreate that world or that dream. [Translation]

If looking backwards becomes the central focus however, we risk closing the door forever on the Irish language as a renewable resource, both as an academic discipline worthy of study, and as a modern means of communication. When the architects of the Revival embarked on saving the language some hundred years ago, they realised reluctantly that compromises would be required and the language as they knew it, redefined. The literary giants of the English language in Ireland spoke of the sacrifices demanded on the altar of the Language Revival in terms of linguistic integrity and its survival as a classical, literary language. Kiberd (1979: 219–223) cites Synge's opinion that "a general revival of Irish would lead to linguistic disorder, leaving the bewildered folk semi-literate in both languages", and his reference to the "incoherent twaddle passed off as Irish by the Gaelic League". He further states that "the rhetoric of the newspapers" and the pollution of the language which was bound to result from it caused great concern to Yeats: "It may be the language of a nation, yet losing all that has made it worthy of a revival". Fifty years later the poet, Seán Ó Ríordáin (1948:14), on his sickbed with tuberculosis, wrote in his diary of the 'jargon' of the young Revival generation in Cork, or "na deisceabail" ['the disciples'] as he referred to them: "Im na Gaeilge leachta ar arán an Bhéarla agus in áiteanna gan im ar bith ann" [A buttering of Irish, melted on a slice of English—and not buttered at all in some parts].

Even if the Revival produced generations illiterate in two languages (or metaphorically "ar chúl an tí"[3] in Seán Ó Ríordáin's back-garden), we have long since moved on and opted for more positive and attainable goals. This confidence and self-assurance is palpable in some of the more resilient and progressive language communities on this island, in the Gaeltacht, in the cities, and in Northern Ireland. This vision requires a redefinition of the teaching of the Irish language at every level within the education system. The chasm that has opened between the grammatical structures and orthography as recommended by *An Caighdeán Oifigiúil* (the official standard grammar and spelling) on the one hand, and everyday speech on the other— whether in the Gaeltacht or the Gaelscoil—is on a par with the difference that existed a hundred years ago between Geoffrey Keating's seventeenth-century prose and the Irish of the Revival when the foundations of our

orthographic and grammatical standards were laid down. The experience at second and third level education has failed to cultivate a love of reading Irish, which is hardly surprising when programmes are still heavily biased in favour of classical texts like "Cabhair ní ghoirfead!" and "na flatha fá raibh mo shean roimh éag do Chríost"[4]. The same programmes rarely treat with any seriousness relevant contemporary academic issues, such as the effects of language loss in Ireland, Europe and the world. Gaeltacht development or its current state is rarely a subject of serious study, nor is any reassessment of the Revival effort in the twentieth century as a historical, political and linguistic phenomenon, a distinctive and unique undertaking in world terms, and widely recognised as such, outside this country.

There is a wide range of interdisciplinary studies which Irish could enrich and enhance through programmes of learning and research: in information technologies, development studies, economic and intercultural studies. The perilous state of the Gaeltacht and of the Irish language itself are proof that new thinking is needed, new discourse and radical re-imagining.

University education through Irish

We must explore new spaces for university education through Irish to develop its full potential. We must tailor the language to the modern world rather than attempting to preserve or reinvent archaic or classical models. We must be prepared also, if necessary, to rescue the language itself from the stultifying introspective analysis to which some scholars confine it.

Irish language academia is not our priority here, however, but higher education through Irish. The current range of provision is extremely limited, as we have seen, but three strands are identifiable, embodying different aspirations and structures:

- The National University of Ireland, Galway has a historical role in such provision as decreed by statute in 1929. Apart from Irish itself, no full primary degree programme is offered through Irish but aspects of courses and modules are delivered through Irish in some of the general academic departments. A new direction is evident in recent years with the decision to develop education on a community basis in outreach centres in the Gaeltacht, while continuing at the same time to provide certain elements of academic courses through Irish on the main university campus in Galway city.

- Fiontar, DCU, was established in 1993 as a dedicated, interdisciplinary unit with entrepreneurship at its core, and an emphasis on high-tech education. Dublin City University is the only university in Ireland which offers a full primary degree through Irish (excluding Irish itself) as an option through the Central Applications Office to those leaving second-level.

- Aspects of other programmes are available through Irish in other institutions in specialised areas of study. Many of these are developed without any dedicated infrastructure to support them. Some of these initiatives are extremely fragile, being dependent on volatile market demand and scarce resources.

The public debate about university education through Irish was lent added impetus when National University of Ireland, Galway invited certain other universities to participate in a joint submission to Government (May 2000) regarding development plans for Gaeltacht university education. As a political response to this an interagency group was established under the aegis of both the Department of Education and Science and the Department of Arts, Heritage, Gaeltacht and the Islands (as it then was) early in 2002. Údarás na Gaeltachta and the Higher Education Authority were represented and educational institutions and others were publicly invited to express their views on the original proposal. The original submission and the various responses were published at http://www.hea.ie/new/index.htm.

The following themes and issues emerged from these submissions and from the public debate in the media:

- lack of clarity about the target population—just those in Gaeltacht areas or Irish-speakers in all of Ireland, Northern Ireland included

- no engagement with e-learning and distance learning. It was also obvious that a high level of investment would be necessary to develop these

- apathetic demand for existing Irish-medium programmes—especially in the context of the demographic downturn from 74,000 school-leavers in 1998 to 47,000 in 2012

- urgent need for comprehensive market research by the universities, government agencies and other stakeholders—both in Gaeltacht schools and Gaelscoileanna on an all-island basis

- emphasis on the one hand on capital investment in physical infrastructure, balanced against investment in the development of programme content, support materials and strategic development

- a regional, community-based focus or an all-island basis

- delivery of programmes to be based either on traditional methods or on new, technological methods or on a combination of both

- lack of a realistic funding model which relates to actual unit costs for teaching through a minority language to very small groups of students

- challenge of recruiting and retaining highly-qualified staff to teach academic courses to graduate and postgraduate level through Irish; lack of support programmes for such staff and unclear opportunities for career progression

- need for co-operation and partnership between institutions in this sector regarding provision for Gaeltacht communities on a regional basis and the Irish-speaking community generally on an all-island basis

- need for particular support and encouragement for those students who embark on this path through third-level education—for example, the extension of the Department of Education and Science scholarship scheme to include students from English-speaking, second-level schools and students from Northern Ireland.

Funding models and developmental issues

It was expected that the work of the inter-agency group would result in realistic state funding for this sector. Prof Barra Ó Cinnéide was appointed as consultant by the Higher Education Authority in June 2002 to research this issue. Results of the Group's deliberations are still not available.

The strings of the public purse have tightened considerably and nowhere more so than in funding of higher education. As matters stand the only sources of funding for Irish-medium provision are the normal allocations under the Student Credit Ratings (SCR), based on teaching through the world's primary language and on much larger class sizes. In addition to this the Higher Education Authority allocates approximately 1m euro to the Irish language each year under the Targeted Initiatives Scheme. This basis is obviously inadequate for the long-term planning or development of this important sector. New frameworks and models for delivery cannot emerge

without access to larger resources and a national strategy designed to develop and evaluate e-learning and distance learning projects.

The Official Languages Act (2003) presents us with great opportunities and challenges and another important project is the new English-Irish dictionary, recently commissioned by Foras na Gaeilge. The success and influence of these undertakings are very much dependent, however, on the capacity of the university sector to respond creatively and flexibly to real skills needs and research opportunities in the Irish language sector. Even before we address the deficits in the areas of teaching and the media, there is a shortage of administrators, translators and researchers who are capable of operating through Irish to the level of their English-language counterparts.

It is vital therefore that the new high-tech centres which are operating through Irish, especially at postgraduate level, prioritise the cultivation of a research culture among their academic staff. This is essential in order to ensure high academic standards on programmes in a range of areas such as media, information technology and translation. Teaching tends always to be the most pressing concern on a day to day basis but it is not sufficient to develop new Irish-medium initiatives as teaching centres alone. A vibrant high quality research capacity is absolutely vital, if Irish-medium centres in universities hope to develop the capacity to attract the type of investment necessary to initiate and develop large projects in terminology, lexicography, sociolinguistics and distance learning, so necessary to the longterm sustainability of the language itself.

It is through academic discourse in universities that new concepts emerge and new theoretical and analytical models are developed to form the basis of the practical applications of the future. Finance is not the only resource needed to develop university education through Irish. New models of thought and action are also required. We need entrepreneurial thinking, fresh ways of working, new partnerships which will attract resources from outside the state to develop programmes of research, training and electronic linguistic resources. European enlargement is on our doorstep. Concepts of diversity as a resource and cultural capital are the core values underlying this expansion and the funding programmes which will support it. Ireland will be one of the richest countries in this new Europe which calls for a redefinition of our relationship with our neighbours; we can no longer claim to be Europe's poor relation.

The concept of partnership is well established. There is a pressing need for the Irish-medium sector to undertake joint projects and initiatives between universities here and abroad; between universities and State bodies, those charged with both linguistic and Gaeltacht development; not to mention the need for collaboration with community groups and emerging businesses. Partnerships like these have brought about infrastructural development in other countries and in Ireland also in other sectors.

Entrepreneurial thinking is also essential on the funding front. It is no longer prudent or realistic to depend on State funding alone on the outdated handout model. One way forward is to develop research and training programmes which bring clear added value to language and communities and can thus access more broadly-based funding sources through fruitful international partnerships. Learning programmes must be developed on an interdisciplinary basis which will address the real needs for high-level Irish language skills. We must accept responsibility for finding ways to add value to the public resource of the living language through research projects with practical applications. Funding, though a challenge, is the easiest to solve of all the resourcing obstacles facing this sector. Money can usually be found for ambitious and relevant proposals. Poor market uptake and lack of qualified staff are much more problematic, followed closely by issues of quality assurance where comparisons are difficult.

An innovative model is essential for Irish-medium university education. Whichever model emerges, it must be capable of operating at reasonable cost and must be sufficiently flexible to address imaginatively the fresh challenges facing higher education and the ever-changing needs of the language itself. The old-order perception of the institution-bound university model is becoming redundant anyway as each day passes.

We have the opportunity now to create a new model for higher education through Irish. We can take a fresh approach which takes account of the demographic trends in the various Irish-speaking communities throughout this island while responding simultaneously to the latest trends in higher education as outlined by the Higher Education Authority in *The University Challenged* (Skilbeck 2001: 30). Here Skilbeck specifically refers to "a reorientation of the whole system. Indeed it is reasonable to ask whether what may be needed is the very creation of a system out of the existing diffuse collection of individual, competitive institutions."

These new trends in higher education sit well with the geographic and virtual composition of the Irish speaking communities and can form the basis for our new model. Old thinking which attempts to fit university education into campus-based structures linked to individual institutions is clearly redundant in this case and should be superseded by more creative entrepreneurial models.

There is no evidence of strategic planning at national level for Irish-medium provision. Projects spring up mushroom-like on an ad hoc basis within individual institutions regardless of national priorities or market demand. Other major aspects of provision could be better developed on a basis of partnership rather than competition, for example:

- support services for teaching and learning

- joint research and development projects, particularly in the field of e-learning and distance learning

- market research and publicity campaigns

- sharing of physical resources and staff

- joint delivery of programmes in different locations

- staff training and development programmes

- joint applications for national and European funding.

Providing added value in the Irish-medium sector is imperative. This must be undertaken in a creative, organic way which will attract the participation of staff and students alike. Capacity building in this sector and imaginative leadership are vital to its development and these should be fostered through partnerships. The universities themselves could co-operate to this end or alternatively an independent body could be established. Whichever model emerges, it must address the real needs of students in new and flexible ways.

Indicators of success

Notwithstanding our grand designs and development plans, two issues loom large on the landscape: quality assurance and maximising scarce resources. Ultimately projects carried out through minority languages must withstand comparisons with their equivalents in majority languages—and indeed surpass them in quality and excellence. There cannot be any equivocation or derogation on this point. The solid theoretical basis and

academic excellence of these programmes are of primary importance to the overall standard expected throughout the sector, and essential in attracting highly qualified staff. As financial and staffing resources are scarce in the case of initiatives run through the medium of Irish, this poses a major challenge. It is also essential that Irish-medium university education establishes its own position on the international map.

The relationship between costs and value is never easy to define when provision is being made for speakers of minority languages. Such provision is rarely sustainable without some financial assistance from the public sector. The intrinsic merit of such provision is self-evident, but at the end of the day there must also be a realistic level of demand for the courses offered to justify the considerable effort required, irrespective altogether of the question of resources. This applies to all areas of high-level linguistic provision in the case of Irish, such as the arts, publishing, the media and education.

There is a pressing need for market research among the general population to identify the attitudes and issues which inform the choices made about education through Irish at each level, as it is evident that enthusiasm wanes and that falloff occurs at each progression threshold within the system. Even at the primary level the burgeoning demand for Gaelscoileanna could be construed as deriving not merely from genuine interest in the language but from the elaborate machinations of social sorting at work within the Irish education system. The special requirements of the immigrant population, the challenges posed by learning difficulties and special needs, are all less likely to feature in Irish-medium schools than in their English-speaking counterparts to say nothing of the fact that every parent recognises the benefits of smaller class sizes and highly motivated learning environments.

Third-level initiatives in minority languages are rare and vulnerable plants. The past two years have seen the demise of a postgraduate degree in Entrepreneurship at University of Wales, Aberystwyth and the suspension of a degree programme in Business and Communications at Galway-Mayo Institute of Technology. We must be realistic also about the objectives of the various initiatives run through Irish at every level. Educational projects do not turn the tide of linguistic decline and many other countries have learned this lesson from the valuable experience of the Irish Revival. May (2001: 167) refers to "the overoptimistic view of what education can accomplish in halting, let alone, reversing language shift." We need only consider the debate and division engendered when TG4, the Irish language television station, was established, to understand the importance of creating empathy among the

majority population as a prerequisite for presenting the arguments for such initiatives in the minority language in a positive light. This is essential for, as May (2001: 194) says, "the long-term success of such initiatives can only be achieved if at least some degree of favourable majority opinion is secured".

With the imminent expansion of Europe we have a new opportunity to articulate to a wider public the benefits of minority language initiatives as an enriching experience for all, not just the minority language communities. The Revival of Irish and in particular its use on a wide scale in the education system have been exceptional undertakings in Ireland over the past eighty years. Now as these tenets are themselves under scrutiny as a valid national policy for the future any defensive regressive arguments must be abandoned in favour of an imaginative invitation to share experiences in partnership with our international colleagues. A clear case must be made for preserving and cultivating diversity as an asset and an advantage for the entire population, both majority and minority. Of course, finding the almost alchemical process by which a minority language may be converted into an economic asset is a challenge; as McLeod (2001: ii) rather bluntly puts it: "Gaelic has almost no role at all in the for-profit commercial sector". Awareness of the challenge should not deter us, however, but rather act as incentive to find new ways to elucidate and articulate those facets of the minority language which make it a central human and cultural resource for all in a new Europe. European forums are perfectly suited to developing such discourse and the Irish language community is fortunate in being able to look to Europe in implementing projects and initiatives. Grin (1996 a–b) has established theoretical frameworks and these are being further developed by interdisciplinary scholars concerned with economics and language. We must ensure that the evolution of these new models is a central part of the distinctive teaching and research culture which will inform the development of third level education through Irish.

A distinctive vision

The programmes themselves must be innovatively designed and yet of obvious intellectual substance in order to offer a real, cultural alternative. It is entirely inadequate to pick off-the-shelf existing academic programmes and modules which are already available in majority languages and to teach a localised version of these through minority languages. A distinctive rather than a derivative approach is essential to encourage staff and students to combine their academic disciplines with the minority language in new ways.

The higher education sector in Ireland is undergoing transformation. Irish-medium programmes must be considered in this context. The full effects of the impending cutbacks in resources and the unfavourable demographic trends have only begun to bite. Competition between institutions is intensifying daily with more and more new programmes on offer[5]. The traditional full-time undergraduate student is fast disappearing as many students spend more hours and energy on their employment and entertainment than on private study. Skilbeck (2001: 26-28) predicts further developments in the sector and speaks of "the need for universities to become more entrepreneurial", and of the necessity of "massive fresh investment of imagination, thought and energy....The challenges faced by higher education in the final third of the twentieth century were but a prelude to those that lie immediately ahead".

The pace of change worldwide will determine a completely new context within which the third-level sector will operate whether or not we participate willingly. As Reich (2002: 84), previously Secretary for Employment in the U.S. Clinton administration, says: "The very meaning of a company or university or any other institution is growing less coherent. All institutions are flattening into networks of entrepreneurial groups, temporary projects, electronic communities and coalitions..."

Contemporary themes and approaches are well suited to the development of third-level education through Irish if its promoters grasp the opportunity and if the priorities are clearly signalled within the funding system.

Teaching and learning practices too must be innovative and must foster entrepreneurship at every level. The academic and research apparatus itself should create the models of study and the practical opportunities to derive economic and cultural benefit from the minority language as a resource for the individual and the community. Paradoxically, the globalised world offers minority languages a valuable opportunity. Individuals and communities have greatly enhanced opportunities to determine their own linguistic fate by engaging with new technologies. Irish speakers all over the world have already shown imagination and innovation in accommodating themselves to new technologies and this can also be achieved at community level at low cost.

Pat Cox, MEP, President of the European Parliament, referred to this exciting challenge and opportunity in his address (Cox 2003) at the celebration of ten years of Fiontar on May 27, 2003:

Irish is a language without obvious material power but if it is given added value ... it can become an instrument of regeneration. "When you change the context, you change the problem", said Jean Monnet, one of the pioneering founders of the European Union. The context for Irish itself has been changed—and is being continually changed—by Fiontar. Irish in many ways is one of the ghosts of history and its context must be changed from a narrow, antiquarian, insular one to a European, modern, continental, one.

Society has a right to expect pioneering, innovative leadership on contemporary issues from its academics. Today's universities cannot afford to be ivory towers; they must provide insights and inspiration worthy of an academic community fully engaged with society in an overarching way. Again, referring back to Skilbeck (2001: 36): "The universities may not adequately be performing the roles of intellectual leader and moral critic in the public domain and framework of general culture". We must reluctantly admit that we have seen little by way of any meaningful insight or illuminating debate on Irish-language matters emanating from Irish universities for many years now. This is to say nothing of our failure to provide a discourse which might establish a frame of reference for Irish in this post-Revival period.

Ecolinguistics has developed considerably since Einar Haugen first published *The Ecology of Language* (1972). The terms of reference are now international and the concept of the nation-state—on which our own Revival movement was largely based—has been superseded. The focus is on people's interaction with each other, on their surroundings, their thoughts and feelings. These comprehensive and universal themes encompass all minority languages. 4% of the world's population speaks 96% of its languages and a quarter of those languages have fewer than 1,000 speakers. In today's Europe, cultural capital has begun to be recognised as a valuable resource and this will become an increasingly relevant issue in the early years of enlargement. Languages are at the heart of human relations in Europe's regions and 50 million people speak 225 languages which are not working languages of the European Union. Ireland has pioneered the establishment of best practice for linguistic diversity in European legislation and institutions and it is abundantly clear to us now that the maintenance and development of our own language is but a local manifestation of work which must be undertaken on a larger scale.

Finally, it is a privilege to have the opportunity to develop higher education through a minority language which has a culture and a status worldwide. Of the 1,200 community languages on the African continent not a single one

is being used in the education system even at second level according to Crystal (2000: 82). Irish has an unbroken written and literary tradition. The language has legal status and state support. It is successfully reinventing itself in the electronic media and innovative higher education projects are being created through it, pioneering initiatives on the European stage, of which we should be justly proud.

FOOTNOTES

1. Father Peter O'Leary (1839–1920)—an exemplary literary figure of the Irish Language Revival. Renowned for his work on language usage, his best known prose work was his edition of the Faustian tale *Scéal Shéadna*, familiar to generations of learners.

2. Refer particularly to articles by Ó Baoill (2003); Nic Pháidín (2003). See also Ó Ciardha (1997), and uí Bhraonáin (2000). Journalists have commented also: Ó Muirthile (2003) and Ní Chinnéide (2003).

3. 'Cúl an Tí', best known poem of Seán Ó Ríordáin, principal Irish poet in the twentieth century.

4. Extracts from poems, mourning the passing of the old order, by Aogán Ó Rathaille, foremost among Irish eighteenth century poets.

5. Acknowledgements to Professor Jim Gosling, National University of Ireland, Galway, for the following statistics.

Year	Number of Students	Number of Degree Programmes
1979/1980	4,040	40
1999/2000	10,815	160
Increase	270%	400%

REFERENCES

Coimisiún na Gaeltachta. 2002. *Report*. Baile Átha Cliath.

Cox, P. 2003. http://www.patcox.ie/speeches/default.asp

Crystal, D. 2000. *Language Death*. Cambridge.

Grin, F. 1996a. "Economic approaches to language and language planning: an introduction", in *International Journal for the Sociology of Language* 121, 1–16

Grin, F. 1996b. "The Economics of Language: survey, assessments and prospects", in *International Journal for the Sociology of Language* 121, 17–44

Haugen, E. 1972. *The ecology of language*. Stanford.

Kiberd, D. 1979. *Synge and the Irish language*. Dublin.

May, S. 2001. *Language and minority rights: ethnicity, nationalism and the politics of language*. England. 2001.

McCloskey, J. 2001. *Guthanna in éag—An mairfidh an Ghaeilge beo?* Baile Átha Cliath.

McLeod, W. 2001. *The state of the 'Gaelic Economy': A research report.* Unpublished. Department of Celtic and Scottish Studies, University of Edinburgh.

Nelde, P., Strubell, M., and Williams, G. 1995. *Euromosaic: The production and reproduction of minority language groups in the European Union.* Luxembourg.

Ní Chinnéide, M. 2003. "Comhrá Eile Leabhar", in *The Irish Times*. 14 January.

Ní Mhianáin, R. (ed.) 2003. *Idir Lúibíní. Aistí ar Léitheoireacht agus ar Litearthacht.* Baile Átha Cliath.

Nic Pháidín, C. 2003. "'Cén fáth nach?"—Ó chanúint go críól', in I*dir Lúibíní*, Ní Mhianáin, R., ed. Baile Átha Cliath.

Ó Baoill, D. 2003. "An léitheoireacht agus an Ghaeltacht", in *Idir Lúibíní*, Ní Mhianáin, R., ed. Baile Átha Cliath.

Ó Ciardha, P. 1997. 'Dar an leabhar: ré iar-liteartha na Gaeilge', *Léachtaí Cholm Cille* 28, 93–109.

Ó Coileáin, S. (eag.) 2002. *An tOileánach.* Baile Átha Cliath.

Ó Muirthile, L. 2003. 'Comhrá na Leabhar,' in *The Irish Times*. 9 January.

Ó Murchú, M. 2003. *Cás na Gaeilge 1952–2002: Ag Dul ó Chion?* Baile Átha Cliath

Ó Ríordáin S. 1948. Diary, unpublished. OR D vol.7, Special Collections, National University of Ireland, Dublin.

Reich, R. 2002. *The future of success: Life and work in the new economy.* London.

Skilbeck, M. 2001. *The University Challenged—a review of international trends and issues with particular reference to Ireland.* Dublin.

uí Bhraonáin, D. 2000. *Taighde do Bhord na Leabhar Gaeilge ar an margadh léitheoireachta leabhar Gaeilge.* Unpublished Report. Fiontar, Ollscoil Chathair Bhaile Átha Cliath.

Needs of the language community and sustaining demand for Irish-medium university education

DR TADHG Ó hIFEARNÁIN, UNIVERSITY OF LIMERICK

Abstract

The continuous development of both Irish itself and the linguistic skills of its speakers are essential for the wellbeing of the language community. Because of the unavoidable power of English in every Irish-speaker's life, language development is a conscious, personal action no matter how one first acquires one's Irish. Because of this, the continuing use of Irish as a community language depends on individual attitudes and motivations. Universities play an important role in language development and in promoting its value as a powerful communication tool and medium of education. The language community in turn needs graduates who have high level competency in the language as well as a wide variety of other skills. Of the large numbers who claim to be able to speak Irish, only a small percentage would be able to follow a full third-level course through the language. Indeed, for many Gaeltacht Irish speakers and those who have come through the Irish-medium schooling system, reading and writing easily and accurately is a challenge. As we are discussing Irish-medium third level rather than Irish-language studies at third level, we are dealing with the requirements

of the whole community. To this end Irish in the second level and its status in the community need to be developed as well as at university level, and for mutual benefit.

In this paper, I will focus on the role of universities in the community, and on some of the difficulties involved in trying to attract students to courses taught through the medium of Irish, as well as those involved in recruiting staff to provide that education.

University education and the community

Let us begin by addressing the very nature of universities. We are inclined to view universities as pedagogic institutions, attended by young people, the majority of whom are between the ages of 17 and 22, where they study within the framework of taught, academic courses. This interpretation of university education is inherent in the State bureaucracy, as, unlike the situation in other European countries, Irish universities receive the majority of their annual funding from the State according to the number of students in attendance, rather than according to their role in society and in research. This illustrates the perception within the State structures, and the politicians who devise them, of the role of the universities. Frankly, a lot of mystery and secrecy surrounds the allocation of funds by the State to third-level institutions, which leads one to conclude that not all students are considered to be of equal value by the Higher Education Authority. Nonetheless, the impact of university education and of universities is much broader than the third-level education which they provide.

Universities are a driving force in Irish life. It is in universities that research is conducted on matters social, sociological, economic, artistic, and, of course, in the sciences, such as engineering and information technology, among others. They are local centres of learning, particularly here in Ireland, with national and international links. They influence all aspects of public life. Not only do graduates of our universities work in all fields and in all parts of the country and abroad, but the end results of this education and research impact on people who have never even attended a third-level institution. The public listens to news reporters in the broadcast media, for example, and are influenced by the expertise of their guests. University graduates are well represented in documentary and entertainment television programmes. It is university graduates who educate children and who control business and State organisations at both a local and national level. Although not always

discernible from the government's dealings with universities, it is recognised that universities are central in society and in national learning, and that they are essential, not only to educate the State's middle classes, but also in the constant development of the country's cultural and economic life. That, primarily, is their raison d'être, and the reason for the presence of so many universities in the world's developed countries.

Universities will face many problems in the future in trying to fulfil this versatile role according to the financial model of the State, and the role of the Irish language in the third-level system needs to be considered in that context. It is estimated that the number of Irish students in the 17–22 age bracket will decline in the coming years. Simultaneously, an increase in the number of mature and part-time students is anticipated, a situation which is already becoming apparent in the University of Limerick. Courses targeting this new student population are currently under development, and attempts are being made to adapt schedules, and teaching and delivery methods, to their needs. Furthermore, the university is now seeking potential students abroad, to sustain an increase in student numbers. Attempts are being made to encourage young people from North America, in particular, to undertake complete undergraduate courses in Limerick. However, we are also aware of the fact that universities in America and England are doing their utmost to attract students from this jurisdiction to their campuses. This demonstrates the additional challenge facing the universities. New results and services are being sought. Above all else, it indicates that universities are attempting to serve public life as society tranforms and reshapes itself. They are not only happy to do this, but it is imperative that they do so, to preserve their institutional soul and integrity. If one accepts that the universities, and indeed, the Institutes of Technology and other third-level colleges, are willing to serve all markets for their services, and furthermore, that they endeavour to identify and develop new markets in education, one needs to seriously consider the role of Irish and Irish-medium education in this era of the information economy. Is there any certainty that there is, or will be, a demand for third-level courses through Irish, or will universities have to create this demand?

The Irish-language community and university education

The work of universities, in both teaching and research, is of essential importance to the Irish public, which is primarily an English-speaking one,

to bring added value in wealth creation and intellectual renewal. It is reasonable to say, accordingly, that this is also a need of the Irish-language community, to ensure that their language, culture, their society, and local economy, among other things, are developed to the same extent. This view is too simplistic, however, as the 'Irish-language community', which is a dispersed 'language community' or 'speech community' as opposed to a distinct ethnic group, cannot be distinguished from the larger English-language community in Ireland in an efficient and transparent way for the purpose of language planning. Even if the community were based in one place, or if an institution were physically located in one area, it is unlikely that the student numbers would be sufficiently large to be considered viable under the current higher-education funding model.

A defining characteristic of the Irish-language community which must be recognised is that it is bilingual. Its members inhabit two worlds, the world of Irish and the world of English, and they feel at ease, to a certain extent, with both languages. All Irish-speakers are also speakers of English, who, consequently, have the same educational options as do speakers of English in Ireland. The second sociolinguistic fact which must be acknowledged in regard to speakers of Irish, is that few of them are more proficient, or equally as proficient, in the writing and reading of Irish as they are in English.

I will return to the significance of that extraordinary and uncomfortable fact later on, but it is worth noting that for a majority of Irish-speakers, it is easier to pursue a university course through English than through Irish. Few have the experience or practice of working with Irish at an appropriate level, even young people who proceed to university directly from secondary schools in the Gaeltacht or from Gaelscoileanna. And why would they, when the universities, that is, the intellectual and socio-economic driving force of the country, operate almost exclusively through the medium of English in an English-speaking world? Hardly any undergraduate courses are currently available through the medium of Irish, apart from programmes relating to the Irish language itself and a handful of other courses admitting a limited number of students every year.

To be frank, academic institutions play a very small role in the daily life of the speech community in general, and their Gaelic or Irish-language aspect is even less visible, either in the Gaeltacht or outside it. Their link with their language is not evident to the community, and neither is the potential for linking higher education, language and community development. The opposite is the case in regard to English. The English language remains

'unmarked' in the eyes of the public and the State, and the central position it occupies in development goes unquestioned. To the majority of English-speakers, a 'language question' refers to any language other than English. According to that logic, Irish-medium education is superfluous, something which is not essential, but which is provided at the margins or which is of secondary concern, as used to be the case in Canada when French-medium education was being deliberated, or in regions of Spain before the arrival of democracy. Unfortunately, advocates of education through the medium of Irish will have to prove their case to English-speakers, and as was outlined above, many speakers of Irish are also included in that category.

The Irish-language speech community and students: Course types

Those who are concerned with admissions and marketing issues in universities view the public as customers or potential customers. In the terms of their own discourse, they cater for a market. If they truly believed in their product, they would be willing to invest in the creation of a market for it. If a range of undergraduate and postgraduate courses through Irish were available, the programmes would have to be attractive to a bilingual community, who could choose between them and all other courses available through the medium of English. Irish-language academic programmes would have to be of the same standard as, or of a higher standard than, programmes available through English in the same field, in this country or abroad. It would be preferable, in fact, if their equivalents were not available through the medium of English. That was one of our arguments in Limerick when the Irish-medium MA in Sociolinguistics was at the design stage. Such a course is not currently available through English or through Irish in any other university in this country, and only a handful of similar postgraduate courses are offered internationally. In the case of courses offered through the medium of the Irish language, but which are not explicitly concerned with the language or its literature, it is clear that the courses themselves and those who design them must be leaders in the field, and very different from their predecessors. This need for innovation increases the challenges facing those involved in such projects, because permission and approval must be sought from university and State authorities, who tend to be conservative and hesitant about anything which deviates from long-established norms. The approval for the new postgraduate course in sociolinguistics in the University of Limerick was not unduly delayed, once external sources of funding were secured, in

particular from the Higher Education Authority's targeted initiatives scheme, but the course staff had an extra workload in having to prepare documentation in Irish, and then having to translate it all into English, to enable the various committees in the university's appraisal system to read and approve it.

There were a number of delays in publicising the course at first. The University's Academic Programme Review Committee requested that the title of the course and its constituent modules be in English. The course staff refused to provide this, as there was the risk that only the English-language translation, that is, the version considered unmarked by monolingual speakers of English, would be reproduced in University documentation. Although the stance of the assessors was nonsensical, in my opinion, because they knew what the title of the course meant from the translated documentation they had read about it, their action reflects an attitude which is prevalent in institutions which do not cater for the Irish-language community, and an attitude which is prevalent among Irish people in general, that being, that Irish is superfluous and that an English-language foundation is necessary for all courses, even those in which English will not feature. This course, as with other Irish-language courses in this country, is taught in an institution in which Irish is not central in its administration and way of thinking.

Although all lectures and tutorials are delivered in Irish, we have to use English-language texts. It would not be possible to provide comprehensive courses entirely through the medium of Irish without costly, long-term investment, particularly in human resources. The Irish-language community is not sufficiently large to fund such a scheme, and, therefore, we are entirely dependent on the goodwill of English-speakers towards the Irish language to secure the necessary resources. The most fundamental challenges facing us are to foster demand among Irish-speakers for the project, and to gain the support of the majority of the Irish public. This means having to seek funding from a large section of the population who will not want to use this excellent service. Despite the institutional difficulties involved, there is evidence that the public would be supportive of such a service. According to the three surveys that examined the attitude of Irish people towards the Irish language between 1973 and 1993, for example, approximately 70% of the those questioned agreed with the statement 'that the Government should provide All-Irish schools wherever there be a demand for them' (Ó Riagáin & Ó Gliasáin 1994: 27), although the results of those surveys did not indicate a particular demand for such schools. Irish-language education activists must build on that support in a way that sways public opinion in their direction.

Types of students

Firstly, one should not restrict the pool of potential students to young people who have just completed the Leaving Certificate. Education is a lifelong process, now more than ever, and if this is the case in regard to the English language, then it is even more relevant in regard to the Irish language. The universities must create a market for these courses, based on high standards and their distinctiveness. It would, of course, be possible to attract students. It is a certainty that some Irish-speakers would like to attend courses through the medium of Irish, particularly that section of the wider public known as 'the Irish-language community.' This refers to that section of the Gaeltacht population who are fluent in Irish, and another element of the population who were either reared through Irish or who have made the conscious decision to use it as the dominant language in their personal lives. That said, this still constitutes a small community, less than 5% of the total population according to the national surveys, and their number is even less if estimated according to the daily use of Irish as recorded in the Census of 1996. It would be difficult to provide a wide range of academic courses solely to cater for that market. Were an academic programme designed that was unique and more attractive than some of the courses available through English, it is conceivable that a high percentage of the population who have Irish, but who are not members of the speech community, would also apply to those courses. This would necessitate a large investment of time and resources under a definite national plan. Prior to making such a course available, one would need to consider some of the difficulties associated with the recruitment of students, both currently and in the future.

The linguistic challenge: the standard of spoken and written Irish

Most of my own research is concentrated on the Gaeltacht, although some of the ideas I propose here result from research that was carried out with colleagues in Limerick and in Tralee on the populations of Gaelscoileanna and of conventional schools in Munster. If courses in a wide range of fields were made available in Irish universities, it would be desirable that both staff and students would have a very high standard of Irish. One would automatically insist on high standards of English in the case of English-medium courses, and one should also expect this in regard to the Irish language. Unfortunately, this is not the case.

In quantitative research carried out recently (2000–02) among Irish-speakers in the Múscraí Gaeltacht region, Co. Cork, only 57.7% of respondents felt that they did not have any difficulties in the reading of Irish (Ó hIfearnáin: 2003). That is to say, even in the absence of testing or further investigation, more than 40% of these Irish-speakers from the Gaeltacht thought that they had difficulties in reading the language. Approximately half of young speakers, between 15 and 19 years of age, those potentially of university age according to general assumptions nowadays, considered themselves to have reading difficulties. Very few respondents read regularly in Irish, and in the qualitative interviews that were conducted during the winter of 2001-02, it was apparent that very few people write regularly in Irish and feel at ease in the medium. Local people attest to a similar situation in Corca Dhuibhne, although I do not have any accurate statistics with which to support their claim, and it is notable that these same difficulties have often been cited in other Gaeltacht areas in which I have worked in recent years. The directors of Gaeltacht *naíonraí* (Irish-medium playgroups) and primary-school principals estimate that a large percentage of children are not now proficient in Irish when they come from their homes to begin their schooling (Hickey: 1999). If these people do not engage with the written word, and if they are not surrounded by spoken language of the highest standard, then one cannot expect them to attain the standard necessary to undertake a university course in the future. This aliteracy, that is, the ability to read while not exercising it, is discernible throughout the community. It was indicated in 1993, for example, that only 1% of the Irish public regularly read books in the Irish language (Ó Riagáin & Ó Gliasáin 1994:12).

Towards a solution

Solutions can indeed be found to help raise standards. The universities of Ireland and the Irish-language intellectual presence, if they, or rather, we, can be so called, have neglected the development of Irish as a language and its role among those who speak it, in the Gaeltacht and all over the country. If Irish-speakers are not interested specifically in the study of the language and its literature, then they will have little exposure to it once they leave school. This is not the case in regard to English. Universities must take a more active role in the life of the Irish-language community, in the same way that they are almost ubiquitous in intellectual life in the English domain. Of course, this is not only a matter of instruction being available through Irish. All other aspects of university education previously alluded to must also be provided in Irish. An Irish-language intellectual presence must be visible on

television; it must be heard on radio. The qualitites of confidence and inquiry must be reintroduced into the sphere of the Irish language, and it must be demonstrated that Irish admits intellectual possibilities that are not available in English. The National University of Ireland, Galway, runs some programmes along these lines, and although not adequate, other Irish universities are making some effort in this regard. Lifelong learning is the new mantra in Europe, and the education of the Irish-language community in its entirety in order to sustain the language is our concern.

Among the questions that we were asked to discuss, was 'What are the structural models which would best suit the Irish-language community, a dispersed population? In my opinion, the State, and particularly higher-education institutions, which are a part of the State and which are therefore owned by the public, have a responsibility to service the language requirements of the Irish-language community, and to improve the standard of higher education among its speakers. The Irish-language community does not have a strong grasp on reading and writing. The standard of Irish required in the Junior and Leaving Certificate examinations needs to be revisited. They currently provide no intellectual challenge whatsoever to students who are not absolute beginners in Irish. The programmes are of little inspiration, and the language loses respect as a result. A development programme in literacy is urgently required in the Gaeltacht, and all over the country. The research and response required are tasks for a university.

In every faculty of the Univeristy of Limerick there are people who have excellent Irish, and I am certain that this is the case in other Irish universities, but ability to speak Irish is not the same as being able to teach a subject effectively and professionally through the medium of Irish. In-service courses are essential, as is professional support in the provision of terminology and texts.

One must acknowledge the dispersed nature of expertise in the Irish language. I do not envisage the establishment of a new institution which would bring all of these academics together, not at this stage at least, as such an exercise would prove too costly. Alternatively, I propose the establishment of a National Centre for Third-Level Education through Irish. The role of this centre would be to develop a plan that would attempt to address the issues and challenges mentioned above, which are:

- to secure the role of universities in the development of the speech community, and to include Irish-medium education in the National Development Plan

- to prepare a strategy to maximise resources already available and to see what might be provided in the near future. This would be a co-ordinated effort, to avoid conflict between the various institutions involved

- to develop new academic programmes which would be made available on a modular basis. Credits could be transferred between universities, with the possibility of combining standard modules with evening modules and modules in distance learning, until all criteria to obtain the qualification in question were satisfied. This model is already operational in some courses in Limerick, for example in "Applied Languages—Europe" on which students spend Years One and Four in Limerick, and Years Two and Three in universities abroad.

This proposal would not involve much cost initially, but it calls on university staff, universities themselves and the State, to take responsibility for the status of the Irish language and for education through the medium of the Irish language, as an integral part of its development.

REFERENCES

Hickey, T. 1999. *Luathoideachas trí Ghaeilge sa Ghaeltacht.* Údarás na Gaeltachta: Na Forbacha.

Ó hIfearnáin, T. 2003. 'Cumas agus cleachtas na litearthachta i measc daoine fásta sa Ghaeltacht.' in R. Ní Mhianáin (ed.) *Idir Lúibíní.* Cois Life: Baile Átha Cliath, lgh. 149–166.

Ó Riagáin, P. & M. Ó Gliasáin 1994. *National Survey on Languages 1993: Preliminary Report.* Institiúid Teangeolaíochta Éireann: Dublin.

University education in Irish with particular emphasis on the requirements of the Gaeltacht

PROF MICHEÁL Ó CINNÉIDE
NATIONAL UNIVERSITY OF IRELAND, GALWAY

Abstract

The only sustainable basis for the creation of university education in Irish is strong public demand. Contemporary university education is highly competitive and if university education in Irish is unable to stand its ground in comparison with that of other languages, it will fail. In order to attract staff and students of the highest standard, university education in Irish must have a good reputation. It must be creative, solid, innovative and energetic: the approach has to be comprehensive, co-ordinated, strategic and realistic. Teaching, research and scientific enquiry must be fostered side by side. There are huge opportunities with information and communications technologies which should be exploited in order to serve the scattered communities in question. As university education in Irish is established, it is timely to consider the importance of the development of clusters of related industries located next to each other. The Gaeltacht economy must be restructured in such a way as to make it reliant upon the development of modern skills in the

workforce. For the Gaeltacht to survive, a language-centred development plan should be implemented immediately. University education in Irish will assist greatly in realising these goals.

Introduction

This country has achieved international acclaim as a result of a huge increase in the provision of third-level education in the past generation. Fundamentally, education was seen as a long-term investment in the creation of human wealth. This wealth would be an essential resource in economic development. It would help the country to attract mobile investment from abroad, and would also aid in the development of native sectors of the economy. It was for this reason, more than any other, that a huge investment was made in third-level education in Ireland, with the results of that investment now evident in the comprehensive and diverse range of programmes and courses available to those who wish, and have the opportunity, to avail of them. The established universities have seen huge development. New universities have appeared on the scene. Institutes of Technology have been established all over the country, and a wide range of post-leaving certificate academic and training courses is now available, which cater for the needs of young people. These facilities are constantly being improved and expanded upon. Development has reached such a level, that the majority of secondary school pupils in this country have the opportunity to attend third-level courses. It seems that most of them do, indeed, avail of this opportunity, as evinced by the exceptional growth in the number of students attending third-level courses in Ireland in recent years. Moreover, in recognising the indisputable success of the Irish economy in recent times, one must also acknowledge the critical role that investment in human resources has played in the creation of this development and its concomitant prosperity.

It is not evident that courses through Irish have been developed to the same extent as have third-level courses in general. Indeed, with the exception of one-off attempts here and there, no substantial progress was made in this sector during the revolution in higher education. No strategic plan was implemented, nor even outlined, to ensure that third-level education through Irish would be developed proportionately, concurrently and in parallel with third-level education through English. Certain institutions, and certain individuals within those institutions in particular, deserve a lot of credit for their positive efforts to provide higher education through the medium of Irish over the years. These initiatives often received limited funding. There

was little development of teaching resources to support them, and prospective students were given scant encouragement to take on a course through the medium of the Irish language. Frequently, those who did, had toil and a doubled workload as their only reward. Clearly, Irish-speakers and the Gaeltacht community were neglected in this regard, and in many respects, the status of Irish in the Gaeltacht and in the country in general testifies to this neglect.

The educational system, apart from the household, is considered the most important vehicle for the transmission of the Irish language from generation to generation, and it is certain that the status of Irish in the Gaeltacht, and indeed, all over the country, would be far weaker than is currently the case, without the support of the educational system (Ó Cinnéide et al, 2001). That said, however, the current educational system is clearly not serving the Irish-speaking and Gaeltacht communities as it should. Because third-level institutions in particular have failed to such an extent to adequately serve these communities, there is now a dearth of professionals who have the ability to carry out their work through Irish (Ó Cinnéide et al, 2001). Gaeltacht and all-Irish schools are finding it difficult to recruit suitable teachers as a result of the insufficient number of graduates emanating from third-level colleges with the ability to teach through Irish (Comhdháil Náisiúnta na Gaeilge, 1994). Many other services are not being provided to the satisfaction of the Gaeltacht community because those who deliver them lack either the language or other vital resources necessary to their provision. The Gaeltacht is in need of integrated development, which takes economic, social, linguistic and cultural demands into account. To accomplish this, expertise is required, as well as people who are trained appropriately in various professions. The necessary research and teaching programmes which should provide those two input elements appear to be lacking at the moment.

This is a critical time for Gaeltacht and Irish-language communities. If these communities are to build on what they have achieved in recent years, then their needs in terms of university education must be addressed. (Comhdháil Náisiúnta na Gaeilge, 1994). The objectives of Irish universities are outlined in legislation in the Universities Act (1997). One of the objectives mentioned in the Act, which is particularly interesting in the context of the subject of this conference, is that which entrusts the universities with the promotion of the official languages of the State, and Irish in particular, a policy which would, of course, also meet the needs of the Irish-speaking public. As it happens, strategic plans are currently under development, and are even being implemented, in some universities. The National University of Ireland,

Galway, has a special obligation with regard to the development and delivery of university courses through the medium of Irish, under the University College Galway Act (1929), and is located on the threshold of the largest Gaeltacht area in the country, as well as having a long tradition of providing for students from the Kerry and Donegal Gaeltachts. This aspect is, therefore, given special recognition under the university's strategic plan, and a new structure for the development of Irish-medium university education has been established recently (Ollscoil na hÉireann, Gaillimh, 2003). Other universities have also expressed a strong interest in this field. Accordingly, this conference is timely indeed, as the needs for university education through Irish and how best to address those needs merit examination and discussion.

University Education through Irish— Who is it for?

Who would choose university education through the medium of Irish, were it available without question? This is a fundamental issue. The market, and the nature of that market in particular, need to be clearly identified. It is generally accepted that such a project would focus on the requirements of Gaeltacht communities and Irish-speaking communities outside the Gaeltacht, of all ages. Although the needs of these communities in terms of university education are identical to those of any other community, it must be understood that they display specific characteristics, from which particular difficulties emerge when it comes to the provision of a comprehensive service in the field of Irish-medium third-level education. Firstly, they do not constitute a distinct geographical entity. The Gaeltacht community itself is scattered all over the country, from Ráth Cairn in Meath to Uíbh Ráthach in Kerry, from An Rinn in Waterford to Toraigh in Donegal. The strongest and most populous Gaeltacht communities are to be found in small remote pockets on the west coast, particularly in Galway, Donegal and Kerry. Outside the Gaeltacht, elements of the Irish-speaking communities are found in every county in Ireland and even abroad, although it is assumed that most of them live in Dublin.

It is estimated that in excess of 3,000 pupils attend post-primary Gaeltacht schools, that close to 6,000 more attend all-Irish post-primary schools outside the Gaeltacht, and that up to 1,500 students complete their studies in these schools annually. Only a certain percentage of these proceed to university, and even if the majority thereof could be attracted to Irish-language third-level education, it is unlikely that their numbers would be sufficient to sustain

a full range of university courses on a viable and cost-efficient basis. An alternative interpretation of the situation, however, is that the availability of university education through Irish would give a new lease of life to the Irish language in post-primary schools and that the number of students who do their schooling through Irish would increase. In this context, also, it is pertinent that the requirements in this era of lifelong learning be recognised, and it must be ensured that the needs of adults as well as those of the traditional university age profile are met adequately.

Another issue which arises is the number of such students who have the linguistic ability to undertake university education through Irish. It is without question that many students from the official Gaeltacht do not have the necessary mastery of the language to enable them to pursue a university course through the medium of Irish. One must also acknowledge the fact that Irish is not the primary concern for the majority of students in their selection of a university course. For example, it is obvious that many students are drawn to third-level institutions near their homes. Undoubtedly, many other criteria are taken into account when decisions are being made about third-level education. It is clear, therefore, that a campaign for Irish-medium university education cannot take the Gaeltacht and Irish-speaking communities for granted. These communities constitute a source from which students can be recruited, but in which university education through Irish will have to compete with various other third-level programmes. Irish-medium university education need not be restricted to fluent Irish-speakers. It would be laudable, for example, to cater for students not fluent in Irish, but who wish to become so, as long as the number of such students were not so great as to compromise the Irish language, or the Gaelic milieu of the university.

It is widely known that the Irish-speaking community and the Gaeltacht community make use of Irish-language services according to how satisfactory or unsatisfactory they deem them to be (Ó Cinnéide and Ní Chonghaile, 1996). They tend not to use a defective or poor quality service to the same extent as they use one deemed satisfactory. Nevertheless, the majority of Gaeltacht and Irish-speaking communities take advantage of good services through Irish where they are available without question. Some students from the Gaeltacht choose the English version of a university course instead of the Irish-language version for various reasons, among them, the fact that the standard of the service in Irish often leaves much to be desired. It is clear, therefore, that Irish-language university education is not unique when it comes to attracting a market for its services. Students nowadays have many options to choose from. Their range of options is expanding all the time.

111

University education is also highly competitive. Competition is set to intensify in the coming years, as the traditional age cohorts in universities in this country contract. University education through Irish must be of an exceptionally high standard if it is to prove attractive to students. It would be preferable to see the demand for university education through Irish resulting from its reputation, as opposed to resulting from the artificial creation of demand by other means.

University education through Irish is doomed unless this be addressed. In order to succeed, it must be built on a robust foundation. The fundamental principles of university education must be strictly adhered to. Unless this is ensured, it will lack the creativity, substance, innovation and energy required to win the respect of the academic community here and abroad. A high profile is essential in order to secure public demand for its programmes. One must also be realistic, and accept that it will not be possible to provide every category of university course all at once. Initially the focus should be on the most practicable and urgently required programmes; they should then be established, and expanded upon as necessary. As is the case with all-Irish primary schools, if Irish-language university programmes gain a good reputation, then demand will grow over time, and supply will also be increased, even if great difficulties must be surmounted from time to time. Substantial demand from students, founded on the merits of the courses and programmes available, is the only basis on which university education through Irish can be firmly established.

Staff recruitment

Irish-language university education will not succeed unless it proves possible to recruit staff of the highest calibre to undertake this project. One must recognise that setting up an academic programme through Irish is a difficult and challenging task, even for those who are fluent in the language. The development of appropriate terminology, the preparation of teaching resources, the teaching of subjects using a language which lacks substantial reading materials, is difficult and problematic, and, accordingly, students and teaching staff have little opportunity to familiarise themselves with technical terms or expressions in the Irish language. An appropriate support system needs to be developed to ensure that all resources, human resources in particular, which are necessary to make programmes available which are of the same standard as their English-language equivalents, are continuously developed and updated.

These difficulties must be recognised when policies and recruitment strategies are being formulated, and when the working conditions of the staff are established. The recruitment of experts who have the ability to fulfil the duties of a university post through the medium of Irish is no easy task. Many of those who have the appropriate qualifications and the necessary proficiency in Irish have established themselves in other universities and institutions all over the world, and frequently, Irish-medium university education is not their top priority. Many of them are immersed in their work, and concerned with other issues such as research opportunities, the challenges of daily life, family ties and freedoms, friends, and an environment they enjoy. This is not to suggest a lack of mobility on their part. It appears that they are, indeed, mobile, as evinced by the thousands of experts, fluent Irish-speakers among them, who have returned to this country in recent years. It is also a fact that these experts move from institution to institution and even from country to country during the course of their lives.

It can, therefore, be assumed then that a certain proportion of these specialists could be drawn towards Irish-language third-level education, were sufficiently attractive conditions created for them. Some of them would have to be recruited on a full-time basis, and access to expertise could be provided on a part-time basis, particularly through the media of information and communications technologies. In the long term, university education through Irish would in itself provide a solution to this problem, by directing its own postgraduate programmes. In the interim, it would be prudent to develop a scheme to encourage Irish-speakers to undertake postgraduate programmes in universities in this country and abroad, so that the number of people with appropriate academic qualifications and who could, therefore, be employed in an Irish-language university, would be constantly expanded.

The Role of Irish-language University Education

The most fundamental objective of university education is the development of the individual by adding to his knowledge and understanding of the world. This is achieved through teaching, research and scientific investigation. It is the duty of universities to foster independent, critical thought in their students. A questioning and inquiring approach to knowledge and understanding should be nurtured in students (McDonagh 1994). In the case of contemporary universities, it is customary to include additional objectives

related to their role as engine of economic, social and cultural development. They are also expected to tackle the specific developmental needs of the public they serve. They also oversee particular educational and training programmes, to provide the skills required by the labour market. They focus their research on areas of particular relevance to their hinterland, and endeavour to find new solutions to complex problems which affect the public. They are often asked to carry out objective reviews of practices in specific sectors or of various programmes or projects, and are expected to provide an honest and professional assessment, based on expertise, on academic freedom, and on the independence that befits a university, regardless of the implications for themselves or for others.

Irish-language university education, therefore, is not synonymous with the provision of courses through the medium of Irish. That comprises a fraction of the work, and not only that, but this fraction depends a great deal on the university fulfilling all of its other roles simultaneously and to the same level of perfection. There is a particular need for research in the economic, social and linguistic fields which are of central importance in the securing of the future of Irish and the Gaeltacht. Contemporary ideas, concepts, theories and technologies must be tackled through the medium of Irish. The creation and development in the medium of such ideas, concepts, theories and technologies relating to contemporary life is also imperative (Ó Muircheartaigh 2002). Towards this end, a comprehensive support system is required, to foster a culture of contemplation and deliberation among staff members, to ensure that the philosophy of education and the context in which it is provided are developed continuously (Comhdháil Náisiúnta na Gaeilge 1994).

There is no apparent correlation between the teaching proficiency of university lecturers and the amount of research they conduct. Although an individual university lecturer need not be active in research in order to be an excellent teacher, it is widely acknowledged that a research culture should form the foundation of every university educational programme. An inquiring mind and the ability to reason should be fostered in students. The volume of knowledge a student possesses on a particular topic is not the best standard by which to assess a university course, but rather the ability of a student to continually acquire and assimilate new information (Taylor 1999). The rapidly changing nature of contemporary life means that university graduates need to be able to update their skills on a regular basis. Fundamentally, this amounts to the ability to analyse and the ability to carry out research. To nourish and strengthen these skills in university students, it is essential that university staff be involved in research on a regular basis. Without this research culture

as the foundation of a university educational programme, it is unlikely that an inquiring mind or the ability to conduct systematic scientific investigation can be fostered in students (Skilbeck 2001).

Irish-language university education has a central and critical role to play in the strategic development of the Gaeltacht. Údarás na Gaeltachta is the government agency, established in 1979, which was entrusted with the responsibility for the development of the Gaeltacht. Therefore, the ideas expressed in a strategic statement on the future of the Gaeltacht which was recently prepared by Údarás is worthy of attention (Údarás na Gaeltachta no date). According to the statement, the primary goal of Údarás is to strengthen and perpetuate a thriving Gaeltacht community, defined by language, culture and environment, through the implementation of an integrated development strategy, which is language-sensitive and language-positive. They have set before them the creation of a modern, vibrant economy, based on the development of competitive enterprises, combining new and traditional skills, and of beneficial employment in various sectors. They realise that the economy of the Gaeltacht must be remoulded and restructured in order to create employment opportunities that are in harmony with the employment aspirations and with the social and cultural needs of the Gaeltacht community. New industries must be supported, side by side with old industries, taking advantage of the opportunities arising from the modern technologies of computers, telecommunications, information processing, the Internet, e-commerce and related enterprises. It is essential that community development, the development of the social economy and that of the social infrastructure form an integral part of any comprehensive development strategy which has the continuing existence of a speech community as its fundamental objective (Ó Tuathaigh 1999).

The creation of a modern, service-based economy of this kind constitutes a huge developmental challenge for Údarás. An even greater challenge is implementation in a way that perpetuates and strengthens the position of Irish as the language of the community in the Gaeltacht, as it is common knowledge that economic development has specific linguistic implications (Mac an Iomaire 1983; Ó Cinnéide et al, 1985). As the information society grows, Údarás recognises that the acquisition of skills and knowledge of the highest calibre by the Gaeltacht communities will be essential to ensure the prosperity of these regions in the future. The availability of skills and the creation of an environment in which people can constantly enhance and improve their education, their knowledge and their expertise, must be made an urgent priority (Údarás na Gaeltachta, no date). They realise that a culture

of lifelong learning must be fostered in these communities. According to Údarás, a new kind of co-operation between Údarás itself and educational institutions is essential to meet this new challenge. It is an urgent matter of policy for them to find ways to promote native enterprises within the Gaeltacht, by taking a much more active part in the development of human resources in the workplace and in the community, working in partnership with the educational institutions. These institutions must develop flexible structures and systems to ensure that the educational needs of the Gaeltacht community are met. According to Údarás' strategy statement, there is an urgent need for new educational programmes which link skills in information technology and in communications, and which promote and encourage initiative in enterprise. It is also essential that the individual, and his or her language and environment, is central to the development process. It is apparent from this strategy statement that there is an urgent need for university education through Irish in order to develop a sustainable and thriving economy in the Gaeltacht.

Development and delivery of academic programmes

There is a long tradition in certain departments in particular universities of the provision of course modules through the medium of Irish, side by side with the English-language version. This practice depends to a large extent on the enthusiasm and goodwill of individual staff members. Although great credit is due to those who take on this extra workload, frequently without reward or recognition, this situation is less than satisfactory, and is reflected in the lack of growth and development in this sector over the years. The provision of fragments of courses on an ad hoc basis, according to the university's varying resources, is wholly inadequate. Frequently, such courses lack continuity, as it is not always possible to employ staff members who are willing and able to fulfil the duties of their post through Irish, as did their predecessors. When this happens, lack of continuity undoubtedly damages the whole Irish-medium education initiative. Nor is it satisfactory to assign courses through Irish to part-time teachers, as is sometimes the case. Such practices often undermine the credibility of Irish-language university education.

The success of university education through Irish will largely depend on the standard of the academic programmes provided. It is worth considering what Purser (2000) had to say on this subject in regard to bilingual universities:

....it should be emphasised that the academic foundations of the bilingual university should be as solid as those of any other university, and its basic activities, as excellent as anywhere else. Otherwise the university is not providing a real service, either to the specific linguistic group or groups it purports to be addressing, or to the wider regional, national, and global academic communities of which it must be part.

It must be ensured, at all costs, that students who opt for university education through Irish will not be placed at a disadvantage. If they feel aggrieved, for one reason or another, it will soon be in the public domain and the reputation of the university will be tarnished, which would have a detrimental effect on demand for the university's programmes and would lead to low morale among the staff. To keep up the momentum behind university education through Irish, students must see it as a privilege. Both students and staff must be proud of it, in order to secure a future of viable growth and development.

University education through Irish will succeed only if comprehensive, enduring programmes are planned professionally from the bottom up. A small number of such programmes are already in existence, and appear to be flourishing. These efforts must be enhanced and consolidated in order to produce the necessary critical mass to create and strengthen the public profile of university education through Irish. This cannot be done without resources which are necessary to establish and manage any university. Staff, buildings, and support services such as a library, communications and computer equipment, and more, must be provided. Opportunities for sabbatical leave, attendance on staff development courses, and links with other universities, must be made available to staff. A review system and structure must be created to ensure that the standard of the programmes is satisfactory. (Conference of Heads of Irish Universities, 2003). University education through Irish will incur costs, set-up costs as well as running costs, and it must be resourced in a manner which bears favourable comparison with the financing of university education in general.

The overnight development of a wide range of programmes is not realistic. Even if funding were not an issue, it would be wise to develop programmes on a gradual basis, and to assess and consider the lessons of those developments when new courses are being designed. The prioritisation of the programmes most critical for the future of the Gaeltacht and the Irish language all over the country is advisable: for example, linguistic programmes with a focus on Irish and on linguistic behaviour in relation to Irish, teacher training programmes, as well as various programmes which would aid the development

of a thriving and sustainable economy in the Gaeltacht. It would be regrettable, however, if university education through Irish were based on programmes that were too parochial in nature. It must be ensured, therefore, that the programmes available are as diverse as their equivalents in other universities, and that students be given the opportunity to spend a term in foreign universities, if they so wish. It would be of great benefit to Irish-medium third-level education if links and exchange programmes were developed with other universities which also cater for minority-language communities.

Information and Communications Technologies

The capabilities of the modern information and communications technologies are viewed simultaneously as an opportunity, a challenge and as a threat to the traditional concept of the university. A benefit of these technologies is that students can use them to access sources of information in an attractive and cost-effective manner. They constitute an enhancement of traditional teaching and learning methods. There has been a large increase in the availability of high-quality multimedia educational software on the market. The Internet is a very effective medium in the dissemination of information and in facilitating interactive communication between class members, even when they are not in the same physical location. Young people today are great enthusiasts of these modern communications media. It is likely that, in the future, they will replace the lecture as the most widely-used method of instruction. The primary role of academic staff will shift from lecturing to the provision of small tutorials which will facilitate interaction, even on an individual basis. These trends are already evident in certain developments in the programmes of traditional universities, and in the huge increase in the provision of academic courses transnationally by virtual universities. Undoubtedly, these virtual universities, whose strength lies in the cost-effective and creative use of modern communications technology, will provide strong competition for traditional campus-based universities in the coming years. (Skilbeck, 2001; Taylor, 1999).

Developments in the technologies of information and communications are a challenging opportunity for university education through Irish. The Gaeltacht and Irish-speaking communities are dispersed in nature, and therefore, it is difficult to provide them with a wide range of services, Irish-language university education included, as a specific community. These new technologies

make it possible to overcome difficulties associated with geographic isolation. They afford universities the opportunity to make academic programmes available even to small communities in faraway places. Ensuring, however, that co-ordinated investment is made in this technology and in the human resources necessary for its management, which will yield a planned programme of complementary projects rather than a random selection of technologies, is a huge challenge. With the correct approach, one could draw on expertise in different universities in order to provide full academic programmes in a wide range of subjects. It would be possible, for example, to commission staff with the appropriate expertise in various universities around the world to supply courses or course modules through the media of these technologies. Of course, the courses and modules would have to be combined in a co-ordinated fashion. There would also be a need for premises in which the students of these courses could meet from time to time, to discuss and consider issues with their tutors and fellow students. A number of such education centres have already been established in the Gaeltacht, and which would require limited investment to adjust to this new task. The regional telecommunications infrastructure in Ireland leaves much to be desired, however, and it must be developed to enable people to take advantage of the educational opportunities associated with new technologies.

The benefits of clusters

A strong emphasis is currently placed on the great competitive advantages associated with the co-ordinated development of clusters of related projects. It is widely recognised that the various projects in a cluster are of great mutual benefit to one other, as the cluster creates the critical mass required to secure the availability of the inputs, in the form of services or otherwise, which is necessary for the success of the particular project, to which the cluster belongs. The critical mass of the cluster will lead to a higher profile for the area, which will give a competitive edge to the various projects in that region. Relevant, also, are alliances which evolve from the personal contact between people in related projects, as is the mutual trust that grows between them. This concept is widely recognised in economic development policies and strategies the world over. Cluster patterns in contemporary projects provide an insight into the practical nature of this concept. According to Porter (1998):

> *Clusters are a striking feature of virtually every national, regional, state, and even metropolitan economy, especially in more economically advanced nations.... Clusters are not unique, however; they are highly typical—and therein lies the*

paradox: the enduring competitive advantages in a global economy lie increasingly in local things—knowledge, relationships, motivation—that distant rivals cannot match.

Assuming that it would be greatly beneficial to university education through Irish were it to be clustered with related projects, the (controversial) issue to be addressed is where best to locate a cluster. The Gaeltacht, not to mention the Irish-language community outside the Gaeltacht, has no natural, geographic focus. For this reason, no specific centre in the Gaeltacht is currently recognised, or functions, as a services centre for the Gaeltacht. Lacking an urban Gaeltacht centre, huge problems are associated with the provision of public services in general in an equitable way to the people of the Gaeltacht, as a distinct community. Accordingly, no particular locality stands out as a suitable location for an Irish-medium university cluster. Proposals could equally be made in favour of several centres in each of the larger Gaeltacht areas, or, indeed, in favour of a location outside the Gaeltacht.

It is my opinion that Galway would be best suited to consolidate this initiative. The Galway Gaeltacht is the largest Gaeltacht region in the country. Irish-language university centres have already been established in this area, where Gaeltacht education projects have been up and running for a long time. A cluster of projects associated with the audio-visual industry is also located in this region. It is here that the headquarters of the larger players in the world of Irish-language media are situated, including Raidió na Gaeltachta, TG4 and *Foinse*, the weekly newspaper. Galway City is situated on the threshold of this Gaeltacht region, and parts of the city are in the official Gaeltacht, although they are not Gaeltachtaí in the true sense of the word. A strong economic, social and cultural interaction exists between the city and the Gaeltacht on its threshold (Ó Cinnéide and Keane, 1988). It was in recognition of this fact that *Gaillimh le Gaeilge* was established to ensure that Irish-language elements in the city are constantly developed. It is apparent from the organisation's annual reports that their campaign is a successful one, and that the Gaelic spirit of the city is going from strength to strength. As the only city on the periphery of the Gaeltacht which also provides many services to the Gaeltacht, the Minister for Community, Rural and Gaeltacht Affairs recently announced that the possibility of according Galway the status of a Gaelic city was to be examined.

It is to be acknowledged that the third-level educational requirements of the Gaeltacht and Irish-language communities are being catered for to some extent by various institutions (for example, Dublin City University, University

College, Cork, the Letterkenny Institute of Technology) but none of them can compare to the tradition we have in Galway. Galway-Mayo Institute of Technology has long been teaching programmes through Irish. The National University of Ireland, Galway, has endeavoured to provide its own share of Irish-medium university education, according to its obligations in legislation under the University College Galway Act (1929), and a new development strategy is currently being prepared to specifically address the needs of the Gaeltacht and Irish-speaking communities as a unit (Mac Donnacha, 2001). It is currently a priority for the National University of Ireland, Galway, to 'develop a new structure and approach to support the sustainable development of teaching and research activities through Irish' (Ollscoil na hÉireann, Gaillimh, 2003). In the National University of Ireland, Galway, more than in any other university in the country, senior management has indicated its support for the concept of Irish-language university education in recent years (Ó Muircheartaigh 2002). They have indicated their willingness to support a radical project in order to promote university education through Irish. Without strong institutional support, it is unlikely that individual efforts would achieve long-term success, regardless of their levels of enthusiasm. The National University of Ireland, Galway is not currently meeting all the needs of university education through Irish, but, nevertheless, it is still the largest provider of Irish-medium university education at the moment. It has the largest concentration of academic experts who are qualified to fulfil the duties of their post through the medium of Irish and who are also experienced in this task. I hardly need mention again the difficulties associated with the recruitment of staff, with both academic expertise and proficiency in Irish. Easy access to this human resource is another major advantage for Galway as the location for the Irish-medium education initiative.

Conclusion

A high profile is essential to ensure the success of Irish-language third-level education. The public it serves must be in no doubt about its merits. They must be convinced that the education they receive is as good as, if not better than, that provided by other Irish universities. This cannot be achieved instantaneously in a wide range of programmes. One must be sensible, realistic and patient. Priority must be given to the most urgently required programmes. They must incorporate both teaching and research. Independent, scientific investigation must be promoted as an integral part of the learning process. The most capable people must be recruited to deliver the courses. Information and communications technology and flexible models must be

used creatively to maximise the number of students and experts participating in the project. The scheme must be marketed well, to ensure that academics have accurate and detailed information about it. University education through Irish will gain a reputation, here and abroad, as a result of these programmes. An increased number of students will be attracted to it. It must grow in an organic fashion, through the development of new programmes and the enhancement of established ones.

Once Irish-language university education has been established on a strong basis, then half the task will have been completed. Gradually, with the increased availability of graduates who are highly qualified through the medium of Irish, and with the increased knowledge and understanding of the spheres of the Irish language and the Gaeltacht which will evolve from their studies, the influence of university education through Irish will go to the heart of Irish life. University education through Irish will fulfil the same developmental role in the Gaeltacht as other universities do in the regions they serve. It will have a hugely positive effect, in particular, on economic, social and cultural affairs in the Gaeltacht. Irish-medium university education will have a beneficial role in the creation and strengthening of a Gaelic milieu all over the country. That huge costs will be involved is indisputable, but, of course, a lot of those costs are those already associated with the provision of university education in general.

REFERENCES

Comhdháil Náisiúnta na Gaeilge, 1994. *Staid-Pháipéar ar Sholáthar Oideachas Tríú Leibhéal trí Mheán na Gaeilge.* Dublin.

Conference of Heads of Irish Universities, 2003. *A Framework for Quality in Irish Universities: Meeting the Challenge of Change.* Dublin.

Mac an Iomaire, P., 1983. Tionchar na Tionsclaíochta ar Ghaeilge Chonamara Theas, in *Teangeolas*, 16, 9–18.

Mac Donnacha, J., 2001. "Serving the Third Level Education Needs of the Gaeltacht," in O'Connell, A (ed.), *Rural Issues in Higher Education,* Cork: Higher Education Equality Unit, 141–148.

McDonagh, E., 1994. "Teaching in the Mission of the University, in Ollscoil na hÉireann," in *The Role of the University in Society,* 95–102.

Porter, M. E., 1998. "Clusters and the New Economics of Competition," in *Harvard Business Review.* November–December 1998, 77–90.

Purser, L., 2000. "The Bilingual University—General Reflections on its Origins, Mission, and Functioning." *Higher Education in Europe*, 25(4), 451–459.

Ó Cinnéide, M. agus Keane, M. J., 1988. *Tionchair Áitiúla Shocheacnamaíocha a Bhaineann le Gaeltacht na Gaillimhe*. Gaillimh.

Ó Cinnéide, M., Keane, M. agus Cawley, M., 1985. "Industrialization and Linguistic Change among Gaelic-Speaking Communities in the West of Ireland." in *Language Problems and Language Planning*, 9(1), 3–16.

Ó Cinnéide, M. agus Ní Chonghaile, S., 1996. *An Ghaeilge san Earnáil Phoiblí i gCeantar na Gaillimhe*. Gaillimh.

Ó Cinnéide, M., MacDonnacha, S., agus Ní Chonghaile, S., 2001. *Polasaithe agus Cleachtais Eagraíochtaí Éagsúla le Feidhm sa Ghaeltacht. Tuarascáil Chríochnaitheach do Choimisiún na Gaeltachta*, Gaillimh.

Ollscoil na hÉireann, Gaillimh, 2003. *Plean Straitéiseach do OÉ Gaillimh*. Gaillimh.

Ó Muircheartaigh, I., 2002. Ollscolaíocht Ghaeilge—Deiseanna agus Dúshláin in *The Irish Times*, 17 July. Dublin.

Ó Tuathaigh, M. A. G., 1999. "Ráiteas an Chathaoirligh", in: *Údarás na Gaeltachta: Tuarascáil Bhliantúil 1998*. Na Forbacha, 8–9.

Skilbeck, M., 2001. *The University Challenged: a Review of International Trends and Issues with Particular Reference to Ireland*. Higher Education Authority, Dublin.

Taylor, P. G., 1999. *Making Sense of Academic Life: Academics, Universities and Change*. Buckingham: The Society for Research into Higher Education & Open University Press.

Údarás na Gaeltachta, no date. *Údarás na Gaeltachta: Ráiteas Straitéise 1999–2001*. Na Forbacha.

An Irish-language university: let us avoid 'White Elephants'

DR ARTHUR J. HUGHES
UNIVERSITY OF ULSTER, BELFAST

Abstract

It is a great honour for me to be invited to speak today at a conference on university education in Irish. Such a conference is timely and we must not allow university education through Irish to remain a dream or a false vision, but rather we must regard it as a service and a fundamental educational right for present and future generations. We have a wonderful opportunity—not to mention the responsibility that lies upon us—to prepare the path ahead in order to provide the infrastructure for such a development.

Of course, this project will not be realised overnight, nor will it be implemented without a struggle. Despite this, we are presented with huge opportunities and it is for this reason that this conference has been convened. Different perspectives from various scholars will be heard at this conference, but for my own part I would like to draw attention to the following aspects:

- A campus, or campuses, for an Irish-language university, in the heart of the Gaeltacht

- Part-time education at large-scale locations throughout the country, or even abroad

- The ethos of the university: student-centred.

Campus

Regardless of where a campus, campuses or a university would be located, it must be considered that they would be locations that would provide employment at various levels, from academic and administrative staff, to those employed in the services industry (cleaning, catering), as well as other aspects, including accommodation and other related economic wealth brought into the area. In the mid-1960s there was a well-renowned case regarding the establishment of such a university in the six counties. Needless to say, economic aspects were at the forefront of the debate.

In this country attention is continually drawn to the division between 'North' and 'South'—or between 'the Six Counties' and 'the Twenty-Six Counties'. However, attention is rarely drawn to the division between 'East' and 'West'. Little attention is drawn to this division in English, despite the fact that such references exist in abundance in modern Irish literature. In the East, home of the capital city, sits the Dáil, the majority of the population, the powers that be. Despite Ó Ríordáin's advice to depart from this 'Valley of the mad', it is no easy task:

> Leave the Valley of the Mad in the East,
> And what you have of this age of our Lord in your blood,
> Close your mind to what has happened
> Since the Battle of Kinsale was fought,
> And since the burden is heavy
> And the road long, erase from your memory
> The yoke of English civilisation...

Even if the task is not as simple as Ó Ríordáin imagines it to be, we have the opportunity to take some small steps in the right direction. In many ways, it is no great surprise that the power lies in the East, as it is in the East that the majority of the people of Ireland reside. I believe, however, that the time is right to awaken the West from its sleep.

There are those who claim that the language policies of the Free State and the Republic of Ireland were based on the aims of the Gaelic League. The following presents Ó Murchú's (1993: 476) summary of the language policy of the state in the initial stages:

> to make the use of Irish a normal part of Government and of Public Administration;
>
> to make the acquisition of Irish a central aim of the public education system;

to maintain and develop Irish-speaking communities of the Gaeltacht;

to promote the use of Irish as an ordinary means of communication throughout the State.

Clearly, the work undertaken, goals attained and endeavours of the Gaelic League deserve recognition and praise. Nonetheless, such efforts were not without fault and the obvious neglect of the West of Ireland is the most obvious of these. The lack of a strong economic strategy for the Gaeltacht is presumably the most persistent irritation caused by this vacuum—for the West of Ireland in particular. In the mid-1960s, Caoimhín Ó Danachair (1969: 118) described the lamentable way in which the population of indigenous Gaeltacht regions fell by approximately 50% within every generation subsequent to the founding of the State, despite the status of Irish as 'First Official Language'. Even today discussions abound about the necessity for confirmation and clarification of the precise territory of the Gaeltacht region. The medals and emblems referred to by Dúghlas de hÍde (1892: 532) do not suffice in any respect.

> *But in order to keep the Irish language alive where it is still spoken—which is the utmost we can at present aspire to—nothing less than a house-to-house visitation, and exhortation of the people themselves will do, something—though with a very different purpose that James Stephens adopted throughout Ireland when he found her like a corpse on the dissecting table.* **This and some system of giving medals or badges to honour every family who will guarantee that they have spoken Irish amongst themselves during the year.** [My emphasis]

Furthermore, the grants that were paid (and are still being paid) for rearing children through the medium of Irish in the Gaeltacht did not (and do not) suffice. Neither of those elements is effective in discouraging a large percentage of the youth of the Gaeltacht from emigrating or in putting a stop to the decline of the language as an effective and confident medium of everyday communication in the Gaeltacht region of mixed Irish and English (Breac-Ghaeltacht). Substantially little has changed in the last hundred years or since these grievances were first articulated to Pearse himself in the Connemara Gaeltacht. We must deal with more substantial and concrete issues. The law almost had to be broken in order to achieve the establishment of Raidió na Gaeltachta, and the development of a television station was achieved very late. Ultimately, both are valuable and even though certain business projects developed in the Gaeltacht have flourished, a substantial injection of economic assistance into the Gaeltacht is vital in order to prevent further decline of old established Gaeltacht regions.

New proposals and models are required to improve the economic infrastructure of the Gaeltacht and to inject a new confidence into the community. To this end, Irish must be associated with economic advantages and young parents must regard Irish as a valuable asset for the family.

With all due respects to the large towns, such as Letterkenny, Tralee, or even Galway city itself, a permanent campus (or campuses) for an Irish-language university ought to be located in the heart of the Gaeltacht itself. It is vital to ensure that the Irish language will feature prominently and that the students will not merely receive education through the medium of Irish, but rather that a strong Irish ethos will exist in the surrounding environment, offering necessary facilities such as shops, accommodation, a lively Irish community and other such services.

Furthermore, it would be worthwhile to encourage both young Irish and young foreigners to these institutions—regardless of whether or not the foreigners are part of the diaspora. Careful linguistic management would be required. Perhaps it would be advantageous also to establish a Kibbutz or an Irish-language business park in the vicinity, along with effective training in the language. Fresh, imaginative models would underpin the revival of Irish while also retaining parts of the West as true Gaeltacht regions, equipped with modern infrastructure. Without these, the future of the language is insecure.

The adult learner and the mature student

Clearly, I would not be in favour of establishing a university in any particular area that would cater solely for the educational needs of young people. A Gaeltacht campus is indeed necessary. However, all age groups in all quarters of the land, within the Gaeltacht, and outside of it, must be accommodated.

In his report on university education in Britain some years ago, Sir Ron Dearing suggested that there should be variation in the type of course that would be offered at a standard university other than BA and BSc degrees.

At this stage I would like to refer to my own personal experience of teaching Irish on both a foundation-level course (similar to a Diploma) and a Degree course (BA). Four years ago I established a Diploma, of two-year duration, in the University of Ulster, Belfast. Each year this course attracts between 50 and 60 students, which proves the demand. As a testimony to the demand, we only need consider the subsequent implementation of similar programmes

in other towns such as Derry, Armagh, Coleraine—not to mention Gaeltacht regions, such as the Rosses in County Donegal.

These examples indicate that there is a relatively large community which shares similar needs and desires:

- Training in the Irish language

- Education at university level on a part-time basis.

Furthermore, the geography also indicates that an Irish-language university should not remain within the territorial confines of the Gaeltacht regions. With a little ambition and forward thinking, similar services could be extended to other countries.

Large-scale locations without 'white elephants'

However, we must, as the title of this paper implies, avoid white elephants, however desirable and commendable a plan of offering courses throughout the country might appear. A lot of time, money and energy could be expended in constructing buildings that are not urgently needed, regardless of the gross spending involved in such projects. In the 1930s, George Thompson's proposal to bring university education to regions in the countryside, such as Connemara, was, to his great disappointment, ignored. Although we may sympathise with such disappointment, this energy would be better spent by considering how to realise this ambition in a novel, creative and cost-effective way.

Of course, a certain number of students or applicants is required, but this number can be achieved without enforcing a long journey on the students, or worse again, denying people the opportunity to receive third-level education.

Video-conferencing: advantages and disadvantages

Videoconferencing would help us extend our network. In this technological age, the 'cyber cottage' is at our disposal. There are numerous advantages relating to its use, such as inputting information on-line, loading and downloading information, without giving any thought to the simple way

in which people from every corner of the world can communicate with one another. Such a system will open up many possibilities for students and lecturers on a national and international scale. Evidence suggests that there is great interest in Irish abroad in places such as Britain, America and Australia.

It is important also, however, to consider also some of the aspects of technology that do not appeal to students. From my own personal experience of videoconferencing as a medium of learning (for the last three years on the university campus in Armagh), I have to admit that there are disadvantages associated with using this medium. The danger exists of creating a television station instead of a university campus. Many participants regret the absence of personal contact, resulting from excessive use of this system as a means of communication. Clearly, a healthy balance of videoconferencing, as well as lecturers physically delivered in lecture theatres or tutorial rooms is needed in order to avoid this. The human dimension, an intrinsic part of traditional university life, could easily be overlooked, and should not be totally ignored in our 'virtual' university.

Computing as a help rather than a hindrance

As time passes, today's younger generation is gaining experience in the field of computing as an integral part of their lives at a very young age. Computing assists, to a large degree, the educational process in many ways. At an administrative level in universities, its use is widespread and necessary in many areas—recording of student files, examination results, library catalogues, as well as the capacity to make prospectuses and course details available on the Internet. Support materials and course notes can be disseminated in the same manner. There are extensive advantages associated with computers. However, if the adult learner is to be an important aspect of an Irish-language university, we must ensure that the computer is utilised in a way that enables the learner to access application forms and examination results without hindrance. This must not be the only means of obtaining certain information or registering. Let computing remain an option, but not an obligation. Let us place human contact as a central feature of university education in Irish.

If we succeed in this, it would add greatly to potential development. The work is only just beginning.

REFERENCES

Hyde, D. 1892. 'On the necessity for de-anglicising Ireland', in *The Field Day Anthology of Irish Writing*, vol. 2, pp. 527–33. Deane, S., ed., Derry.

Mac Conghaíl, M. 1987: *The Blaskets: A Kerry Island Library*, Dublin.

Ó Danachair, C. 1969. 'The Gaeltacht' in *A View of the Irish Language*, Ó Cuív, B., ed. Dublin.

Ó Murchú, M. 1993: 'Aspects of the Societal Status of Modern Irish', in *The Celtic Languages*, Ball, M., ed. London & New York.

University support for Irish: why and how?

DR MICHEÁL Ó SÚILLEABHÁIN,
UNIVERSITY COLLEGE CORK

In planning state expenditure on Irish in the higher education sector rationality requires that we identify the objective carrying top priority. The Gaeltacht is a special case: in my view the greatest urgency attaches to its wellbeing and development. Taking higher education as it currently is, I believe that a case can be made for giving preference, for example, to the 'development of bilingualism' over the 'development of teaching through the medium of Irish'. If this is accepted, what are the most fundamental university obligations deriving from a policy of bilingualism? In this paper, I survey different contexts from the year 1908 onwards, where the politicians, administrators and educators of this country addressed the question of support by the National University of Ireland (NUI), and its constituent Colleges, for Irish and the considerations underlying their particular responses. Before concluding I advert briefly to the future context and especially the issue of inter-university cooperation.

Matriculation Status of Irish in NUI

At the time when Irish was a compulsory requirement of the Leaving Certificate examination, the Commission on Higher Education (1960–67) recommended that the entry requirements be identical in every university and that the two existing universities (Trinity College and NUI) be joined together (Commission on Higher Education 1967: 583):

> We recommend that the standard of university entrance should be fixed at the level of pass Leaving Certificate with honours in at least two appropriate subjects. We also recommend that the standard of entry to the New Colleges should be that of the pass leaving certificate with 50 per cent in at least two appropriate

subjects. Both these requirements are without prejudice to a higher entry requirement generally or for particular fields of study.

By right, each institution could have either accepted or rejected this recommendation made by the commission, but they neglected to do so. Instead, the status quo was maintained, and a valuable opportunity to improve the status of Irish was lost. That is not to say that there were not some people, bearing responsibility for educational matters, who desired certain changes in the status quo.

In 1968 in the wake of the Commission's report *Studies* published the views of Seán O'Connor, Assistant Secretary in the Department of Education, on the current and future state of postprimary education, where he stated: 'The National University accepts for Matriculation only those subjects in which courses are offered at the university ...... I am asking that all subjects of the Leaving Certificate have equal value for purposes of Matriculation.' Among those who were requested to evaluate O'Connor's opinion was Professor Denis Donoghue, who, however, chose to resort to a *reductio ad absurdum*:

Mr. O'Connor's argument, such as it is, implies that the universities should accept Domestic Science as a Matriculation subject, lest a girl who is good at sewing be frustrated in the development of that skill' (O'Connor, 1968: 21; Donoghue, 1968: 62). See also (Coolahan 1979).

When the establishment of new universities in Limerick and Dublin was being discussed in the Senate in the period 1989–1991, Senators who were NUI academics were concerned about the obligations of the new institutions regarding Irish. Referring to the University of Limerick (Dissolution of Thomond College) Bill 1991, Professor Tom Raftery stated (Debates of the Houses of the Oireachtas 1991: Par. 1052):

The two new universities established by our native Government do not have an Irish entry requirement in the matriculation certificate ...... It is a fact that if we do not have a matriculation requirement for Irish entering university level, schools will simply not teach it up to Leaving Certificate standard.

Two years previously, while the University of Limerick Bill (Debates of the Houses of the Oireachtas 1989: Par. 2288) was being debated, Professor John A. Murphy expressed a contrasting view:

A clause compelling the new universities to have proper regard to the Irish language and to the national aims should impose obligations on them on the campus to set up something like Bord na Gaeilge which we have in UCC, a

*statutory board within the university which ensures that the university will take
seriously the Irish language and promote activities associated with it on the
campus ...... we are not suggesting that the new universities should require
Irish in the matriculation or that Irish should be a condition of entrance. Of
course not. We are suggesting that the universities should have a statutory
obligation to promote the Irish language.*

We flash back to the year 1909 when the new NUI was being equipped for
the road. Dúghlas de hÍde (1860–1949) and Eoin Mac Néill (1867–1945) were
professors in University College Dublin and members of the newly established
university Senate at the time when draft provisions for the matriculation
were submitted to the Senate. According to the minutes: 'the following Notice
of Motion by Dr Hyde' appeared upon the Agenda Paper. (National University
of Ireland 1909: 18):

> *That in order (1) to define the position of the University as the National University
> of Ireland, and (2) to afford the necessary guidance to the academic Body, when
> shaping the curricula of the University, and (3) to remove uncertainty and thus
> to satisfy public opinion and **enable the schools to work from the outset in
> harmony with the University Programme,** the Senate hereby ordains that a
> suitable proficiency in the Irish language and in the history of Ireland be required
> for all candidates for entrance, and for the non-specialised courses.* [My emphasis].

Regarding Point (1), I believe that de hÍde essentially wanted to determine
the identity of the National University of Ireland vis-à-vis the 'anglicised'
Trinity College prompted by the fact that representatives of that college
(Atkinson and Mahaffy) had made a concerted effort to banish Irish
completely from the educational system (Hyde, no date). Ó Glaisne reminds
us: ' In Trinity College, no appropriate provision was made for the teaching
or learning of Irish until 1919' (1992: 61). There is no reference to Point (3)
in the evidence that de hÍde submitted to the Royal Commission on
University education 1902; perhaps he only wanted to support Mac Néill
(Hyde, 1902: 1–22).

'Irish in the National University: A plea for Irish Education' is a scholarly
and well-crafted exposition of Eoin Mac Néill's reflections in welcoming the
new university (Mac Néill, no date). He argued enthusiastically that Irish
should constitute an entry requirement (Mac Néill, no date: 48):

> *The consequence of the permissive system in the Royal University is, that by far
> the greater number of those who study Irish [in the Intermediate Schools] are
> induced—to put it mildly—to abandon the study of Irish at the doors of the*

*University ...... How many students would take up Latin if it were merely an optional subject? ...... Setting Irish in conflict with what may be called the professional subjects has resulted and must result in reducing the study of Irish, so far as the **University can affect it,** to a minimum. This result must react on the secondary schools and tend to drive Irish out of them'.* [My emphasis].

On May 23, 1910 the Senate decision reflected their concerns (National University of Ireland 1910: 118–120).

Close to the Gaeltacht: Teaching through Irish in Galway and Cork

The aim of this section is to offer an insight into the context in which it was decided to give preference to teaching through the medium of Irish in Galway and in Cork during the period between both World Wars. Despite the fact that John Marcus O' Sullivan, Professor of History in University College Dublin, was Minister for Education 1926–32, it was Earnán de Blaghd, the Minister for Finance, as well as Patrick McGilligan, a Professor of Law in University College Dublin, who presented the Bill on University Education (Agriculture and Dairy-Science) to the Dáil in 1926.

This Bill assigned the College of Science and the Albert College of Agriculture to University College Dublin. In addition, a Department of Dairy Science was established in University College Cork and both colleges were awarded a raise in income. It was stated in the Dáil that the situation pertaining to Galway had not yet been resolved.

Three years later, a bill was submitted to the Dáil, the aim of which was to 'provide for an increase in the annual grant payable to 'Galway University' and to provide that those who would be recruited for positions of office and other positions in the college would be capable of fulfilling their duties in Irish. An increase of approximately 7% (£2,000) in the statutory annual grant for the College (£28,000) was agreed and the Bill was passed.

A young Galway man, who was Professor of Greek at University College Dublin, made an interesting address to the Dáil while discussing the Bill. It was against his own party that this person, Michael Tierney, spoke. Tierney was of the opinion that it was too large a step, and too early to gaelicise degree programmes in particular faculties in Galway. He claimed that the development of Irish studies needed to be attended to more

urgently. He emphasised the need: (Debates of the Houses of the Oireachtas, 1929: Par.287):

...to ensure that the Irish language itself... is taught in University College, Galway, as the French language is taught in the Sorbonne and as the German language is taught in Berlin... I believe that it would do more good if you could ensure... that in Galway you would have not two Professors of Irish but five or six, each specialising in a particular subject and working and teaching that subject on a high standard.

As much as we may doubt the earnestness of Tierney's intentions, his speeches offer food for thought. What were the other possibilities worth examining? In view of the fact that the strengthening of the Gaeltacht is of greater urgency than gaelicising the teaching in various faculties, would it not have been better to relocate the Faculty of Arts to the Gaeltacht or to establish a centre of excellence for the training of teachers of Gaeltacht origin in the Gaeltacht itself? Or would the Gaeltacht not have benefited more from having an Institute of Technology as a support?

Some of the staff members of 'Galway University' were devising their own solution. In the year 1932–33, Liam Ó Buachalla (Economics) called a meeting of colleagues responsible for teaching through Irish in Galway. Among those present were Síghle Ní Chinnéide (History), Máiréad Ní Éimhthigh and Seoirse Mac Thomáis (Classics), Eric Mac Fhinn (Education) and the mathematician Eoin Mac Cionnaith. They were all members of Academic Council, apart from Mac Thomáis. A statement was presented to Tomás Ó Deirg (as Minister for Education):

*One recommendation was made, that we would become independent, depart from the city, and have a place in the Gaeltacht, and that **we would have the authority to devise courses and examinations, and the authority to provide courses and award qualifications ourselves.** However, Síghle Ní Chinnéide strongly opposed the suggestion of relocating to the Gaeltacht and, as a result, it was never approved (Translation from Ó Glaisne, 1988:135).* [My emphasis].

The National University of Ireland published a handbook in the year 1932, to which an appendix was added seven years later. In the second publication, the editor, the Jesuit Thomas Corcoran, Professor of Education in University College Dublin, who was the person most responsible for promoting teaching through the medium of Irish at primary school level, stated that applicants for the Presidency of University College Galway in the year 1933–34 were obliged to pass an oral examination in Irish. It was

Father John Hynes, Registrar and Secretary of the College, who was the successful candidate. Corcoran further stated (National University of Ireland 1939: 21–2):

Not less signal was the application, at that period, of the same essential principle to the election for the Chair of English at Galway; and, as these pages pass through the Press, it takes effect, by full public announcement, for the Chair of Romance Literature at Cork. The great majority of the new Professorships and Lectureships, some twelve in all, have been (1932 to 1939) created for teaching through Irish, at all three University Colleges.

As Chancellor of the University of Ireland, de Valera accepted these conditions of appointment. As Taoiseach, it appeared to him that such a restraint might be unwise in the case of the Institute for Advanced Studies. De Valera explained to the Senate, with Professor Liam Ó Buachalla as chairperson (Debates of the Houses of the Oireachtas, 1940: Par. 1681):

People may ask why we [make Irish compulsory] in the case of servants and officers, and the registrar-bursar, and not in the case of professors. The reason is that professors are experts, and it may be difficult to get them with a knowledge of the Irish language, whereas we have reached such a stage now that I think we can get all the other officers with a knowledge of Irish.

When Professor Pádraig de Brún was appointed as President of University College Galway in the year 1945, additional lectures to those previously mentioned were offered in Irish, in the subjects of Chemistry, Physics, French and Botany, predominantly first-year lectures. In an interview with *Comhar* he stated (*Comhar* 1950a: 11–12):

There was only one applicant for each of the positions listed above when they were advertised and there is still one position vacant to date... There is good attendance at the lectures ever since the Department of Education provided special university scholarships for students at secondary level... A lack of money is the reason for not having a chair of Folklore in Galway ... [I am] in favour of a scheme, similar to that in operation at University College Cork, which sends students to the Gaeltacht every summer, but they (UCC) are financially better off than we are.

Five years subsequent to that, de Brún gave a lecture on 'University Education through Irish' under the auspices of Oireachtas na Gaeilge (The Gaelic League's annual festival) in which he expressed the invincible hope of a witness on whom the sacrifice of the heroes of Easter Week left an indelible

mark (de Brún 1955). About the same time, he sent a message to the National University of Ireland Club in London, entitled 'In hoc signo vincet Hibernia—under this sign Ireland will win' where he reported (National University of Ireland Club 1954: 14):

We have entire courses through the medium of Irish in Science, Art and Commerce. We are now resolved on making our first attempt to gaelicise the School of Engineering, if the government assists us. And as soon as we have succeeded in this attempt, we will embark upon a School of Medicine.

It is very unfortunate that there is a lack of an accurate, independent insight into the development of university education through the medium of Irish. I am especially surprised at its absence from the book commemorating University College Galway's 150 years of existence (Foley 1999). I had great respect and admiration for de Brún. However, in evaluating education through Irish I would have bypassed issues such as apathy, pessimism and derision and would have consulted the academics involved, both teachers and learners, before I would pass any judgment.

In the year 1980 the Minister for Education established a joint committee to discuss educational matters pertaining to the Gaeltacht. Six years passed before the result of its work was presented to the public. The report states (Report of the Joint Committee on Education in the Gaeltacht, no date: 31):

University College Galway's calendar is a little vague with regard to the provision of courses through the medium of Irish, and it is difficult to gauge the depth, level and range of subjects covered by such courses. All things considered, the committee believes that no definite policy exists regarding the provision of courses at this level through the medium of Irish, that no improvement of this situation is apparent, or a return to the provision of twenty or thirty years ago.

If this was a true description regarding University College Galway in the 1980s it has certainly changed since then. However, there is still insufficient evidence to form a judgment of the likely longterm results.

However restricted the teaching of Irish in Cork may have been, it merits our attention. Let us start with a noteworthy research paper from Buttimer's pen (Buttimer1989: 102–104):

At a meeting of the (Celtic) Faculty held on 8 November 1921... those present decided to promote the aim of having all university subjects taught through Irish... The Gaelicization of the educational process was first undertaken in the

Irish Department itself... Shortly afterwards the Department extended its efforts outwards by initiating a course for secondary teachers who would be required to instruct the language at their own level under the new dispensation, but who lacked a formal qualification in the subject... Advances were made in 1927 when... in ancillary areas five assistantships for the teaching of Education, History and Geography (Combined), Mathematics, Chemistry and Experimental Physics through Irish were instituted.

The college's calendar records that four statutory lecturers were responsible for teaching Chemistry, Education, Mathematics and History/Geography through the medium of Irish from 1932 onwards. In a forthcoming work I describe the background and fortunes of Cork's endeavour in the 1930s to provide teaching through the medium of Irish. *Comhar* provided an account of an interview with the President of the College, Ailfrid Ó Raithile early in 1950. (Translated from *Comhar* 1950b: 3–4):

The President explained the difficulties associated with courses through Irish. In the first instance, a large proportion of the students do not have adequate Irish when they come to the college. Secondly, students do not desire to separate themselves from other students undertaking the same course in English... The third difficulty relates to the shortage of textbooks and the cost involved in providing them... In addition, there are difficulties regarding terminology... If there is a demand for lectures in Irish we must do our utmost to provide them. We believe that the President would be in favour of providing lectures to small classes of ten students, provided that those ten are regular every year. It is not right to be paying a salary to a lecturer who has no work to do. The solution the President sees to this problem is bilingualism: the students should be recommended to undertake a certain amount of classes in Irish. He himself tried this plan one year and he succeeded in obtaining thirty students to undertake part of the course through Irish. He believes that it would be more beneficial to have twenty or thirty students undertaking part of the course through Irish, than one or two people doing it exclusively through Irish.

University education and Irish in Dublin: Quid pro quo

No sooner had Galway received the additional funding in 1929, than its equivalent was being sought by University College Dublin, despite the arrangements regarding additional income that were made in the year 1926. They reached a compromise with the Cumann na nGaedheal government

of the end of the year 1931, worth £3,000. When the Fianna Fáil government came to power they accepted this arrangement; however, it seems they were looking for *quid pro quo*, and the Minister for Finance announced:

> A certain conversation took place between the Minister for Education and the College authorities in consequence of which the authorities have agreed to make arrangements to bring the knowledge of spoken Irish to a satisfactory standard in the case of students of the College who desire to be admitted to degrees' (Debates of the Houses of the Oireachtas, 1934: Par. 1590).

The Act states:

> 'The Governing Body has agreed to make arrangements to ensure that no individual, except in certain circumstances, will be permitted to sit any degree examination held in the college unless that individual has previously passed an oral examination in Irish'.

It seems that certain professors at Earlsfort Terrace learned how to play the game *quid pro quo*. In the year 1943 the Academic Council of UCD appointed a committee 'to identify the best attainable measures that College might undertake for the benefit of Irish' The members of the committee were Michael Tierney, the Reverend Francis Shaw, Dónall Ó Bínse, Gearóid Ó Murchú, Lughaí de Róiste and Séamas Ó Duilearga. *Comhar* succeeded in obtaining the report of the committee, and the text was published (in English).

The report contained ten recommendations and a detailed description of the same in twenty-nine paragraphs. The committee declared that the young people displayed a lack of interest and fluency in Irish upon completing secondary education 'despite all official assurances to the contrary'. Regardless of the amount of support the college would grant to the policy of revival, it would have to comply with the obligation of the college regarding a high standard of higher education (————1943a: 5):

> In practice this reservation leads us (a) to exclude Irish under present conditions as a normal teaching medium in courses for a University degree and (b) to draw a distinction between the teaching of Modern Irish as a degree subject and the teaching of Irish in pursuance of national policy.

Do the words of the Professors regarding the competence of students of Irish seem credible? Eric Mac Fhinn denied that they were: the aforementioned 'official assurances', were, he asserted, 'based on reliable evidence from honourable individuals, from secondary school authorities to government

officials, some of the evidence being available in publications of the Department of Education' (Mac Fhinn 1943:11). In contrast, Seán Mac Réamoinn confirmed that 'the secondary schools were to blame in so far as a lot of them were not fulfilling their obligations to Irish, and consequently they were sending a lot of students to university without a sufficient knowledge of Irish to equip them to undertake courses through the medium of Irish' (———, 1943b: 5).

The professors recommended the abolition of the compulsory oral examination for every student. In its place, the College would cater for students who would wish to make a distinct improvement in their oral Irish skills and awarded a university qualification (Diploma) as a result. Optional courses in oral proficiency could continue, provided that additional classes with a smaller number of students could be organised. A Director of Spoken Irish would be appointed, whose principal responsibility would be to improve the students' contact with the Gaeltacht. To this end, scholarship schemes would be arranged, and perhaps a university hostel could be built in the Gaeltacht where native speakers could provide intensive training for the students. Particularly for students who would pursue teaching at second level through the medium of Irish, training courses would be organised outside of the standard degree programmes. There would be summer courses of a similar type for teachers at primary and post-primary levels, accustomed to teaching through Irish. This news infuriated Irish-speakers, who had a long-standing aversion to the authorities of the college. Tierney criticised Earnán de Blaghd venomously and unjustly for broadcasting the confidential document of the college. Upheaval and unrest ensued. Recommendations, that would have benefited learners who had an interest in Irish, were abandoned.

Ó Glaisne drew attention to a report by Liam Gogan on what happened him as a student in University College Dublin (Ó Glaisne 1993: 385):

> When I asked Eoin Mac Néill and Osborn Ó hAimhirgín... to provide us with the notes in Irish, they both refused.

There can be no better indication of the extent to which school education fails, when the learner desires to achieve a language shift in the realm of emotions, than the following extract from a letter written by Mac Néill to Father Peadar Ó Laoghaire in the year 1903, which he apparently did not send (Tierney 1980: 38–39):

The fruit of all the anxious thought about saving the Irish language seems to be nothing but a cry for schools, schools, schools, teachers, teachers, teachers. Can a language be saved by schools? It means the way that people express themselves in happiness, in misery, in anger, in affection, in triumph, in anxiety, in resolve, in perplexity, in fear, in caution, in wisdom, in folly, in prayer, in rebuke, in remonstrance, in disgust, and in a thousand other moods and passions. I know how most of these uses would come to me in English. Would they come to me in Irish? Pshaw!

Why is it, therefore, that Mac Néill, as well as Ó hAimhirgín, de hÍde and Tierney, did not promote contact by students with native speakers, as was recommended in the scheme in the year 1943, that would enhance the proficiency of the students, as was the case in Cork. Referring to Mac Néill's work, *Irish in the National University of Ireland*, Gearóid Ó Murchú (Murphy 1954:134) claimed that:

> *while demanding that for national reasons Irish should be a school and matriculation subject, he (Mac Néill) declared that the revival of Irish as a spoken language was not a task for the University.*

It seems that the 'improved status of Irish' being sought by Mac Néill was restricted to the Irish requirement in the Matriculation examination. In a forthcoming study I scrutinise the qualification level demanded by the corresponding examination papers.

Placing the Provision of the 1997 Act regarding Irish on the Agenda of CHIU

If we interpret the promotion of bilingualism as the principal obligation imposed on universities by the Universities Act of 1997, how should one go about implementing that obligation?

The Conference of Heads of Irish Universities (CHIU) came into existence thirty years ago 'to provide a forum for joint action on matters of common concern'. The seven universities represented comprise DCU, TCD, UL and the four NUI constituent Universities. Issues such as Quality Assurance and Research Funding engage the attention of specially appointed Committees, as the CHIU website shows (www.chiu.ie).

In order to involve all universities, Foras na Gaeilge and the Higher Education Authority should, in my opinion, address a joint call to CHIU seeking the

setting up of a special Committee to promote bilingualism. That Committee should be mandated to plan the establishment of a supra-institutional Faculty or Academy to facilitate the implementation of a policy of bilingualism. I would envisage it as promoting applied research and promoting postgraduate studies on a cooperative basis. The Committee would also be mandated with setting a target date for the establishment and functioning in all universities of a statutory Bord na Gaeilge, of the kind that already exists on some campuses. Who would deny that the time has come for the customary partitions between universities to be de-commissioned?

REFERENCES

——, 1943a, Scéim na nOllamhan do'n Ghaedhilge. *Comhar*, Lúnasa 1943, 5-6

——, 1943b, An Iolscoil Ghaedhealach. *Comhar*, Meán Fómhair, 1943, 5.

——, 1950. Dualgaisí Choláiste Ollscoile—Cúrsaí trí Ghaeilge. Tuairimí an Dr Ailfrid Ó Raithile. *Comhar*. Feabhra 1950, 3–4.

Buttimer, C. G. 1989. "Celtic and Irish in College 1849–1944", in *Journal of the Cork Historical and Archaeological Society*, XCIV (253), 88–112.

Commission on Higher Education 1960–67, 1967. I I Report, Volume II. Dublin.

Coolahan, J. 1979. *University Entrance Requirements and their Effect on Second Level Curricula*. Dublin.

Debates of the Houses of the Oireachtas, 1929: Dáil Éireann, Vol. 32, 24 October, 1929. Dublin.

Debates of the Houses of the Oireachtas, 1934: Dáil Éireann, Vol. 53, 05 July, 1934. Dublin.

Debates of the Houses of the Oireachtas, 1940: Seanad Éireann, Vol. 24, 22 May, 1940. Dublin.

Debates of the Houses of the Oireachtas, 1989: Seanad Éireann, Vol. 122, 01 June 1989. Dublin.

Debates of the Houses of the Oireachtas, 1991: Seanad Éireann, Vol. 129, 19 June 1991. Dublin.

de Brún, P. 1955. Iolscolaíocht trí Ghaeilge. *Feasta*. Nollaig 1955, 3–4, 34–36.

de Brún, P. 1950. Saothar Ollúna agus Léachtaithe i nGaillimh—Soláthairt Téarmaí i nGaeilge. *Comhar,* Márta 1950. 11 agus 29.

de Brún, P. 1954. "Fén gcomhartha so buafaidh Éire—Coláiste na hIolscoile, Gaillimh," in *Silver Jubilee Souvenir 1929–1954.* London, The National University of Ireland Club (London) Ltd., 14–15.

Donoghue, D. 1968. University Professor. *Studies,* LVII (227), 60–64.

Farrell, B. 1973. "MacNeill in Politics," in: Martin, F.X. and Byrne, F.J., *The Scholar Revolutionary: Eoin MacNeill, 1867–1945.*

Foley, T. 1999 (ed.) *From Queen's College to National University—Essays on the Academic History of QCG/UCG/NUI, Galway.* Dublin, Four Courts Press.

Hyde, D. 1902. "Irish in University Education," in *Gaelic Pamphlets,* No. 29. Dublin, The Gaelic League, 1–22.

Mac Fhinn, P. 1943. Séim na nOllamhan. *Comhar,* Samhain 1943, 11.

MacNeill, E. No date. *Irish in the National University of Ireland—A Plea for Irish Education.* Dublin.

Murphy, G. 1954. "Celtic Studies in the University and the College," in: Tierney, M. (eag.) *Struggle with Fortune. A Miscellany for the Centenary of the Catholic University of Ireland 1854–1954.* 121–141.

National University of Ireland, 1909. Meeting of Senate, 27 July 1909 (Minutes)

National University of Ireland, 1910. Meeting of Senate, 23 June 1910 (Minutes)

National University of Ireland, 1939. *Summary of Progress for the Seven Years 1932–39—A Supplemental Issue to the University Handbook of 1932.* Dublin, Senate of the National University of Ireland.

Ó Glaisne, R. 1993. *Dúbhglas de hÍde (1860–1949). Iml. 2: Náisiúnach Neamhspleách (1910–1949).* Baile Átha Cliath, Conradh na Gaeilge.

Ó Glaisne, R. 1988. "An Moinsíneoir Pádraig Eric Mac Fhinn," in *Irisleabhar Mhá Nuad,* 125–143.

Ó Glaisne, R. 1992. *Gaeilge i gColáiste na Tríonóide.* Baile Átha Cliath, Preas Choláiste na Tríonóide.

O'Connor, S. 1968. Post-Primary Education: Now and in the Future. *Studies*, LVII (227), 9–25)

Reachtanna an Oireachtais, 1934, Acht Choláiste Phríomh-Scoile Bhaile Átha Cliath, 1934. Baile Átha Cliath, Oifig an tSoláthair.

Tierney, M. 1980. *Eoin MacNeill, Scholar and Man of Action 1867–1945*. Oxford.

Tuarascáil an Chomhchoiste um Oideachas sa Ghaeltacht, no date. Baile Átha Cliath, Oifig an tSoláthair

BCL (Law and Irish) at University College Cork—a case study

DR NEIL BUTTIMER, UNIVERSITY COLLEGE CORK

Abstract

This article describes the evolution of the BCL (Law and Irish) degree at University College Cork (UCC). The Central Applications Office (CAO), the agency primarily responsible for admissions to third-level institutions in the Republic of Ireland (http://www.cao.ie), has assigned it CK 304 as its course code. Information about the programme is available from UCC's website (http://www.ucc.ie/academic/calendar/law.index.html). Readers are referred to the latter for fuller details of any aspect of it mentioned in summary form below. The degree and its background are examined here to facilitate more general discussion of university education and the Irish language. Academic matters as well as wider issues comprising public affairs generally are addressed. It is hoped that the presentation can encompass the seven major points debated by the conference at which the talk was delivered.

Case history

UCC's BCL (Law and Irish) originated as follows. A number of years ago, I read a description of two other courses in law with a language in this institution as they were about to come on stream. They were the degrees in French or German with law, whose CAO codes are CK 302 and CK 303 respectively (UCC Calendar/Féilire 1996–1997 Part I, 386–98). These were similarly structured, with each consisting of four principal elements. Firstly, students

147

were to be educated in the main branches of Irish and European law. They would select a sufficient number of legal subjects to enable them to fulfil the minimum entry requirements for admission to professional training courses for barristers and solicitors. Secondly, our undergraduates would receive a formation in the language, literature and culture of the countries in question. A third element was also envisaged. The language departments undertook to provide units or modules which would instruct students in legal French and German, or ones which gave an insight into the political and administrative context of those jurisdictions. To enhance the instruction received to date, class members had to spend Third Year in France or in Germany, this constituting the fourth dimension. They were to take courses in the language and legal system of the states in question at universities with which UCC had links through its European exchange schemes. The overall objective was to produce graduates well educated not only in Irish law but equally in the legal systems and traditions of the country whose language and culture they had decided to explore. An added benefit of such courses was the increased mutual understanding which arises from studying language, literature and law in parallel. I view each of these as different aspects of our ongoing efforts to give expression to people's interaction with each other.

I did not see why, in principle, a similar a degree involving Irish and law could not be created. The other language departments and the Department of Law had already worked out the basic model. That template might be adhered to or adjusted as required. One suite of offerings was already immediately to hand, namely the language and literature courses which the Department of Modern Irish made available as its contribution to the university's main BA programme (http:/www.ucc.ie/academic/modules/descriptions/index.html). Nor did I envisage much difficulty in designing new units or modules based on the link between Irish language, culture and law, corresponding to the third element which our colleagues in French and German had provided, and reflecting the innovative teaching and research tradition of this Department (Buttimer 1989 and 1995). The position of Irish in the state since its foundation (Ó Riain 1994) could comprise a major area. The extensive relationship between law and language in Gaelic tradition, reaching back well over one thousand years (Kelly 1988), might form another appropriate domain of study.

The only difficult point seemed to me to be in regard to arrangements for Third Year, the session students of the other modern languages spend outside UCC. We did not have contacts with universities abroad which facilitated sending undergraduates taking law with French or German to insitutions in those countries. Moreover, Irish is naturally most widely used in this state.

In addition to fulfilling language requirements, students would also have to receive instruction in the field of law itself. Nevertheless, I felt there was a solution to this problem, namely sending class members out into the workplace rather than to other universities. The experience I had gained of a similar situation a number of years previously helped in this connection. In 1989–90, I created a postgraduate course, the Diploma in Irish Heritage Management (see my introduction in Buttimer et al. 2000, vii–xiv). That academic programme sought to provide graduates who held a primary degree in an Irish Studies subject with a formation in management, business and administration. This was to enable them to obtain employment in cultural tourism, and contribute to the sensitive development of this sector of the economy, at a time when job opportunities (particularly for such graduates) were scarce in Ireland. As part of their diploma course, the students were obliged to spend a three-month work-experience placement with one of a wide range of organisations, for example, in museums, in regional tourism agency offices or heritage centres, either in this country or overseas. State employment bodies gave us guidelines on workloads, as well as monitoring and evaluation. They demonstrated that spending time in a workplace constituted a most beneficial learning experience. It must also be recalled that in UCC, academics in the fields of medicine, dentistry, food science, engineering and education have fostered links of long standing with their professional counterparts outside the university in order to provide enhanced educational opportunities for their students (Murphy 1995).

Those involved with Irish would have been aware of the existence of centres where a natural linkage between use of the language and the legal system is to be found. I refer in particular to various branches of the public service. I corresponded and communicated with representatives of the most significant of these organisations on the issue of collaborating with us in developing schemes which would allow our students spend a period of time in training with them. I spoke in the first instance with officials of Ireland's national parliament (the Oireachtas) and with the staff of Rannóg an Aistriúcháin (its Translation Service), because of the central role that Service has played since 1922 in the provision of legislation in Irish (Prút 1996–97). Seán Ó Curraoin, then Principal Translator, and Richard Caffrey, Assistant Clerk of the Dáil (the parliament's chamber of deputies), expressed an interest in the proposal. So did Ruán Ó Bric, Chief-Executive of Údarás na Gaeltachta (the semi-state agency charged with the economic and cultural development of the country's Irish-speaking districts), and with Micheál Ó Gruagáin, Chief-Executive of Bord na Gaeilge (the body then responsible for the position of

the Irish language in the wider community). Their expression of interest was absolutely essential, as UCC would not have approved the degree without prior endorsement of that kind, even if the scheme had yet to be worked out in detail.

While consultation was taking place with external groups, more comprehensive statements about the course's academic elements were being elaborated on within UCC. Because some of my own research deals with Irish in the 20th century, I thought of basing one module on the Irish-language version of the Irish Constitution, to be offered in First Year (its code is now GA 1030, where "GA" represents any module in Irish, "Gaeilge"). This module would benefit from the fact that constitutional law is also taught in a First Year Department of Law unit (LW 1152, where "LW" designates a Law course offering), enabling the two modules to complement each other. Students could be introduced to the legal terminology in Irish which underpins the Constitution. The text would serve as a example of a mode of language usage, the mastery of whose syntax and vocabulary is particularly challenging (Ó Ruairc 1997, 91–110; Santaemilia, Coperías & Piqué 2000). My departmental colleague, Professor Breandán Ó Conchúir, recommended that a module be constructed around cases involving personal rights and the Irish language which have come before the courts since 1922. We decided to offer this in Second Year (now GA 2030), when students were more familiar with reading case judgements and after they had been given a more extensive grounding in legal subjects. I also considered a unit for Fourth Year, "Law and Modern Irish Literature" (GA 3030). This module was to be made available in the final year as, by then, class members would have been exposed to the full range of Irish writing dating from around 1200 AD in this Department's other lectures. Furthermore, Jurisprudence (LW 3351) is offered in the Department of Law in that last year. The latter course explores the origins and nature of law. Scholars often refer to creative literature for enlightenment on fundamental issues that are frequently the subject of ongoing debate (Freeman 2001, 1040–1121, 1261–64). I felt that these two courses would be equally complementary at that stage.

The following framework was thus envisaged when I submitted a degree proposal to colleagues in the Department of Modern Irish (under the direction and with the full support of the Head of Department at the time, Professor Seán Ó Coileáin) and the Department of Law. It was intended to offer

- language and literature courses in Modern Irish

- the law components already made available for the other law and language degrees

- the aforementioned new modules, reflecting the interface between law and the Irish language

- a Third Year based on work-experience placements.

With regard to the final point, it was thought that students would find the emphasis on the practical dimension of their subjects appealing, having spent the first two years grappling with their more theoretical aspects. In discussions with my Law Department colleagues, and particularly with Professor David Gwynn Morgan, then Head of Department, it was felt that six new entrants to the programme per year would be a sufficient admissions quota. This figure was based on the numbers the Department of Law itself could accommodate. They also quite sagely advised that securing placements for a significantly larger group would be difficult, taking into account the actual position of the Irish language and the law. Following this planning process, the degree was submitted to the UCC authorities for academic review in 1998–99, with the assistance of the Dean of the Law Faculty at the time, Professor Caroline Fennell. The university endorsed it, and the course was first made available in 1999. It has been offered continuously since then. So far as I am aware, it is the only planned programme of its kind in Ireland or elsewhere, unless it may be compared with the new LLB degree in "Law and Celtic" at the University of Edinburgh (UCAS code number: MQ15).

Further developments

Although we had established its basic structure and the course itself was up and running, certain components still needed to be worked out more fully. The contents and administration of Third Year were one such element. Since students were not due to go on placement until then, there was still sufficient time to plan the layout of that academic session. We held a meeting at UCC in Spring 2000 with representatives of the external organisations we had consulted earlier. Those present included Treasa Ní Bhrua, then Principal Translator, Rannóg an Aistriúcháin, Gearóid Ó Casaide, her successor in that post, Bríd Ní Shirín of the training services division in Údarás na Gaeltachta, Leachlain Ó Catháin on behalf of FASACH, the organisation of Irish-speaking lawyers, as well as colleagues from the Departments of Modern Irish and of Law. (Bord na Gaeilge was in a transitional phase at that point, and the body which subsumed and replaced it, Foras na Gaeilge, had not yet commenced

operations.) We agreed that providing students with a broad range of experience would be appropriate. This meant that they would not spend the entire year in a single centre, but rather at different locations in Terms One and Two. Sastisfactory attendance at the workplace was to be made compulsory (see modules GA 3010 and GA 3012 respectively for each term); completion of a daily and weekly diary would be mandatory also. My departmental colleague, Dr Pádraigín Riggs, supplied valuable guidance in this regard, based on her experience of managing the Third Year placement component of UCC's BComm (European) with Irish degree (CK 209). As well as participating in the daily tasks of their host organisations, students would also be obliged to submit projects in Irish (modules GA 3011 and GA 3013) and in law (LW 3362 and LW 3363), to facilitate academic assessment of the knowledge they had acquired. They were to receive prior training in information technology skills to enable them fulfil the types of tasks at hand in the Translation Service. This training is available under module GA 2010, set up specifically for the purpose.

The Third Year modular structure grew out of these discussions. It was the first time in the history of UCC's Faculty of Law that such a framework was created for students spending a year off campus on a programme offered under the aegis of that Faculty. Much credit is due to those who aided us in the establishment and implementation of this section of the course. I am confident that none of those who supported the programme will object if I mention the staff of Rannóg an Aistriúcháin, under the direction of Gearóid Ó Casaide, Principal Translator, in the first instance. All class members spend Term One with this Service, which adds substantially to the merits of the scheme. Our students have been accepted in public- and private-sector enterprises, in both Irish-speaking (Gaeltacht) and non-Irish-speaking (Galltacht) areas. I do not have an opportunity to speak at length about what we have learned, whether academic staff, placement supervisors or indeed students, regarding the workings of the arrangements, except to say that the process is ongoing. A large component of this learning stems from dialogue with my colleague, Owen McIntyre, who represents the Department of Law in administering the scheme.

One might have thought that acquiring course materials for a newly established programme in such a technical field would be difficult. The opposite proved to be the case. I refer to the language and law units to illustrate the point. I taught the module on the Irish-language version of the 1937 Constitution (GA 1030) when it was first offered in the academic year 1999–2000. A few months before the course began, Micheál Ó Cearúil's major work on this

topic appeared (Ó Cearúil 1999). The same writer has since published three stimulating monographs on broadly similar matters (Ó Cearúil 2002 and 2003 a–b). As we were designing the Second Year module on case-law and the Irish language (GA 2030), a set of judgements delivered during a period of almost twenty years since 1980 relating to law and language (Ó Tuathail 1999) came our way. Its compiler, a renowned senior counsel, has since produced a description and analysis of these cases (Ó Tuathail 2002). Judicial review has also been the subject of a textbook in Irish in recent times (Mac Unfraidh 2002). The agency responsible for the administration of the courts in Ireland since its establishment in 1999 issued an Irish-language version of its first, highly professional annual report (Seirbhís Chúirteanna, 2000). Leachlain Ó Catháin also put out a dual-language inventory of legal terms, entitled *Focal sa Chúirt* (2001). One could not readily identify other domains of Irish in which eight monographs and other associated publications had appeared in such a short space of time. It is worth noting that the study of Irish and the law is not a totally new branch of scholarship, when one considers the pioneering output of Tomás Ó Máille (1990) or Niamh Nic Shuibhne's writings on related themes (Nic Shuibhne 2002).

We have scanned and stored on compact disc cases not covered in Ó Tuathail's publication, with the aid of a research grant from the Targeted Initiatives Scheme of Ireland's Higher Education Authority (HEA), the agency responsible for strategic planning and financing in this country's university sector. My colleague, Dr Ciarán Dawson, of UCC's Centre for Spoken Irish, an expert in Computer-Assisted Language Learning, directed the work, with the assistance of the lecturers on the case-law and language module, Máire Ní Shúilleabháin, Diarmuid Ó Catháin, Dáithí de Cléatún and Lia Ní Éigeartaigh. Information technology has also brought other benefits to this area. It is now possible to access Irish-language versions of Irish statutes adopted since 1997 on the Irish government's acclaimed website, which has won many international awards for parliamentary domains of its kind (http://www.irlgov.ie). Copies in the Irish language of all enactments dating back to 1922 will soon be available in electronic format. I hope this technology will help me expedite completion of a study of law and modern Irish literature which also received support from the aforementioned HEA grant.

The strength and extent of the Irish-speaking community have become important issues in discussions of Irish and university education. The number of those willing and able to assist our course suggests no doubts need be entertained on this front. Other signs of optimism regarding law and the Irish language are evident in a recent Supreme Court judgement (2001) in

the Ó Beoláin case, centering on the state's positive obligation regarding the provision of resources to those who use Irish. It is widely acknowledged that Irish did not benefit from decisions taken about its status as this country entered the European Economic Community in the early 1970s, when it was designated an official, but not a working, language (Ó Murchú 2002, 9). Its position, and that of cultural rights generally, may perhaps be enhanced in future, as a result of the recognition being afforded to these aspects of a citizen's entitlements in the draft document on the new European constitution (Article 16, Part Two, A3 IV; see http://www.eu/int/futurum).

Students

As stated earlier, we have an admissions quota of six per annum. It happened that there were nine in Second Year in 2002–03 and five in Third Year, both exceptional situations. Twenty-six students are currently enrolled in the programme, of whom seventeen are female and nine male. They have come to us from from all parts of Ireland, both Galltacht and Gaeltacht. They were educated in English- and Irish-medium schools (whether Gaelscoileanna or Gaelcholáistí); a profile of the points (based on state Leaving Certificate results) required to obtain a place on the course since its inception is given below:

	Round One	Final Offer
1999	505	505
2000	470	465
2001	485	485
2002	510	500/495

Information from Anne Mills, Admission Officer, UCC

On the fourth occasion the degree was made available through the CAO, for 2002–03, higher points were required in Round One for admission to the BCL (Law and Irish) than for UCC's mainstream BCL (CK 301, 505 points). We were also ahead of the university's Law and German programme (CK 303, 475 points), and not far behind its Law and French degree (CK 302, 520 points), for which demand is greatest among courses of this kind. It is difficult to predict what patterns of uptake will be like in future, particularly when one considers that the number of students sitting the Leaving Certificate

between now and 2007 is projected to drop by about 16,000 compared to the 2000–01 figures (Flynn 2003). This is a momentous change in the system (aside altogether from current debate on funding and the reintroduction of third-level fees). It will prove challenging not only for those concerned with managing this particular degree but equally for educational planners and administrators generally. However, I would anticipate that demand for the BCL (Law and Irish) will remain steady. I hope it will continue to attract students who understand its objectives as an academic programme, the opportunities it makes available, and the standards necessary to derive maximum benefit from it. The degree has now become well established after its initial settling down and probationary period.

While I cannot foretell what lies in store for our graduates, some may wish to become educators. The degree has recently been accepted as a recognised qualification for secondary-school teacher registration purposes. If they decide to become lawyers, I trust the careers of senior judicial figures like Cearbhall Ó Dálaigh, former Chief Justice and President of Ireland (Ó Glaisne 2001), or Séamus Ó hInnse, and many others like them who had a dual background, that of the Irish language in Ó Dálaigh's case or Irish scholarship in Ó hInnse's (Ó hInnse 1947) as well as the law, may serve as examples to them. Whatever the future holds, I would like to think they might offer their support to the language and its traditions, particularly in a legal setting. Of one consideration only can I be assured. When I initated discussions with my Department of Modern Irish and Department of Law colleagues, asking them to endorse the proposal, my strongest argument, and the only one they, as scholars, would support, was that the degree should have a sound academic foundation. Students are perhaps best placed to tell whether such has been the case. From what I have stated above or has been realised to date, I feel confident this objective has been met.

Study

I was not thinking of the broader topic of third-level education and the Irish language when the degree just described was initiated. Irish itself was my main consideration. This BCL could never have been developed were it not for the excellent resource available within the language proper, in the field of law in particular but equally in other domains. Gaelic tradition has been documented for well over one thousand years. A wide range of texts gives expression to it; contact with the outside world is an essential aspect of its legacy, in addition to its ability to reveal key aspects of the sociology and

psychology of Ireland and its people, not to mention the history and biography of countless individuals. Most of this material remains unexplored, despite the satisfaction to be derived from studying it. The Law and Irish course was largely conceived as a means to access one strand of this richness by emulating a pedagogical structure which others before us had created. It provided a worthwhile and suitable mechanism, one capable of providing training (and perhaps employment) opportunities at the same time. The fact that our programme was essentially bilingual did not appear to me to be an obstacle.

If we wish to provide Irish-language university education, I feel the best approach may be to focus on the culture of the language itself in the first instance. I can only comment on subjects of which I think I have some understanding, and which I feel could be developed for such purposes. I find it surprising that no third-level institution in Ireland, so far as I can tell, offers a full degree programme on religion and the Irish language, especially when one realises the amount of relevant evidence in our linguistic inheritance. The language embodies worldviews which are not the exclusive preserve of any one religious denomination or belief system. Our inability to take advantage of the diverse resources we have at our disposal as a society is a major issue. We deny ourselves many potential benefits by wasting opportunities to exploit these cultural and natural assets.

The beginnings of a debate on such matters is at least a source of some encouragement. I refer to the conference organised by the voluntary Irish-language organisation, Conradh na Gaeilge, on 11 September 2002 on "Higher Education through Irish: The Way Ahead", whose proceedings are available on compact disc. The theme of the 2003 Merriman Winter School is also worth mentioning in this connection, "'Scéal Liom Daoibh'—Irish learning and the community" (http://www.merriman.ie/scoil/preas.html). Those sessions appear to have analysed third-level education in terms of its different stages, from undergraduate to postgraduate, in addition to the expanding adult education sector, and to have considered the involvement of the academic community itself with those various levels.

I do not propose to comment on the structuring or co-ordination of Irish and university education until the operational parameters have been determined and the broader context better understood (for which latter see my contribution to Buttimer and Ní Annracháin 2003). I can only speak of my experience in designing and implementing the BCL degree at issue here, while also reflecting on related issues based on observations from the late 1980s onwards. Among the latter, I wish principally to highlight the

time and energy required to bring new educational programmes to fruition while simultaneously maintaining high academic standards. Creating and offering our Law and Irish course took six years. This amount of time was required despite the fact that elements of it were already in place, principally those other Department of Modern Irish and the Law Department modules which I have not discussed here. I recalled this timeframe on reading submissions recently made to the HEA regarding the future development of projects in Irish at third level (http://www.hea.ie). I wish each and every application success. I hope those adjudged to be enduring and innovative are assisted accordingly.

I offer some final remarks on performance indicators in the context of university education and Irish. I believe I have already spoken about some of these as far as our own course is concerned. The BCL (Law and Irish) degree attracted the attention of very capable students from throughout Ireland. They receive instruction from highly motivated and established scholars. Nationally based organisations in the public and private sectors are happy to enter into partnership with us. The most modern teaching services are made available, insofar as our circumstances permit. Retention levels appear satisfactory, with a loss of three students from a total of twenty-nine during a four-year period.

It is not with measures of this kind that I wish to conclude, however. The most remarkable indicator of any, perhaps, is the fact that we exist at all, or that there is a context in which a course such as this could have been created. Its main background is the support Irish received in different spheres of life throughout the twentieth century, from Gaeltacht areas being maintained to initiatives in education and personal rights. This context has greatly enriched our distinctiveness, our people's self-awareness and Ireland's diversity generally. We have played a part, and and can still do so, in securing and promoting cultural enrichment, not to mention humanity's linguistic heritage (McCloskey 2001). Third-level Irish-language courses have thus not only a regional or national importance, but arguably an international significance also. One possible indicator of this was the visit of Winston Roddick, QC, Counsel General in the National Assembly for Wales, to UCC on 10–11 March 2003. He spoke to us about the provision of multilingual services in the Welsh parliamentary and legal systems, as well as offering thoughts on minority language rights. We were happy to outline to him developments in our own institution now summarised in this paper.

Acknowledgements

In addition to those already mentioned, I am particularly indebted to the following: Frank Buttimer, Veronica Calnan, P. J. Fitzpatrick, Valerie Fletcher, Dáithí Mac Carthaigh, Diarmaid Mac Diarmada, Bernadette McGonigle, Áine Ní Chonghaile, Rós Ní Dhubhda, Maressa Ní Rinn, Seán Ó Ceallaigh, Seán Ó Cearbhaill, Antaine Ó Coileáin, Benedict Ó Floinn, Donnchadh Ó hAodha, Pól Ruiséal, Brian Sheridan and the officials of the All-Party Oireachtas Committee on the Constitution. I apologise to anyone whose name I may have omitted in error.

REFERENCES

Buttimer, C. G., 1989. Celtic and Irish in College. *Journal of the Cork Historical and Archaeological Society*, 94, 88–112.

Buttimer, N., 1995. An Ghaeilge i gColáiste na hOllscoile, Corcaigh. 1845–1995. *The Irish Review*, 17/18, 51–65.

Buttimer, N., Rynne, C. and Guerin, H., 2000. *The Heritage of Ireland.* Cork.

Buttimer, N. and Ní Annracháin, M., 2003. Irish Language and Literature, 1921–84. In: Hill, J. R. (ed.), *New History of Ireland Vol. VII.* Dublin: Royal Irish Academy: 538–73.

Flynn, S., 2003. Leaving Cert numbers to fall by 16,000. *The Irish Times*, 28 Feb., 11.

Freeman, M. D. A., 2001. L*loyd's Introduction to Jurisprudence, Seventh Edition.* London.

Kelly, F., 1988. *A Guide to Early Irish Law.* Dublin.

Murphy, J. A., 1995. *The College: A History of Queen's/University College Cork, 1845–1995.* Cork.

Mac Unfraidh, G., 2002. *Athbhreithniú Breithiúnach.* Baile Átha Cliath.

McCloskey, J., 2001. *Guthanna in Éag. An Mairfidh an Ghaeilge Beo? Voices Silenced. Has Irish a Future?* Baile Átha Cliath/Dublin.

Nic Shuibhne, N., 2002. *EC Law and Minority Language Policy: Culture, Citizenship and Fundamental Rights.* The Hague.

Ó Catháin, L., 2001. *Focal sa Chúirt.* Baile Átha Cliath.

Ó Cearúil, M., 1999. *Bunreacht na hÉireann: A Study of the Irish Text*. Dublin.

Ó Cearúil, M., 2002. *Bunreacht na hÉireann: Two Texts or Two Constitutions?* Dublin.

Ó Cearúil, M., 2003a. *Bunreacht na hÉireann: Divergences and Inconsistencies? Neamhréireachtaí agus Easpa Leanúnachais?* Baile Átha Cliath/Dublin.

Ó Cearúil, M. 2003b. *Bunreacht na hÉireann: An Téacs Gaeilge arna Chaighdeánú*. Baile Átha Cliath.

Ó Glaisne, R., 2001. *Cearbhall Ó Dálaigh*. Maigh Nuad.

Ó hInnse, S. (ed. and trans.), 1947. *Miscellaneous Irish Annals: AD 1114–1457*. Dublin.

Ó Máille, T., 1990. *Stádas na Gaeilge: dearcadh dlíthiúil / The Status of the Irish Language: A Legal Perspective*. Baile Átha Cliath: Bord na Gaeilge, Páipéar Ócáideach Uim. 1 / Dublin: Bord na Gaeilge, Occasional Paper, No. 1.

Ó Murchú, M., 2002. *Ag Dul ó Chion?* Baile Átha Cliath.

Ó Riain, S., 1994. *Pleanáil Teanga in Éirinn*. Baile Átha Cliath.

Ó Ruairc, M., 1997. *Aistrigh go Gaeilge: Treoirleabhar*. Baile Átha Cliath.

Ó Tuathail, S. (eag.), 1999. *Tuairiscí Éireann The Irish Reports Tuairiscí Speisialta Special Reports 1980–1998*. Baile Átha Cliath: Comhairle Chorpraithe de Thuairisceoireacht Dlí d'Éirinn/Dublin, The Incorporated Council of Law Reporting for Ireland.

Ó Tuathail, S., 2002. *Gaeilge agus Bunreacht*. Baile Átha Cliath.

Prút, L., 1996–97. Cúrsaí aistriúcháin an stáit. *Irisleabhar Mhá Nuad*, 226–59.

Santaemilia, J., Coperías, M. J. & Piqué, J., 2000. Lexical cohesion in legal language: several US Supreme Court abortion decisions. *Teanga: the Irish Yearbook of Applied Linguistics/Bliainiris na Teangeolaíochta Feidhmí in Éirinn*, 19, 13–21.

Seirbhís Chúirteanna, An t. 2000. *An tSeirbhís Chúirteanna: Tuarascáil Bhliantúil 2000*. Baile Átha Cliath.

SECTION THREE
Biographical Notes

MIQUEL STRUBELL

Miquel Strubell was born in Oxford in 1949. He holds an MA from Oxford University and an MSc from the University of London. From 1980 to 1990, he was head of the Servei de Normalització Lingüística (Service for Linguistic Normalisation) of the Catalan government. From 1990 to 1999, he was director of the government's Institut de Sociolingüística (Institute of Sociolinguistics). He has been working for the Universitat Oberta de Catalunya (Open University of Catalonia) since 1999, first as Deputy Director of the Department of Humanities and Modern Languages, and since 2001 as Director of the Humanities degree programme. He was co-ordinator of Euromosaic (1995), a major research project on minority languages sponsored by the European Union. He has also worked as a consultant for the Council of Europe and the Organisation for Security & Cooperation in Europe (OSCE).

Recently-published papers include: "La dynamisation sociale dans l'aménagement de la langue catalane", in Emili Boix & Antoni Milian (eds.) issue on Aménagement Linguistique dans les pays de langue catalane, Terminogramme, no. 103–104 (2002); The European Union and Lesser-Used Languages. Education & Culture Series, Directorate-General for Research, European Parliament (2002); "Sociolinguistic stakes and linguistic practices: Catalonia as a testing-ground", *Kolor, International Journal on Moving Communities*, (2002).

PROFESSOR MICHEÁL Ó SÚILLEABHÁIN

Micheál Ó Súilleabháin is a composer, performer and academic. He is strongly associated with the integration of Irish traditional music into the Irish higher education system over the past three decades, firstly in University College Cork and subsequently in the University of Limerick where he set up the Irish World Music Centre in 1994. The Centre offers both academic and performance programmes in both music and dance spanning several genres ranging from classical to traditional music and from contemporary dance to traditional dance. He was Assistant Editor to Fleischmann's *Sources of Irish Traditional Music* (1998), the most extensive publication to date in the area of Irish traditional music studies. He has given keynote addresses around the world, most recently to the International Society for Music Education at Bergen, Norway, and he gave the annual lecture at Sabhal Mòr Ostaig (Gaelic-medium further education college) in 2002 which was broadcast on Scottish television. In March 2003 he gave the keynote address in Bejing to the Asia Europe Society conference on traditional music in the contemporary world. In June 2003 he was an invited speaker in Kenya at PASMAE (Pan African

Society for Music and Arts Education). Concerts in 2003 included the National Concert Hall with the Irish Chamber Orchestra, the Skirball Centre for Performing Arts in Washington Square, New York; the Shanghai Conservatory of Music, the University of Newcastle, UK with the Newcastle String Orchestra; and Sabhal Mòr Ostaig with the Scottish Ensemble.

DR WILSON McLEOD

Wilson McLeod is a Lecturer in Celtic and Scottish Studies at the University of Edinburgh. Previously he was the Course Leader in Gaelic with North Atlantic Studies at Sabhal Mòr Ostaig, the Gaelic college on the Isle of Skye. His research work involves language policy and planning questions and the cultural politics of medieval and modern Gaelic literature. His recent publications include: 'Gaelic-Medium Education in the International Context', in *Gaelic-Medium Education*, ed. by Margaret Nicolson and Matthew MacIver (Edinburgh 2003), 'Language Planning as Regional Development? The Growth of the Gaelic Economy', *Scottish Affairs*, 38 (2002); 'Gaelic in the New Scotland: Politics, Rhetoric and Public Discourse', *Journal on Ethnopolitics and Minority Issues in Europe* (2001); and 'Official Gaelic: Problems in the Translation of Public Documents', *Scottish Language*, 19 (2000).

ELSIE REYNOLDS

Elsie Reynolds has a BA in Welsh and Drama from the University of Wales, Aberystwyth and an MA in Education and Training. She has spent the last decade training staff for their Postgraduate Certificate in Education, providing them with a professional qualification for teaching in Adult, Further and Higher Education. She has also been involved with training trainers for both professional and public bodies and the voluntary sector. For a number of years she was the Bilingual Development Manager at a local College of Further Education, being involved with linguistic planning and related staff development programmes. She has recently been appointed as the Head of the Centre for the Promotion of Bilingualism at Trinity College, Carmarthen. The Centre's foremost task is to sponsor fellowships and scholarships in order to introduce the bilingual methodology in learning. She is currently researching for a PhD on the subject of Teaching and Assessment Methodologies in the Bilingual Classroom and related staff-development needs.

DR KEPA KORTA

Kepa Korta was born in Ordizia/Gipuzkoa, Basque Country, in 1965. He holds a BA and PhD from the University of the Basque Country, Donostia/San Sebastián. Since 2000, he has been Director of the Institute for Logic, Cognition, Language and Information (ILCLI) at that university and, since 2001, has edited *GOGOA*, a Basque-language interdisciplinary research journal dealing with language and communication. His research interests include the philosophy of language, semantics and cognitive science. He has published widely on these topics in Basque, Spanish and English: in 2002, he published "On Collective Intentions" in J.M. Larrazabal & L.A. Pérez Miranda (eds.), *Language, Knowledge, and Representation*. He is also editor of a forthcoming work, *Meaning, Intentions and Argumentation*, which is currently in press.

DR CAOILFHIONN NIC PHÁIDÍN

Caoilfhionn Nic Pháidín has been Director of Fiontar, Dublin City University, since 1999. She holds degrees in Irish language and literature from University College Dublin. She worked previously in research, publishing and editorial roles in The Royal Irish Academy, *The Irish Times*, *Comhar* and The Department of Education. She co-founded Cois Life, academic and literary publishers, in 1995. She was a member of Coimisiún na Gaeltachta (2000–02) and of the Commission to Examine the Role of Irish-language Voluntary Bodies (1996–7) which published the report *Treo 2000*. She has published books and articles relating to contemporary development of Irish, particularly twentieth-century print media. *Fáinne an Lae agus an Athbheochan 1898–1900*, (1998) explores the development of early print journalism in Irish and the broader issues of the language revival period. She is series editor of academic monographs, *Lúb ar Phár*. Her lexicon of South Kerry Irish, *Cnuasach Focal ó Uíbh Ráthach*, was published by the Royal Irish Academy in 1987. She was Irish-language consultant to the *Oxford English Dictionary, Second Edition* (1989–97).

DR TADHG Ó hIFEARNÁIN

Tadhg Ó hIfearnáin is a senior lecturer in Irish at the University of Limerick. He is a sociolinguist who specialises in language variation and shift. He has completed a number of field research projects, in Ireland and abroad, his current work concentrating on the effects of socio-political and ideological power on language attitudes and use in the speech community. The result of three years' work in weak Gaeltacht areas, especially Múscraí in west Cork, is to be published in his book *The Gaeltacht: Irish-language ideology,*

power and society. Among his recent articles on questions of language and society are; 'Cumas agus cleachtas na litearthachta i measc daoine fásta sa Ghaeltacht,' in Ní Mhianáin, R. eag. *Idir Lúibíní* (2003), Cois Life; 'Doimhne an Dúchais: Éagsúlacht san aistriú teanga i gCeap Breatainn na hAlban Nua,' in *Taighde agus Teagasc 2* (2002), 62–91; 'Irish-language Broadcast Media: The Interaction of State Language Policy, Broadcasters and their Audiences,' in *Current Issues in Language and Society* 7:2, 92–116. He is course director of the Irish-medium MA in Sociolinguistics at the University of Limerick. He also lectures in 17th–19th Century Gaelic Studies and is co-editor of *Eighteenth Century Ireland.*

PROFESSOR MICHEÁL Ó CINNÉIDE

Micheál Ó Cinnéide was born in the Gaeltacht area of west Kerry. After obtaining BA and MA degrees from the National University of Ireland, Galway, he was awarded a PhD by the University of Michigan. He has spent periods working in universities and third-level institutions in the United States, Australia and Ireland. He has been on the academic staff of NUI Galway for the past twenty-five years and is an associate professor in the Geography Department since 1992. His publications—books, articles and reports—number about 100, spanning a range of issues. He is currently preparing a report for the OECD on local development in Mexico. Development of the Gaeltacht is a recurring research theme: in co-operation with Seosamh Mac Donnacha and Sorcha Ní Chonghaile, he prepared a comprehensive report, 'Polasaithe agus Cleachtais Eagraíochtaí Éagsúla le Feidhm sa Ghaeltacht' ('Policies and practices of various organisations with a function in the Gaeltacht') for the Gaeltacht Commission in 2001.

DR ARTHUR JOHN HUGHES

Art Hughes was born in Belfast in 1960. He has degrees in Irish language and Celtic Studies from The Queen's University, Belfast and in Modern Letters from Université Rennes 2 Haute Bretagne. Since 1999 he has worked as a lecturer in Irish language and literature, University of Ulster, York Street, Belfast. Previously, he worked as a lecturer in Irish and Irish Studies at The Queen's University, Belfast, at University of Ulster at Coleraine and at the Université Rennes 2. He has published a wide range of books and articles related to dialectology, modern Gaelic literature, placenames, local history and folklore. In 2001, *When I was Young*, his English translation of *Nuair a Bhí Mé Óg* by 'Máire', Séamus Ó Grianna, was published. A new work, *The Gaelic of Tangaveane and Commenn*, Co. Donegal, will be published shortly.

DR MICHEÁL Ó SÚILLEABHÁIN

Micheál Ó Súilleabháin has a BComm through Irish and a BA in Irish and German from University College Galway and a Bac.Sc.Oec. from the Institut für Weltwirtschaft (Institute for World Economics), Universität Kiel, Germany. He holds a DrSc.Pol. in Economics from the same University. From 1965–67 he worked as a research assistant at the Institut für Agrarpolitik (Institute for Agricultural Policy), Universität Kiel and as a lecturer in Economics at University College Cork from 1967–98. He has spent three terms as a member of the college's Governing Committee and three terms as a member of the Senate of the National University of Ireland. He has published articles in Irish and German and since 1992 has been Consultant Editor of the series *Research on Cases and Theories* (Rainer Hampp Verlag, München und Mering).

DR NEIL BUTTIMER

Neil Buttimer lectures in the Department of Modern Irish, University College, Cork. He was educated at UCC, the Dublin Institute for Advanced Studies and Harvard University, from which he holds a doctorate in Celtic Studies. His research and publications deal with medieval and pre-Famine Gaelic Ireland, together with contemporary cultural policy and planning. He is Hon. Editor of the *Journal of the Cork Historical and Archaeological Society*. His previous editorial work includes (with Colin Rynne and Helen Guerin) *The Heritage of Ireland* (2000), (with Patrick O'Flanagan) *Cork: history and society* (1993), *Catalogue of Irish manuscripts in the University of Madison-Wisconsin* (1989) and (with James Doan) *Proceedings of the Harvard Celtic Colloquium 1* (1981).